Cecelia Holland
Die Kerkermeister Gottes

Cecelia Holland

DIE KERKER-MEISTER GOTTES

Aus dem Amerikanischen
von Werner Peterich

Roman Hestia

Umschlagentwurf und -gestaltung: Werbeagentur Zeuner, Ettlingen
Umschlagillustration: Archiv für Kunst und Geschichte, Berlin
Satz: Mitterweger Werksatz, Plankstadt
Druck und Bindung: Bercker Graphische Betriebe, Kevelaer
Printed in Germany 1995
ISBN 3-89457-056-3

Für Bob Gottlieb, in Liebe

Die Nacht hatte sich herniedergesenkt. Nicholas Dawson, der wartend am steinigen Tiberufer stand, begann zu frösteln. Er steckte die Hände tief in die Falten seines Rocks und sah, sich von einem Fuß auf den anderen wiegend, vom Fluß hinüber zu der morastigen und moderig riechenden Wiese. Dann warf er noch einen aufmerksamen Blick in die Runde.

Für gewöhnlich mied er selbst tagsüber diesen Teil von Rom, doch der Bote hatte gesagt: »Kommt allein!« Auch hatte er einen gewissen Namen genannt. Und nur dieser Name hatte Nicholas dazu gebracht, allein in stockfinsterer Nacht hierherzukommen.

Fast eine Stunde hatte er gewartet. Bald würden die Glocken die Mitternacht verkünden. Er zitterte inzwischen vor Kälte und spielte mit dem Gedanken, einfach fortzugehen – das Ganze als einen Schabernack zu betrachten, den jemand ihm gespielt hatte. Der Tiber rauschte im Dunkeln vorüber; dort, wo der Fluß ans Ufer schwappte, hatte sich Unrat angesammelt. Vor ihm brach sich das schwarze, übelriechende Wasser an den Pfeilern einer antiken Brücke, die im Laufe der Jahre immer mehr verfallen war und von der nur zwei Pfeiler und ein Bogen übriggeblieben waren.

In der Nähe der Brücke im dichten Gesträuch bewegte sich etwas.

Nicholas Dawson sah auf und versuchte, die Gestalten zu erkennen, die da aus dem Dunkel auf ihn zukamen. Steine klickten auf dem Pfad. Nicholas trat zur Seite, auf die schützenden Schatten des Röhrichts zu. Gleichzeitig wandte er sich zur Flucht, hielt jedoch den Blick weiterhin auf die Männer gerichtet, die sich ihm näherten.

Hätte ich doch bloß einen Degen mitgenommen oder zumindest meinen Spazierstock, dachte er. Vom Fechten verstand er zwar nichts; dennoch wünschte er sich etwas, womit er sich der Fremden notfalls hätte erwehren können.

Es waren zwei Männer, die hintereinander das Flußufer entlangkamen. Möglicherweise führten sie ja nichts Böses im Schilde. Vielleicht würde Nicholas in ein paar Minuten über Cesare Borgia – Herzog von Valentinois oder kurz Valentino genannt – erfahren, was ganz Italien brennend gern gewußt hätte.

Der Gedanke an Valentino ließ ihn hellwach werden. Er rief den beiden ihm entgegenkommenden Männern zu: »Halt! Nicht näher kommen! Wer seid ihr?«

Die Männer blieben stehen. Der Vorangehende mit den breiten Schultern und einem Schlapphut streckte seitlich die Hand aus und hielt den hinter ihm gehenden, großen, hageren Mann zurück. Die Gesichter der Männer waren nicht zu erkennen.

»Wer seid Ihr?« rief der eine.

»Man hat mir eine Nachricht zukommen lassen«, antwortete Nicholas.

Seine Hände verkrampften sich; sein Mund war trocken vor Nervosität.

»Ihr wollt wissen, wohin Cesare Borgia marschiert und wen er angreifen wird«, sagte der Mann mit dem Hut. »Dafür werdet Ihr fünfzig Kronen zahlen.«

»Einverstanden«, sagte Nicholas.

Die Steine knirschten. Die beiden Männer kamen wieder auf ihn zu. Sie trennten sich und nahmen ihn gewissermaßen in die Zange. Dawson sträubten sich die Nackenhaare. Eine Falle! Er wirbelte herum, dabei rutschte er auf dem glitschigen Boden aus. Doch wohin sollte er sich wenden? Die beiden Unbekannten hatten ihn praktisch in die Mitte genommen.

»Das Geld!« forderte der Mann mit dem Hut.

»Das habe ich nicht mitgebracht«, erwiderte Nicholas. »Ich habe nichts bei mir.«

Der größere von den beiden fluchte gotteslästerlich. Er packte Nicholas am Revers und stieß ihn zurück, fast in das seichte, nach Abwässern stinkende Wasser hinein. Der andere tastete wenig feinfühlig Dawsons Rock ab und suchte offensichtlich nach dessen Börse.

»Ich habe kein Geld bei mir«, beteuerte Nicholas.

»Mach ihn kalt!« zischelte der große Hagere.

Sie nahmen ihn in den Schwitzkasten. Nicholas biß die Zähne aufeinander. Der üble Gestank des Flusses schien wie ein böses Omen.

»Bringt mich nicht um. Ich will euch gern fünfzig Kronen dafür zahlen, daß ihr mich nicht tötet.«

Der Hochaufgeschossene machte eine jähe Bewegung. Nicholas zuckte in Erwartung des Schlages zusammen, fuchtelte mit den Armen und hätte um ein Haar das Gleichgewicht verloren. Der Breitschultrige packte ihn und hielt ihn am Arm fest. Seine Hand war wie ein Schraubstock.

»Ihr habt kein Geld«, sagte der lange Kerl. Er hatte plötzlich einen Dolch in der Hand.

Auf der anderen Seite des Flusses stimmten unversehens fünfzig Stimmen einen Bußgesang an, wie in der Fastenzeit üblich. Nicholas fuhr sich mit der Zunge über die Lippen. »Nicht hier«, sagte er. »Ich habe ein Haus – hinter dem Palatin, in der Nähe des Kolosseums.« Unter Aufbietung aller Selbstbeherrschung sprach er gedämpft. Obwohl sich die Wörter förmlich überschlugen, gelang es ihm, gleichmäßig leise zu sprechen. »Ich werde euch hinbringen und euch das Geld dort geben.«

»Töte ihn!« forderte der Hagere erneut.

»Wenn ihr mich umbringt, bekommt ihr nichts.«

Der mit dem Schlapphut stellte sich zwischen Nicholas und seinen großgewachsenen Gefährten und schob sie auseinander. Als der Hagere einen Schritt zurücktrat, erkannte Nicholas die schmale Klinge des Dolches. Am anderen Tiberufer sangen die Büßer ein *Miserere nobis*. Der Breitschultrige hielt Nicholas immer noch mit schmerzhaftem Griff am Arm gepackt.

»Aber wenn wir zu Eurem Haus gehen, werdet Ihr Eure Männer auf uns hetzen.«

»Ich habe keine Männer«, sagte Nicholas. »Einer von euch kann mit hineinkommen, um das Geld zu holen. Der andere kann draußen warten und Wache halten.«

»Ich werde mit Euch hineingehen«, erklärte der Mann mit dem Hut.

Erleichtert seufzte Nicholas. Der Wind kühlte seine schweißnasse Stirn. Der Mann mit dem Hut stand zwischen ihm und dem Dolch.

»Laßt uns gehen!« sagte der mit dem Hut.

»Wer sagt denn, daß ich da mitmache?« ließ die Stimme des Hageren sich vernehmen. »Du gehst rein, und ich warte auf der Straße, bis ich schwarz werde. Hast du dir das so gedacht?«

Nicholas sah zwischen den beiden hin und her. Vielleicht konnte er, während sie sich stritten, entkommen. Er schob sich ein Stück seitlich vom Fluß fort und entdeckte ein flackerndes Licht. Er drehte den Kopf weit genug, um zu sehen, daß auf dem Wasser der anderen Seite sich der Widerschein einer Fackel brach. Etwas weiter entfernt erblickte er die Büßerkolonne. Aber der Fremde hielt ihn immer noch fest am Arm gepackt.

»Ich werde mit ihm gehen«, sagte der Mann mit dem Hut zu dem Hochgewachsenen. »Kehr du zurück zum ›Fuchs und den Trauben‹. Dort treffen wir uns später.«

»Vielleicht. Wer weiß.«

Der Dolch funkelte zwischen den beiden Männern. Der Breitschultrige riß Nicholas herum, so daß er die Balance verlor, und ließ ihn los. Nicholas fiel auf die Knie, rappelte sich aber schnell hoch und floh am Ufersaum entlang, während er hinter sich Keuchen und Gescharre hörte. Plötzlich ertönte wie eine Stimme vom Himmel die erste Mitternachtsglocke. Nicholas schlitterte über das feuchte Ufer. In seiner Nase hatte er den modrigen Gestank des Flusses.

Als er über einen morastigen Weg vorwärtshastete, holte der Mann mit dem Hut ihn ein.

»Nicht schlecht«, sagte er und drehte Nicholas wieder den Arm auf den Rücken. »Aber wenn Ihr nächstes Mal wegrennt, zieht Euch besseres Schuhwerk an.«

Nicholas war außer Atem. Er blickte die Strecke zurück, die er gelaufen war, und suchte nach dem anderen Mann.

»Um den macht euch keine Sorgen«, sagte der mit dem Hut. »Ihr schuldet mir fünfzig Kronen.«

»Ich werde zahlen«, sagte Nicholas. »Bitte, laßt meinen Arm los!«

Der Räuber lachte und schubste Nicholas auf dem Weg vor sich her. Mit einer Hand schob Nicholas Röhricht und Ranken von sich weg, die zu beiden Seiten den schmalen Pfad säumten. Der Fremde hielt seinen Arm immer noch schmerzhaft fest. Aus allen Himmelsrichtungen drang das Geläut der römischen Kirchenglocken und maß die Zeit.

Nicholas kämpfte sich durch das Dickicht bis zu der breiten, vielbefahrenen Straße, die am Palatin vorüberführte. Rechter Hand, hinter ein paar Pinien, stand eine kleine Kirche, vor der sich Menschen zur Messe versammelten. In diesem Moment ließ der Mann seinen Arm los.

Nicholas streckte ihn kurz, und prickelnd kehrte das Blut wieder in ihn zurück, so daß er sich bis zur Achselhöhle erwärmte. Er schüttelte die Hand, um auch in die abgestorbenen Finger wieder Leben zu bringen.

»Bringt mich unverzüglich zu Eurem Haus!« sagte der Mann mit dem Hut. »Und keine Sperenzchen!« Er warf einen langen Blick zurück ins Dunkel am Fluß.

»Habt Ihr ihm was angetan?« fragte Nicholas. Das Wort ›töten‹ oder ›umbringen‹ wollte ihm nicht über die Lippen.

Wieder lachte der Kerl. Er war größer als Nicholas und massig, zumindest wirkte er in seinem weiten Rock und dem breitrandigen Schlapphut so. Er antwortete: »Nein, ich habe ihm bloß eine verpaßt. Ich ersteche keinen. Blutvergießen ist viel zu gefährlich. Aber jetzt bewegt Euch, er könnte bald zu sich kommen!«

Nicholas beschleunigte den Schritt, und der Räuber grinste hämisch. Sie kamen an der Kirche vorüber.

Die Häupter gebeugt und die Hände zum Gebet gefaltet, betraten die Menschen das Gotteshaus. Hinter der Kirche erstreckte sich der obere Rand des Palatins, nur unterbrochen von den schirmartigen Kronen der Pinien und den Mauerresten.

»Wißt Ihr überhaupt irgendwas vom Herzog Valentino?« fragte Nicholas Dawson.

»Nicht mehr als jeder andere«, erwiderte der Räuber und zog die weiche Krempe seines Hutes zurecht. Daran festgesteckt war eine Medaille, die er im Vorübergehen wie einen Talisman berührte. Nicholas verfolgte diese eigentümliche Geste, die sein Interesse erregte.

»Erzählt mir«, sagte er, »was Ihr über Cesare Borgia wißt.«

»Valentino hat sich der Hälfte aller Städte in der Romagna bemächtigt«, begann der Räuber. »Forlí, Imola, Cesena ... Und jetzt marschiert er mit seiner Armee auf Florenz zu. Er behauptet zwar, er habe nichts Böses im Sinn, doch plündern seine Soldaten jedes Dorf, durch das sie kommen. Und wer traut schon einem Borgia, was seine Absichten betrifft?« Der Fremde sah Nicholas flüchtig von der Seite an. »Ihr seid der florentinische Gesandte.«

»Nur sein Sekretär«, wandte Nicholas ein.

»Wir haben die Botschaft aber dem Gesandten geschickt.«

»Seine Exzellenz, der *Illustrissimo* Ercole Bruni, trifft sich nicht zu nächtlicher Stunde mit Unbekannten am Fluß.« Nicholas berührte den Arm des Räubers und drängte ihn nach links durch dichtwachsende, immergrüne Bäume. Er zog die Hand zurück. Mit den Fingerspitzen streifte er den Rockärmel des Mannes; er war aus billigem Samt. »Hättet Ihr es wirklich gewagt, einen Gesandten am päpstlichen Hof zu bedrohen? Das ist riskant.«

»Die Dunkelheit verkleinert das Risiko«, entgegnete der Räuber. »Ich brauche Geld.«

Vor ihnen ragten die Bäume auf den ausgedehnten Weiden und Wiesen am Kolosseum auf. Ein kalter Wind peitschte ihre Gesichter. Schafe grasten hier, ihre Glöckchen bimmelten. Nicholas führte den Räuber um die Terrassen und zerbrochenen Säulen herum, die den Rand des Forums markierten und wo die Feuer der Kalköfen noch brannten. Die beiden Männer umrundeten das Kolosseum, das mit Sträuchern und Kletterpflanzen bedeckt war. Keiner von den Großen Roms erhob Anspruch auf dieses Bauwerk – vielleicht, weil man wußte, daß es von bösen Geistern heimgesucht wurde. Die Perleones hatten es einst als Festung benutzt, doch längst hatte man das Innere den Eulen, Katzen und Totenbeschwörern überlassen. An die Außenwände duckten sich elende Hütten. Für Nicholas' Begriffe ging von dem Ort etwas Unheimliches aus.

Als sie das Bauwerk halb umrundet hatten, wurden sie von einer Wache angerufen.

»Messer Dawson«, sagte der Anführer der Wache, als er ihn erkannte. Der Mann hatte seinen Speer geschultert, einer seiner Gefolgsleute trug an einer langen Stange eine Laterne.

»Ja«, sagte Nicholas. »Mein Gefährte und ich wollen zu meinem Haus. Ist alles ruhig?«

»Nichts rührt sich«, antwortete der Wächter und faßte mißtrauisch den großen Mann ins Auge, der bemüht war, sein Gesicht aus dem Licht der Laterne herauszuhalten. »Und wer seid Ihr? Ihr stammt nicht aus diesem Viertel.«

»Stefano Baglione«, erklärte der Fremde gelassen. »Ich wohne im Trastevere.«

Nicholas hütete sich, seine Überraschung zu zeigen. Die Bagliones waren Gebieter der Stadt Perugia. Wenn dies eine Lüge war, dann eine mutige. Er warf nochmals einen forschenden Blick auf den Mann neben sich, seine Neugier war kaum noch zu bändigen. Große Männer waren sie schon, die Baglioni.

Vielleicht stimmte es.

Der Wachmann glaubte es nicht und stieß einen rauhkehlig-höhnischen Laut aus. Sein Atem roch nach Wein, und die Augen waren blutunterlaufen. Vermutlich kam er gerade aus der Weinschenke, eine Straße weiter. Er sagte: »Ein Baglione? Und dann in Trastevere?«

»Hütet Eure Zunge!« stieß Nicholas hervor.

»Verzeihung, Messer Dawson.«

Der Wachmann nickte ihm zu und trollte sich; seine Untergebenen zogen über die morastige Weide auf der anderen Seite des Kolosseums hinter ihm her. Nicholas ging weiter ins Dunkel hinein, die Laterne blieb hinter ihnen zurück.

»Saufbrüder!« bemerkte Stefano Baglione wütend. »Die bilden sich ein, ihnen gehöre die Straße.«

»Ihr solltet Euch einen anderen Namen zulegen.«

»Ich heiße nun aber mal so.«

»Trotzdem, die Leute könnten skeptisch werden.«

Stefano schwieg. Nicholas führte ihn die Gasse entlang hinunter zu seinem Haus. Sie gingen zwischen zwei Reihen kleiner Läden hindurch und überquerten einen gepflasterten Platz vor einer Weinschenke. Auf der einen Seite der Straße stand ein verlassenes Lagerhaus, auf der anderen dehnten sich Weideflächen. Schmutzwasser stand im Rinnstein, und Nicholas gab acht, wohin er die Füße setzte. Die Vorderfront des Lagerhauses lag zur Straße hin. Wo es endete, wuchs eine dichte Dornenhecke von über zwei Metern Höhe.

In der Mitte der Hecke befand sich ein eisernes Tor. Nicholas nestelte seinen Schlüssel aus dem Hemd und schloß auf.

»Ihr hättet die Wache auf mich hetzen können«, sagte Stefano.

»Und Ihr hättet zulassen können, daß Euer Freund mich unten am Tiber erdolchte.«

Durch das Tor betrat Nicholas den wild wuchernden Garten. Der Vorbesitzer des Hauses hatte Rebstöcke und Obstbäume angepflanzt und sie beschnitten und gewässert. Nicholas jedoch hatte kein Interesse an dem Gepflanzten und seit zwanzig Jahren alles völlig sich selbst überlassen. Es war ein großer Garten, der förmlich erstickte unter Unkraut, Dornenranken und trokkenen Ästen. Das Haus lag in der Mitte dieses Gewirrs versteckt. Ein plattenbelegter Weg führte durch hohes Gras und wilde Rosen darauf zu. Es gab weder eine Treppe noch eine Veranda. Die Tür war einfach in die nackte Hauswand eingesetzt.

»Ich mache Euch einen Vorschlag«, sagte Nicholas und klopfte an die Tür.

»Und der wäre?«

Die Tür ging auf, und über eine Kerze hinweg sah Dawsons alter Diener sie an. Er sagte kein Wort, trat beiseite, um sie passieren zu lassen. Das Alter hatte seine Schultern gebeugt, so daß er nicht mehr aufrecht stehen konnte, und sein Kopf stieß vor wie der eines

Hundes. Während er im Raum umherschlurfte, um die Kerzen an den Wänden anzuzünden, legte Nicholas seinen Rock ab, und Stefano Baglione nahm endlich den Hut vom Kopf. Nicholas hängte den Rock über einen neben der Tür stehenden Stuhl, dessen Sitzfläche noch vom Gewicht des alten Mannes eingedellt war. Beim Eintreten war Stefano einen Schritt an ihm vorbeigegangen, so daß Nicholas ihn nun mustern konnte, ohne daß ihm das als zudringliche Dreistigkeit ausgelegt wurde. Die Baglioni waren bekannt für ihr gutes Aussehen. Nicholas wollte feststellen, ob man das auch in diesem Falle behaupten konnte.

»Was für einen Vorschlag?« fragte Stefano erneut und drehte sich um. Nicholas fühlte sich ertappt und senkte den Blick. »Kommt, setzt Euch!«

Der alte Diener Juan hatte den Raum verlassen. Nicholas verriegelte die Haustür. Stefano schlenderte durch den Raum und betrachtete die Fresken an den Wänden. Die Decke war sehr hoch, und die ausgedehnten Wandflächen waren mit hügeligen Landschaften bemalt. Die kleinen leichten Möbelstücke waren ein gutes Stück von der Wand abgerückt, offensichtlich, weil sie die Wirkung der Fresken nicht stören sollten. Der Betrachter sollte das Gefühl haben, draußen auf einer Anhöhe zu stehen. Nicholas war so sehr daran gewöhnt, daß er längst verlernt hatte, sich daran zu ergötzen. Er trat auf eine Kommode zu und zog die oberste Schublade auf.

»Das ist prachtvoll«, sagte Stefano.

»Meint Ihr?« Nicholas entnahm der Lade eine Börse. »Früher habe ich auch meine Freude daran gehabt, doch jetzt ist alles so selbstverständlich für mich geworden. Hier sind fünfzig Kronen.«

Er hielt ihm die Börse hin. Nach einigem Überlegen trat Stefano einen Schritt vor und nahm sie in Empfang. Nicholas hatte schon eine ganze Reihe von Familienangehörigen der Baglioni gesehen, von denen jedoch keiner so stattlich gewesen war wie dieser mit seinem rötlich-braunen Haar, den hellen, fast bernsteinfarbenen Augen und dem feinen, sinnlichen Mund.

»Wie ich Euch schon sagte, bin ich der in Rom ansässige Sekretär der Gesandtschaft der florentinischen Signoria beim Heiligen Stuhl. Ich sammle Informationen. So würde ich dafür bezahlen, das Neueste aus Trastevere zu erfahren.«

Der Anflug eines Lächelns huschte über Stefanos Gesicht. Die Geldbörse verschwand in seinem Rock. »Getreide ist teuer und der Wein ständig gepanscht. Warum sollte Florenz sich für Trastevere interessieren? Dort lebt keiner – keiner von den Großen, nur Huren, Räuber und Tagelöhner.«

»Cesare Borgia besitzt einen Palazzo in Trastevere«, sagte Nicholas. »Nehmt doch bitte Platz und laßt uns ein Glas Wein trinken – unverdünnten.«

Sie setzten sich auf zwei sich gegenüberstehende Lehnstühle in der Mitte des Raums. Schweigend trat der alte Diener mit bereits gefüllten Weingläsern ein.

Stefano hockte unbehaglich auf der Vorderkante seines Stuhls. Sein Blick wanderte über die bemalten Wände. Er hielt das Glas eine Weile in der Hand, bevor er ohne Genuß trank, als wäre es Wasser. Die feinen Manieren eines Mannes aus fürstlichem Haus besaß er nicht. Aber auch nicht die Hautfarbe eines Bauern. Weit standen die Augen über einer geraden Nase und einem Kiefer auseinander, der sich wie ein aggressiver Keil vom Kinn nach hinten verbreiterte. Nicholas genoß diese Schönheit. Er ließ den Wein lange auf der Zunge zergehen, ehe er ihn hinunterschluckte.

»Oh!« Stefano Baglione stand vom Stuhl auf und richtete den Blick quer durch den Raum. »Das ist hübsch, das habe ich bisher noch nie gesehen.«

Er meinte den römischen Tempel, der zwischen Olivenbäumen an die Westwand gemalt war.

»Freut mich, daß er Euch gefällt«, entgegnete Nicholas.

Schwerfällig ließ Stefano sich wieder auf den Stuhl fallen. Irgend etwas machte ihn nervös. Vielleicht war es Nicholas' Stimme. Das leere Glas, das er immer noch in der Hand hielt, stellte er auf den Fußboden neben sich.

»Ich habe Euch doch schon gesagt, ich weiß nichts von Valentino.«

»Und was haltet Ihr von ihm?«

»Von Valentino? Daß er ein Mann ist – ein Mann von echtem Schrot und Korn.«

»So.«

»Was war er denn noch vor ein paar Jahren?: Der Bastard eines spanischen Kardinals. Und heute?: Gonfaloniere der Kirche, Bezwinger der Romagna...«

»Dafür ist sein Vater ja auch nicht mehr nur Kardinal, sondern Papst. Es hat schon mehr Männer gegeben, die wie die Sterne erstrahlten, solange ihre Verwandten auf dem Stuhle Petri saßen – und deren Glanz beim Tod ihrer Gönner erlosch wie eine Kerze. Girolamo Riario, zum Beispiel.«

Stefano zuckte mit den Schultern. Seine Kleider waren schlecht geschnitten und aus billigem Tuch genäht. Eigentlich paßten sie nicht. »Das mag in der Zukunft so sein«, meinte er, »aber im Augenblick ist Valentino der Größte in Italien.«

Nicholas stützte das Kinn auf die Faust und ließ den Ellbogen auf der Stuhllehne ruhen. »Ich möchte wissen, was man in Trastevere so über ihn spricht. Um zu erfahren, was die Leute glauben, aber auch, um die Wahrheit herauszubekommen.«

»Ich tue alles, wofür ich bezahlt werde.«

Stefano legte eine Hand auf die Stelle, wo der Rock wegen der Geldbörse sich wölbte. Die Tür zur Küche quietschte. Juan trat ein, nahm ihre Gläser und ging wieder.

»Wenn Ihr mich sehen wollt, hinterlaßt eine Nachricht im ›Fuchs und den Trauben‹«, sagte Stefano. »So heißt eine Taverne in der Nähe der Santa Maria. Kennt Ihr sie?«

»Ein bißchen kenne ich mich in Trastevere schon aus.«

Mit gefüllten Gläsern kam Juan zurück. Stefano richtete den Blick auf den alten Mann, als der quer durch den Raum auf sie zustrebte. Nicholas fuhr sich mit dem Finger über die Wange, sanft streichelte er seine Haut. Er überlegte, wie Stefano wohl auf einen anderen Vorschlag reagieren mochte.

Der alte Mann brachte ihm das Glas. Nicholas bedachte ihn mit einem vielsagenden Blick, und Juan ließ sie allein. Er würde heute abend nicht noch einmal hereinkommen.

»Mich freut, daß mein Haus Euch gefällt«, sagte Nicholas.

»Ja.« Stefano lehnte sich, das Glas in der Hand, zurück. »Ihr müßt viel Geld haben, um Euch ein Haus wie dieses leisten zu können.«

»Ich wünschte, das stimmte. Es wäre mir ein Vergnügen, Euch den Rest zu zeigen.«

»So? Gibt es denn noch andere Räume wie diesen?«

»Nur die Schlafkammer.«

Der Kopf des jüngeren Mannes zuckte hoch. Schokkiert starrte er Nicholas an, und das Blut schoß ihm in die Wangen.

»Ach? So einer seid Ihr also. Das hatte ich mir fast schon gedacht, als ich Euch das erste Mal sah. Nun, ich bin aber keiner von der Sorte.«

»In Ordnung«, murmelte Nicholas.

»Ich liebe Frauen – viele Frauen. Ich verstehe mich gut auf sie, und sie sind ganz wild auf mich.«

»Ich mag Frauen nicht«, warf Nicholas ein.

»Ja, die mögen Männer Eurer Art nicht.«

Hinter vorgehaltener Hand brummelte Nicholas irgend etwas. Er bedauerte, dem Gespräch diese Wendung gegeben zu haben.

»Trotzdem – wie schon gesagt«, erklärte Stefano, »für Geld tue ich alles.«

Nicholas lächelte, entspannte sich und rutschte, eine Hand auf der Armlehne, unruhig hin und her. Er fragte sich, warum Stefano es sich anders überlegt hatte, wenn überhaupt. Vielleicht hatte er nur seine Ehre verteidigt.

»Wieviel?«

»Einhundert Kronen.«

»Per Bacco!« entfuhr es Nicholas. »Wir sind hier schließlich in Rom. Für zehn Kronen könnte ich mir einen Kardinalshut kaufen. Also, zwanzig Kronen, was schon sehr großzügig ist.«

»Haltet Ihr mich für eine Hure? Außerdem bin ich noch Jungfrau.«

»Das ist für mich kein Vorteil.«

»Vierzig Kronen.«

»Dreißig.«

Stefano ließ seinen Blick wie beiläufig schweifen und wandte sich interessiert wieder der Wandmalerei zu. »Sei's drum!«

Kaum merklich strich Nicholas mit den Fingerspitzen über das geölte Holz seines Stuhls. »Wir werden noch etwas Wein trinken«, sagte er und stand auf.

Um neun Uhr am nächsten Morgen begab Nicholas Dawson sich in die den Vatikan und die Engelsburg umfassende Città Leonina, um Papst Alexander seine Aufwartung zu machen.

Den Spazierstock unter den Arm geklemmt, wartete er in einem der Gänge des vatikanischen Palastes auf die Ankunft seines Gesandten. An den Wänden des Korridors hingen Bilder mit mythologischen Szenen. Durch ein offenes Fenster schaute Nicholas auf einen halb in der Sonne, halb im Schatten einer Pinie gelegenen, ziegelgepflasterten Hof hinab. Zu Füßen des schlanken Baumstamms waren eine Menge tönerner Weinkrüge gestapelt. Nicholas stand da und bewunderte das Bild, das sich seinen Augen durch das Fenster bot. Er verglich die sonnenwarmen Töne der Ziegel und der Pinie mit dem leblosen Gemälde des Minotaurus, das neben dem Fenster an der Wand hing.

Bald kam Bruni, der florentinische Legat bei der Kurie. Er war ein großer, kompakter Mann. »Ich bin spät dran«, sagte er lächelnd, als machte ihm das Vergnügen. »Wie gewöhnlich. Was hat sich gestern abend bei unserer Verabredung ergeben?«

Nicholas räusperte sich. »Nichts.«

»Es ist keiner gekommen?« fragte Bruni mit einer gewissen Schärfe.

»Doch. Aber es war eine Falle. Sie wollten nur das Geld.«

»Und haben sie es bekommen?«

Außerstande, Bruni in die Augen zu sehen, richtete Nicholas den Blick zum Fenster hinaus. »Ja.« Das Geld stammte aus Brunis Privatschatulle.

»Fünfzig Kronen!« empörte Bruni sich lauthals.

»Ich hätte mich weigern können, es herauszurücken«, erwiderte Nicholas, »aber dann hätten sie mir die Kehle durchgeschnitten. Und das Geld wäre obendrein verloren gewesen.«

Bruni knurrte. Eine Faust auf der Hüfte, warf er einen Blick in die Runde, um zu sehen, wer wohl mithören könnte. »Wie viele waren es?«

»Zwei.«

»Nur zwei? Und da konntet Ihr nicht entwischen? Ich habe von Anfang an gewußt, daß es ein Fehler war. Nun, lassen wir das, so was läßt sich in unserer Position wohl nicht vermeiden. Gehen wir rein. Vielleicht erfahren wird dort etwas.«

Nicholas folgte ihm den Korridor hinunter bis an die Tür am Ende, durch welche sie in einen Raum voller Menschen gelangten, in dem es sehr laut zuging. Bruni rümpfte die Nase. Wie stets in der Menge, legte er den Kopf in den Nacken und reckte das Kinn in die Luft. »Schleust uns durch diesen Pöbel!« flüsterte er, bahnte sich jedoch selber den Weg bis zum nächstgelegenen Fenster, entnahm seinem Rock ein Schnupftuch, schaute hinaus und wedelte dabei mit dem Tuch vor seiner Nase herum. Nicholas drang bis an die Stirnseite des Raums vor.

Das hier war nur das Vorzimmer, weniger formelle Audienzen gab der Papst nebenan. An der Verbindungstür hielten sich etliche Pagen auf, von denen einige die Livree der Borgias trugen, andere solche in unterschiedlichen Farben. Nicholas schob sich zwischen ihnen bis zur Tür durch. War es im Vorraum düster gewesen, so war der Raum nebenan von goldenem Sonnenlicht durchflutet. Seine Wände waren mit höfischen Szenen bemalt, auf denen sich Menschenmengen tummelten wie diejenigen, die sich hier im Raum befanden. Wegen der vielen sich drängenden Männer und Frauen konnte Nicholas den Papst nicht sehen, er kannte hier jedoch jeden. Schon nach einer halben Minute hatte er die Aufmerksamkeit von drei oder vier Leuten erregt. Sich von der Tür abwendend schob er sich ein paar Schritte die Wand entlang.

Brunis Bemerkung über die fünfzig Kronen fuchste ihn immer noch. Es ärgerte ihn, nicht mehr zu seiner Rechtfertigung vorgebracht zu haben. Er wollte nicht mehr daran denken, wie er sich Stefano Bagliones bedient hatte, der nun Brunis Geld besaß. Bruni stand vor dem Fenster. Er trug einen prachtvollen Rock aus grünem mailändischem Tuch mit einem verschlungenen, in Silberfäden ausgeführten Muster darin. Das fand bestimmt nicht die Billigung der Florentiner Signoria, die von ihren Vertretern ein nüchternes, eher kaufmännisches Aussehen erwartete.

Jemand zupfte Nicholas am Ärmel.

Es war ein Page in den Farben der Borgias, der an seiner sich bauschenden Samtkappe kleine Stiere eingestickt trug. »Seine Heiligkeit sind bereit, den Legaten aus Florenz zu empfangen.«

Nicholas informierte Bruni. Der Gesandte setzte sein Lächeln auf und schritt – Nicholas im Kielwasser – auf die Tür zu.

Um diese Stunde duldete der Papst nur wenige Menschen um sich, die nicht zu seinem Hofstaat gehörten. Tatsächlich saß er nicht einmal in dem goldenen Raum hinter der *Anticamera*. Der Page geleitete sie durch eine ganze Reihe von Leuten, die sich hier aufhielten und sich ununterbrochen unterhielten. Zur gegenüberliegenden Tür hinausgehend bog der Page um eine Ecke und durchschritt noch eine weitere Tür.

Bruni und Nicholas warteten in dem winzigen leeren Raum, in dem der Page sie zurückgelassen hatte. Gedämpft klang das Stimmengewirr aus dem großen Saal.

»Kommt Ihr mit hinein?« fragte Bruni mit zusammengebissenen Zähnen.

»Vielleicht erreichen Eure Exzellenz mehr, wenn ich nicht dabei bin.«

»Sehr wohl«, sagte Bruni mit einer huldvollen Geste, die wie ein Segen aussah. Der Page kehrte zurück, und Bruni folgte ihm durch die schmale Tür, die zum Papst führte.

Nicholas blieb zurück und spitzte die Ohren. Durch die Tür vernahm er noch die schnellzüngige Ankündigung des Pagen und dann das volltönende Organ von Papst Alexander.

»Da seid Ihr ja, Monsignore Bruni. Ein Jammer, daß Ihr kein Tarock spielt, mit Euch würde das bestimmt mehr Spaß machen.«

Nicholas fragte sich, mit wem der Papst wohl Karten spielte, und vermutete, daß es seine Mätresse Giulia war. Des Papstes liebste Partnerin, seine Tochter Lucrezia, weilte nicht in Rom. Vor der Tür hingen Portieren, und so bekam Nicholas nur sehr wenig von dem mit, was Bruni dem Papst salbungsvoll vortrug. Monatelang hatte die Florentiner Gesandtschaft versucht, den Papst zu bewegen, eine Gefangene aus den Verliesen der Engelsburg freizulassen. Auch bei der heutigen Audienz sollte es um dieses Thema gehen, nicht um die unmittelbare Bedrohung von Florenz durch Valentino.

Nicholas entfernte sich von der Tür, kehrte allerdings nicht durch den sonnendurchfluteten Raum mit den vielen Leuten zurück, sondern ging tiefer hinein in die Privatgemächer der Borgias.

Im angrenzenden Raum, der von einer anderen Seite auf den reizvollen kleinen Hof hinausging, den er vom Korridor aus bewundert hatte, war weißgekleidetes Küchenpersonal dabei, den Tisch mit Tellern und Gläsern zu decken. Er wandte sich dem nächsten Raum zu, hörte Musik und das Lachen einer Frau. Doch ehe er weitergehen konnte, kam ein kleiner, in rosa Seide gekleideter Page aus der Tür gelaufen und stieß mit ihm zusammen.

Überrascht sah der Page ihn an. »Messer Dawson!«

»Guten Morgen, Piccolo!«

Der Page zuckte verwirrt mit den Schultern. Selbstverständlich hatte er Nicholas hier nicht erwartet. Dann sagte er: »Kommt bitte mit mir!«

»Ich bin auf der Suche nach ...«

»Meine Herrin möchte Euch dringend sprechen.«

Nicholas hob fragend die Augenbrauen und folgte Piccolo ins nächste Zimmer. Damit erklärte sich der Ausdruck der Überraschung auf dem Gesicht des kleinen Jungen, als er Nicholas bereits auf dem Weg hierher gefunden hatte. Sie durchquerten den nächsten Raum, in dem ein Mann in Arbeitskleidung dabei war, die Wand abzuschrubben. Der Papst hatte vor, alle Wände in seinen Gemächern ausmalen zu lassen. Der Page führte ihn in die Richtung, aus der die Musik kam.

Sie drang aus einem schmalen, sonnenhellen Raum – die Klänge von Flöten und eines kleinen Clavicembalos. Auf der Schwelle blieb Nicholas stehen. Der Fußboden bestand aus schwarzen und weißen Fliesen – wie ein Schachbrett. Ein Paar tanzte gleich schwebenden Schachfiguren darüber hin. Der Page ging zu den Musikanten, und Nicholas blieb stehen, um zu warten, bis man ihn bemerkte.

»Ah!« Die Frau hielt unvermittelt im Tanz inne und löste sich aus den Armen ihres Partners. »Messer Nicholas.« Ihr glockenförmig geschnittener, von Juwelen und Metallfäden strotzender Rock schwang um sie herum. »Ihr dürft mir den Fuß küssen«, sagte sie kichernd und raffte den Rock bis zu den Knien, um ihren pantoffelbewehrten Fuß vorstrecken zu können.

Nicholas verbeugte sich tief über einem Knie. »Wie Ihr gesagt habt, Madonna Angela, betrachtet es als geschehen.«

»Werdet jetzt nicht frech«, fauchte sie. »Ich hebe einen der Schlüssel unter meinem Kopfkissen auf. – Cecco, du kannst gehen.«

»Madonna.« Ihr Tanzpartner verneigte sich und verließ den Raum. Die Musikanten folgten ihm.

»Ich fordere etwas von Euch«, sagte Angela Borgia zu Nicholas.

»Madonna, Euer Wunsch ist mir Befehl.«

»Besitzt Ihr immer noch Euer abgeschiedenes Haus neben dem Kolosseum?«

»Jawohl, Madonna.«

»Könnt Ihr es mir für morgen nacht überlassen?«

»Ich werde Euch den Schlüssel persönlich bringen. Braucht Ihr auch meinen Hausdiener?«

»Nein. Schickt ihn fort. Und Ihr selbst kommt gleichfalls nicht in die Nähe, Nicholas!«

»Wie Madonna wünschen.«

»Ich schicke Piccolo hin, den Schlüssel abzuholen.« Tänzelnd näherte sie sich ihm. Am Gürtel trug sie an einer dünnen Kette einen kleinen Handspiegel. Den nahm sie und betrachtete sich darin, dann vollführte sie eine Wendung, um Nicholas darin anzusehen. »Und Ihr, mein Lieber, braucht Ihr einen anderen Platz für die Nacht? Den kann ich Euch besorgen.« Mit der emaillierten Rückseite des Spiegels berührte sie ihn am Arm.

»Ich bleibe in der Gesandtschaft«, sagte Nicholas.

Madonna rümpfte die Nase, und ihre schwarzen Brauen zogen sich zusammen. Sie war die einzige von den Borgias, die nicht blond und groß war. Den Spiegel auf Armeslänge von sich haltend, betrachtete sie sich wieder darin und sagte: »Ich werde Piccolo schikken.« Langsam fing sie mit wogenden Röcken wieder an zu tanzen und verfolgte dabei ihre Schritte im Spiegel.

Nicholas verneigte sich und ging hinaus. Kaum hatte er ein paar Schritte gemacht, tauchte der Page wieder auf und führte ihn durch die noch unausgemalten Gemächer zu den bereits fertiggestellten.

In der *Sala grande* zog Nicholas sich an die Wand zurück und stützte sich auf seinen Spazierstock. Vor ihm gingen die anderen Höflinge umher und redeten miteinander. Nicholas dachte darüber nach, was Angela Borgia von ihm erbeten hatte. Da sie sich außer für sich selbst und ihr Vergnügen im Grunde für gar nichts interessierte, brauchte sie das Haus wohl einerseits nur zu dem einen, auf der Hand liegenden Zweck. Andererseits verfügte sie persönlich über genügend Wohnungen und Häuser und war nicht auf ihn angewiesen. Offenbar steckte mehr hinter der ganzen Sache, als es zunächst den Anschein hatte.

»Gehen wir«, sagte Bruni, der plötzlich neben ihm stand.

Nicholas hatte ihn nicht kommen hören. Er blickte auf und zog die Brauen zusammen, als er sah, wie Bruni die Stirn runzelte.

»Was hat er gesagt?«

Bruni zuckte mit den Schultern, die wegen der in seinem Rock eingenähten Polster noch breiter wirkten. Die Ketten um seinen Hals klirrten. »Er meinte, er könne für die Dame von Forli nichts tun, sie sei nun mal in der Obhut seines Sohnes.«

»Habt Ihr ihn auf das Thema von Valentinos Einmarsch in die Toskana bringen können?«

»Ich konnte ihn gar nicht davon *ab*bringen. Er wollte nicht aufhören, davon zu reden – sagte, wir sollten lieber um unsere eigene Sicherheit besorgt sein als um die der Dame von Forli. Schließlich hätten wir seinen Zorn erregt, weil wir in der Vergangenheit seine Feinde unterstützt hätten. Dann hat er mich wieder rausgeschickt.« Verärgert sah er sich im Kreis der anderen Höflinge um.

»Wieso hat es denn so lange gedauert?« wollte Nicholas wissen.

»Ich mußte warten, bis er sein Kartenspiel zu Ende gebracht hatte.«

»Und mit wem hat er gespielt?«

Bruni bedachte ihn mit einem Seitenblick. »Was

spielt das schon für eine Rolle? Mit der göttlichen Giulia.« Er versuchte, seinen Worten einen ironischen Klang zu verleihen.

Nicholas wandte sich zum Gehen. Bruni an seiner Seite schwieg. Sie verließen die *Anticamera* und traten auf den Korridor hinaus. Die meisten derer, die gewartet hatten, um zur Audienz vorgelassen zu werden, hatten sie entweder bekommen oder waren unverrichteter Dinge nach Hause gegangen. Drei oder vier leichtbewaffnete Männer, die bändergeschmückten Speere in der Hand, lehnten an der Wand und warteten auf ihren Wachdienst, der nach dem Ende der Audienzzeit beginnen sollte. Auf halbem Weg den Korridor hinunter standen in der Nähe eines sonnigen Fensters mehrere Männer und redeten miteinander. Nicholas berührte Bruni am Arm.

»Die Franzosen.«

Plötzliche Lebhaftigkeit im Gesicht, straffte der florentinische Gesandte sich. Die Franzosen beendeten ihre Beratung und kamen im Dämmerlicht auf die Florentiner zu, woraufhin Bruni sich ihnen breitbeinig in den Weg stellte. Von seinem buntgekleideten Gefolge umringt, sah der Kardinal von Rouen den Gesandten Bruni, lächelte, neigte den Kopf, murmelte eine unbestimmte französische Begrüßung, ging um die Florentiner herum und betrat die *Sala grande*.

»Jetzt ist unser Schicksal besiegelt«, sagte Bruni.

Nicholas nahm ihn beim Arm und führte ihn fort. Als sie einen Teil des Weges bis zum Hof hinter sich hatten, fügte Bruni hinzu: »Sie sind jetzt alle gegen uns. Habt Ihr ihn gesehen? Er hat nicht mal den Anstand besessen, sich nach meinem Wohlergehen zu erkundigen.«

In Wirklichkeit hatte der Kardinal aber genau das getan, allerdings auf französisch, eine Sprache, die Bruni nicht beherrschte. »Ach, vielleicht hatte er es eilig.« Sie gelangten an die Doppeltür, die zum Hof hinausführte.

Es war ein windiger, kalter Tag. Nicholas warf einen Blick zum Himmel, wo sich graue Wolken vor die Sonne geschoben hatten, und überlegte, ob es wohl Regen geben würde.

»Was denkt Ihr?« fragte Bruni.

»Meine Meinung?« Nicholas sah ihn kaum an. »Ein Schranze wie ich hat keine Meinung. Ich tauge nur dazu, Nebensächlichkeiten zu erledigen und dabei mein Leben zu riskieren.«

Lächelnd strich sich Bruni über seinen Bart. »Wie empfindlich Ihr heute seid, Nicholas. Sagt mir Eure Meinung!«

»Glaubt Ihr, sie wäre es wert, daß Euer Gnaden sie sich anhören?«

»Selbstverständlich gebe ich was auf Eure Ansichten, mein Lieber. Aber Ihr müßt zugeben – fünfzig Kronen zu verlieren, kann jeden verleiten, ein unbedachtes Wort zu sagen. Es war nicht Eure Schuld, darüber bin ich mir im klaren. Und jetzt redet schon!«

»Papst Alexander würde Euch kaum zum Kartenspiel auffordern, wenn er Euren Sturz betreiben wollte.«

»Pah! Ihr seid kleinlich in Eurem Denken.«

»Außerdem haben die Borgias mich gerade um einen Gefallen gebeten.«

»Was für einen Gefallen?«

»Das weiß ich noch nicht.«

»Nicholas, gleich fahre ich aus der Haut. Was für einen Gefallen?«

»Die Nichte des Papstes bittet mich, mein Haus benutzen zu dürfen.«

»Ach, die.« Mit weit ausholender Armbewegung fegte Bruni die ganze Angelegenheit beiseite. »Diese Schlampe! Ihr legt zuviel in die Launen einer Hure hinein.«

Es wurde kalt. Die schräg nach oben sich verjüngende hohe Wallmauer des Vatikans zu Nicholas' Rechter, strebten sie dem Fluß zu. Nur ein Dutzend Schritte schützte die Mauer sie vor dem schneidenden Wind. Als sie in die Straße unten einbogen, fegte er ihnen mitten ins Gesicht. Ein Stück weiter gabelte die Straße sich, wobei ein Teil unter einem Bogen hindurch zum Ponte Elio führte und der andere den Hang hinauf zurück nach San Pietro. An der Gabelung, in einer Taverne mit Sitzplätzen im Freien, lehnten sich Ausländer in fremdländischer Kleidung über einen Tisch und diskutierten heiß in einer fremden Sprache. Zwei Franziskaner, offensichtlich auf dem Weg zum Vatikan, kamen an Nicholas vorüber.

»Ich glaube nicht, daß sie vorhat, mein Haus selbst zu benutzen«, sagte Nicholas.

»Und ich denke, Ihr seid ein Narr. Ist Euch denn eigentlich nicht aufgefallen, daß die Franzosen uns im Grunde geschnitten haben?«

»Florenz ist ein alter Bundesgenosse Frankreichs. Hätten sie vor, uns zu verraten, würden sie uns mit Aufmerksamkeiten überschütten.«

Wieder machte Bruni eine wegwerfende Handbewegung. »Ich kann Euren Überlegungen nicht folgen.«

»Was haben Seine Heiligkeit noch gesagt?«

»Ich habe Euch alles berichtet.«

»Gestattet er uns denn wenigstens, mit der Dame

von Forli zu sprechen, ihr etwas Trost zu spenden? Die Verliese von Sant'Angelo sind die reinste Hölle. Vielleicht könnten sie die Frau dazu bringen, für ihre Freilassung etwas von Wert zu geben; obwohl sie wohl schon so gut wie alles verloren hat, was sie einstmals besaß.«

»Ich sage Euch doch, er *will* einfach nicht über sie reden. Diesmal hat man uns eine unmögliche Aufgabe gestellt, Nicholas. Eine wirklich unmögliche.«

Sie durchschritten den Torbogen. Vor ihnen drängten sich auf der schmalen Straße Mönche – wieder eine Büßerprozession. Vor Erreichen der Brücke war keine Möglichkeit vorbeizukommen, und Bruni schäumte, derart aufgehalten zu werden.

»Ich verstehe ihn nicht«, sagte Bruni.

»Wen, Exzellenz?«

»Den Papst. Er ist immer derselbe. Was auch geschieht, er lacht, reißt seine Witze, spielt Karten, ist hinter Weiberröcken her. Er besitzt nicht das geringste Gefühl für das, was wichtig ist in der Welt.«

Endlich hatten sie die Brücke erreicht. Nicholas trat an das Geländer, wo sie um die Mönche herumkommen konnten, und blieb stehen, um Bruni den Vortritt zu lassen. In dessen Rücken grinste er, genoß die Bemerkungen seines Dienstherrn über den Borgia-Papst.

»Merkur ist im Verschwinden begriffen«, sagte Bruni über die Schulter hinweg. »Mars steht im Haus des Löwen. Wenn die Sterne gegen einen sind, kann man nichts machen.«

»Die Sterne sind gegen Florenz.«

»Das kann man wohl sagen.«

Nicholas hatte das eher witzig gemeint. Sie waren kurz vorm jenseitigen, mit Läden und Kirchen bestandenen Ufer. Unrat häufte sich unter der Brücke; brauner Schaum ließ erkennen, wie weit das Wasser ging. Das Fährboot nach Trastevere war gerade vorübergefahren; die leichten Wellen des Kielwassers schwappten an den Ufersaum.

»Ihr macht Euch lustig über die Sterne«, meinte Bruni. »Und ich sage Euch, Nicholas, das ist Wahnsinn!«

»Ich sehe nicht ein, wieso ein paar helle Punkte am Himmel den Lauf meines Lebens bestimmen sollen.«

»Dann versteht Ihr die Natur nicht.« Nach Verlassen der Brücke verlangsamte Bruni den Schritt, um sich von seinem Sekretär einholen zu lassen und weiter mit ihm streiten zu können. »Ich sage Euch, die Natur ist aus einem Stück; was in einem Teil geschieht, hat seine Auswirkungen in jedem anderen Teil. Daher der Nutzen, den das Studium der Sterne bringt.«

Nicholas rieb den Daumen am Goldknauf seines Spazierstocks. Brunis Leidenschaft für die Astrologie konnte er nicht verstehen.

»Was soll ich der Signoria mitteilen?« fragte Bruni. »Daß bei der Audienz nichts herausgekommen ist? Sie müssen es unsäglich leid sein, das wieder und immer wieder zu hören.«

»Wie Ihr schon erwähntet, haben sie das Unmögliche verlangt. Nichts wird Valentino zwingen, Caterina Sforza freizulassen.«

»Ach, die. Was kümmert uns die noch? Valentino ist uns an der Gurgel.«

»Doch wohl nicht Valentino selber, oder? Nur ein paar von seinen Leuten.«

Bruni fauchte ihn förmlich an: »Vitelli! Und Oliverotto!«

Valentinos beide *Capitani* lagen seit eh und je mit Florenz in Fehde. Plötzlich kam Nicholas ein Gedanke. Keiner von Valentinos *Capitani* war größer und stand mehr in der Gunst seines Herrn als Gianpaolo Baglione. Er blieb stehen.

»Was soll das nun wieder?« fragte Bruni in quengelndem Ton.

Nicholas beugte sich über seinen Spazierstock und richtete den Blick hinunter auf den Fluß. »Ich habe vor kurzem jemanden kennengelernt. Vielleicht ...« Er biß sich auf die Unterlippe.

»Was habt Ihr denn?«

»Ich muß zurück. Da gibt es jemanden in Trastevere, der Licht in unsere Schwierigkeiten bringen könnte.«

»Wann kommt Ihr wieder? Mein Schreiben an die Signoria muß mit dem nächsten Kurier fort.«

»Schreibt den Brief nur, ich werde ihn bei meiner Rückkehr verschlüsseln.«

Nicholas wandte sich in Richtung Ponte Sisto.

Trastevere lag, wie der Name sagte, von Rom getrennt und unterhalb der Città Leonina an einem Flußbogen auf der anderen Tiberseite. Es war ein Stadtviertel voller Tavernen und Mietshäuser, Kuhweiden und Befestigungsanlagen, das sich den steinigen Hügel über den Morästen hinaufzog. Cesare Borgia besaß dort einen Palazzo, und das Viertel stand auf der Seite des Papstsohnes. An der ersten Piazza fragte Nicholas nach dem Weg zum ›Fuchs und den Trauben‹. Hinter einem auf quietschenden Rädern dahinrumpelnden Heuwagen schickte man ihn eine vielfach gewundene Gasse hinunter.

Sie führte über die Hügelkuppe hinweg. Auf der anderen Flußseite ertönte eine Glocke, der sich andere zugesellten, um die Mittagsstunde anzuzeigen. Bald würde jeder in Rom heimgehen, um zu essen und den Nachmittag über Siesta zu halten. Nicholas setzte sich in Trab, um den Heuwagen zu überholen, und lief dann die andere Seite des Abhangs hinunter.

Im Gewirr der Straßen und Gassen verlief er sich, wandte sich zwischen baufälligen Häusern hierhin und dorthin. Die Straßen füllten sich rasch mit Frauen, die mit Brotlaiben in den Händen vom Bäcker kamen, und Männern, die Hacken und Rechen geschultert hatten. Die Straße mündete in eine Piazza mit einem alten versiegten Brunnen in der Mitte, der wie eine Kamm-Muschel geformt war. Dort fragte Nicholas nach dem Weg.

Die Taverne lag nur drei Straßen entfernt. Munter schritt Nicholas aus. Es gab an diesem Tag noch viel zu tun. Der offizielle Brief nach Florenz und der Geheimbrief, der ihn begleiten sollte und von dem Bruni nichts wissen durfte, mußten geschrieben und verschlüsselt werden. Die Signoria erwartete von Nicholas, daß er unabhängig berichtete und über jeden Schritt Brunis seine Meinung abgab. Natürlich unternahm Bruni nur sehr selten etwas, da die Sterne ständig gegen ihn standen. Nicholas wurde bewußt, daß er sich nach dem ›Fuchs und den Trauben‹ sehnte – weil er Stefano Baglione wiedersehen wollte.

Er verlangsamte den Schritt. In der schlaglochübersäten Straße vor ihm spielten Kinder Ball. Zu beiden Seiten erhoben sich honigfarben die Häuser, von deren Wänden die Stimmen der Kinder widerhallten. Als er das Ende der Straße erreicht hatte, blieb er stehen.

Eine steile Treppe führte zur nächsten Gasse hinunter. Unten ritt auf einem Esel ein Priester vorbei. Der ›Fuchs und die Trauben‹ lag an der dahinterliegenden

Piazza. Nicholas krallte die Finger um den Knauf seines Spazierstocks. Er hatte dort nichts zu suchen. Selbst wenn Stefano wirklich ein Vetter von Gianpaolo Baglione war – woher sollte er wissen, welche Gedanken und Schachzüge dem mächtigen Condottiere durch den Kopf gingen? Nicholas schluckte und fragte sich, was er hier eigentlich tat, da er doch so viel Wichtigeres zu tun hatte. Er eilte wieder die Treppe hinauf, lief zurück in die Richtung, aus der er gekommen war.

*

Die Ständige Vertretung der Republik Florenz beim Heiligen Stuhl hatte in dem im Banchi-Viertel Roms gelegenen Palazzo der Familie Savelli Geschäftsräume gemietet. Vom zweiten Stock des Gebäudes aus konnte Nicholas über die Ziegeldächer der Nachbarschaft hinweg bis zum Tiber hinuntersehen und auf der anderen Seite des Flusses den langen, geschützten Gang erkennen, den der Papst vom Vatikanischen Palast bis zur Festung Sant'Angelo hatte bauen lassen. Das runde Gebäude innerhalb der zinnenbewehrten Mauern hatte, wie andere römische Bauten, einer Vielzahl von Zwecken gedient. Ursprünglich war Sant'Angelo Grabstätte eines frühen Kaisers gewesen. Während der großen Pest, ein paar Jahrhunderte vor Dawsons Zeit, war der Erzengel Gabriel auf der flachen Kuppel des Gebäudes erschienen, um Gottes Barmherzigkeit zu verkünden. Daher der heutige Name: ›*Sant'Angelo*‹ oder ›Engelsburg‹.

Das Gesicht der Stadt zugewandt, schritt Nicholas die Loggia entlang und versuchte, sich nach dem langen Marsch, der letztlich zu nichts geführt hatte, wieder zu fassen. Am äußersten Ende der Loggia stieß er auf den gebückt die Topfpflanzen begießenden Bruni. Ein Rinnsal Wasser lief unter dem Boden des nächsten Topfes heraus.

»Was habt Ihr herausgefunden?« fragte Bruni.

»Nichts. Seid Ihr mit dem Brief fertig?«

»Er liegt auf meinem Schreibtisch. Urteilt selbst – vielleicht sind die Formulierungen nicht elegant genug, oder alles ist zu ungeschliffen. Die endgültige Fassung erwarte ich noch vor fünf.« Bruni hängte die Gießkanne an einen Haken. »Wie Ihr feststellen werdet, habe ich angedeutet, daß wir die Lage unterschiedlich beurteilen.«

»Verbindlichen Dank«, sagte Nicholas.

Er zog sich in den nächsten Raum zurück, das Hauptarbeitskabinett der Gesandtschaft. Für gewöhnlich waren die Schreiber emsig beschäftigt; über die langen Tische gebeugt, schrieben sie Dokumente und Kopien, was die Müllsammler des Viertels reichlich mit Papier versorgte. Jetzt jedoch waren die Schreiber fort und hielten bis zum späten Nachmittag *Siesta*. Erst hinterher wurde die Arbeit des Tages wiederaufgenommen. Stapel von Büchern und Stöße von Papier bedeckten die Tische. Die Schemel waren daruntergeschoben, und die Federn ragten aus den Gläsern wie Schwanzfedern eines Vogels. Der Kalfaktor war bereits dagewesen, und der Boden glänzte an bestimmten Stellen noch feucht von seinem Mop. Tintengeruch hing in der Luft. Nicholas hinter sich, öffnete Bruni die Tür, durch die man auf den langen Korridor gelangte, an dem beider Arbeitszimmer lagen.

Die Familie des Gesandten war sehr wohlhabend. An den Wänden seiner Gemächer hingen Wandteppiche aus den Niederlanden. Das reichgeschnitzte und gelegentlich mit Goldtupfern aufgehellte Mobiliar stammte aus Deutschland. An der einzigen fensterlosen Wand standen auf Reihen von Regalbrettern Brunis Bücher. Die Fenster waren alle von dicken Portieren verdeckt, was zur Folge hatte, daß der Raum dämmrig, muffig und eng wirkte. Nicholas ging zum Schreibtisch hinüber. Unter einem Buch lagen zwei mit Brunis zwar liederlicher, aber flotter Handschrift bedeckte Blätter. Nicholas nahm sie und ging in sein Kabinett hinüber, das ganz hinten im Gebäude lag.

In dieser Kammer war nur Platz für einen Schreibtisch und einen Stuhl sowie ein Bücherregal – und Raum für die nach innen aufgehende Tür. Ursprünglich, als er hier eingezogen war, hatte es noch einen zweiten Stuhl gegeben, doch den hatte er herausnehmen lassen, um Besucher abzuschrecken und den Schreibtisch anders hinstellen zu können. Nicholas setzte sich auf den Schreibtischstuhl und las Brunis Brief.

Anschließend wandte er den Kopf und schaute nach draußen. Einer der Fensterläden stand offen. Nicholas konnte über den kleinen, mit roten Ziegeln gepflasterten und von weißem Taubendreck gesprenkelten Hof hinwegsehen, der vier oder fünf Fuß unter seinem Fenster lag, doch hatten die Rebstöcke bereits das sommerliche Laub herausgebildet und trieben ihre Ranken. Nicholas stützte die Ellbogen auf die Schreibtischplatte.

Brunis Brief war ein Meisterwerk der Mehrdeutigkeit. Grundprämisse war, daß Valentino entweder angreifen oder sich zurückziehen würde, es sei denn, er blieb, wo er war. Der Gesandte riet der Signoria, mit dem Borgia-Prinzen zu verhandeln, aber nichts abzuschließen. Das jedoch war ohnehin die traditionelle Strategie der Signoria: abwarten und zusehen, was geschah.

Nicholas konnte sich nicht erinnern, wer im Moment die Hauptverantwortlichen im Stadtstaat waren. Wahlen brachten alle zwei Monate eine völlig neue Regierung an die Macht. Da Nicholas Florenz vor gut zehn Jahren das letzte Mal besucht hatte, waren die meisten dieser Staatsbediensteten bloß Namen für ihn. Bei dem ständigen Wechsel der maßgeblichen Männer an der Spitze traf niemand Entscheidungen, es sei denn, er konnte nicht anders. Gleichwohl haßten die Florentiner Unentschiedenheit bei ihren Untergebenen. Falls die Bedrohung durch die Borgias die Republik teuer zu stehen kam, mußte irgend jemand den Kopf dafür hinhalten, und da Bruni nicht in der Stadt weilte, war er verwundbar.

Auf der anderen Seite vom Hof erschien auf einem Balkon einer von Brunis jungen Gehilfen und hängte Wäsche zum Trocknen auf. Als er Nicholas sah, lächelte er und winkte. Nicholas betrachtete den Brief auf seinem Tisch. Er war ständig bemüht, den Rest der Gesandtschaft auf Distanz zu sich zu halten, doch manche von ihnen lenkten ihn unermüdlich ab. Er wandte sich wieder dem eigentlichen Problem zu, das darin bestand, Ercole Bruni zu einem Helden zu machen.

Nicholas zog seine Code-Bücher hervor und machte sich daran, Brunis Brief zu verschlüsseln. Dabei rückte er Brunis Mehrdeutigkeiten so hin, daß sie seiner eigenen Auffassung entsprachen, derzufolge Cesare Borgia Florenz nicht angreifen würde, sondern nur hoffte, die Signoria ausreichend einzuschüchtern, so daß diese sich von ihm freikaufte. Seit Jahren damit beschäftigt, Brunis Berichte seinen Vorstellungen und Wünschen entsprechend zu frisieren, hatte Nicholas darin eine solche Geschicklichkeit entwickelt, daß er nur eines von zehn Wörtern zu verändern brauchte, indem er etwa eine Zeitbestimmung ausließ oder einen Nebensatz zu einem gewichtigen Hauptsatz machte. Nach einer Weile hielt er inne und schnitt sich einen neuen Federkiel zurecht. Ohnehin würde niemand in der Signoria sich um den Brief scheren, doch durfte hinterher keiner Bruni etwas anhaben und ihn etwa hängen können.

Leider geriet das Schreiben seiner Eingriffe wegen viel kürzer als Brunis Original, und so füllte Nicholas den noch verbliebenen Platz mit einem allgemeinen Überblick über das, was die Borgias seiner Meinung nach mit der Romagna vorhatten.

Dann schrieb er Brunis Original in der blumigen Sprache um, die der Gesandte für einen eleganten Stil hielt.

Als er seine Ausarbeitung in Brunis Gemächer hinübertrug, kam Angela Borgias kleiner Page Piccolo auf seinen bemalten hochhackigen Schuhen den Korridor heruntergeklappert. Nicholas ließ ihn warten. Den Brief gab er Bruni, der gerade las. Indem er vorgab, daß der Schlüssel in seinem Schreibtisch liege, ließ er den kleinen Knaben im seidigen Gewand vor der Tür stehen, ging hinein, zog ein paar Schubladen auf und schob sie wieder zu. Es mußte doch herauszufinden sein, warum die Borgias sein abgelegenes Haus für eine Nacht benutzen wollten. Sie rundheraus auszuspionieren, fürchtete er sich. Angela hatte ihn gewarnt, und die Borgias machten mit Spitzeln kurzen Prozeß. Nicholas beschloß, dem Pagen bis zur Città Leonina nachzugehen und festzustellen, wohin er den Schlüssel brachte. Dann nestelte er diesen von seinem Schlüsselbund in der Tasche und gab ihn dem Pagen.

Piccolo brachte den Schlüssel jedoch nicht in die Leoninische Stadt.

Es fiel Nicholas nicht schwer, ihm zu folgen. Das rosa-blaue Gewand des Knaben war an diesem ruhigen Nachmittag die ganze Straße hinunter zu sehen, und seine kurzen Beine trugen ihn so schnell voran, daß Nicholas darüber staunen mußte. Weit auseinandergezogen liefen die beiden vom Tiber aus in südwestlicher Richtung quer durch die Stadt, dann trat der Junge durch ein Portal in einer alten, in Trümmern liegenden Mauer. Als er die nächste kleine Gasse hinter sich hatte, blieb Nicholas stehen. Sein Instinkt warnte ihn, und er beobachtete nur noch, wie der kleine Junge durch das Portal verschwand.

Nicholas zog sich in die Toreinfahrt eines Hauses zurück. Diese Mauer und dieses Portal kannte er. Dahinter lag das Kapitelhaus eines spanischen Mönchsordens.

Für eine Weile ließ er das Portal nicht aus den Augen, bis die kleine rosa-blau gewandete Gestalt wieder zum Vorschein kam. Der Junge machte einen erschöpften Eindruck und kam die Gasse herunter direkt auf Nicholas zu, doch noch ehe er vorübergehen konnte, bog er in eine Seitenstraße ein und ging diese den Hügel hinunter. Er kehrte also auf direktem Weg zur Città Leonina zurück.

Das Portal in der halbverfallenen Mauer immer noch im Blickfeld, blieb Nicholas noch eine Weile in der Toreinfahrt stehen. Kein Mensch verließ das Anwesen, keiner betrat es. Selbstverständlich gab es auch nach hinten hinaus Zugänge sowie Seitentüren und Stellen, an denen man leicht über die Mauer hätte klettern können. Der Schlüssel konnte auch auf dem Weg zu jemand anderem sein – das war sogar mit großer Wahrscheinlichkeit der Fall. Gleichwohl genügte es Nicholas zu wissen, daß der Schlüssel zu dem Menschen, für den er bestimmt war, den Umweg über ein Kloster genommen hatte, dessen Mönche der Krone von Aragon treu ergeben waren. Die Borgias waren Aragonesen, und zur Zeit trug ein Fürst von Aragon die Krone des Königreichs Neapel.

Das Recht dazu bestritt selbstverständlich der König von Frankreich, und der Papst sowie dessen Sohn waren dem Vernehmen nach Verbündete der Franzosen.

Nicholas kehrte in die Gesandtschaft zurück.

Sein Brief mußte noch geschrieben werden. Während er über die Feder gebeugt dasaß und sich den Kopf über die richtigen Formulierungen zerbrach, klopfte es, ohne von ihm gehört zu werden. Er arbeitete ganz am Rand seines Schreibtisches, wo das Licht am hellsten war. In wenigen Minuten würde die Sonne hinter dem Gebäude westlich von ihm untergehen.

Nach einigen Augenblicken knarrte die Tür.

»Messer Nicholas?« Es war Ugo, Brunis junger Gehilfe.

Nicholas hob den Kopf nicht von seiner Arbeit. »Ja?«

»Ich wollte fragen, ob ich Euch um einen Rat bitten darf, Messer Nicholas.« Ugo zog die Tür hinter sich zu und quetschte sich in die schmale Lücke zwischen

Tischrand und dem von Büchern überquellenden Wandregal. »Es geht um Giambattista, Messer Nicholas.«

Giambattista war Brunis zweiter junger Gehilfe.

»Ich habe ihn dabei ertappt, wie er im geheimen das Tagebuch Seiner Exzellenz las.«

Da Ugo jetzt praktisch vor ihm stand und redete, hob Nicholas schließlich den Kopf und blickte in das breite, braungebrannte Gesicht. In Ugos Augen glomm es wild auf.

»Warum erzählst du mir das?« fragte Nicholas.

»Ich dachte, Ihr würdet das gern wissen.«

Ruckartig sprang Nicholas auf. Er war so wütend, daß er sich beim Sprechen förmlich verhaspelte und herumstotterte wie ein Narr. Er schrie: »Nein! Ich will es nicht wissen.« Dann ließ er sich mit erhitzten Wangen auf seinen Stuhl sinken. Mit einer Handbewegung scheuchte er Ugo hinaus. »Raus!«

»Aber, Messer Nicholas...«

»Raus mit dir!«

Der junge Mann hatte seine Mühe mit der Türklinke, verschwand dann aber. Die Feder gezückt, saß Nicholas da. Dauernd versuchten sie, ihn in ihre kleinen Ränke und Eifersüchteleien hineinzuziehen. Wenn er zuließ, daß sie ihn bei der Arbeit störten, konnte er – genau wie Bruni – seine ganze Zeit damit verplempern. Nach dieser Unterbrechung vermochte er nicht weiterzuschreiben. Er war dermaßen abgelenkt, daß er es nicht einmal fertigbrachte, die letzten Worte, die er geschrieben hatte, bevor Ugo bei ihm hereingeplatzt war, noch einmal zu lesen. Sie behandelten ihn, als hätte er nichts Wichtiges zu tun. Man versuchte, ihn in das kleinliche Gezänk und die läppischen Intrigen hineinzuziehen, wie sie unter dem Personal aller Gesandtschaften gang und gäbe waren. Nicholas zwang sich schließlich, den letzten Satz noch einmal zu überfliegen. Allmählich konnte er sich wieder konzentrieren. Das hier war wichtig – die Analyse der Ereignisse, seine Lagebeurteilung und Überlegungen zum Stand der Dinge. Er las den Satz ein drittes Mal, setzte zuversichtlich die Feder wieder zum Schreiben an und brachte den Gedanken zu Ende.

*

Als Nicholas im Haus seines Freundes Amadeo eintraf, mit dem er zu Abend essen wollte, fand er dort bereits etliche Leute vor. Mantel und Spazierstock übergab er dem Diener, dann nahm er am Tisch Platz. Ein anderer Diener brachte ihm ein Glas Wein.

Amadeo besaß ein über das übliche Maß hinausgehendes Interesse an den Relikten der Antike, auf die man überall in Rom stieß. Manchmal sah es so aus, als verginge kaum ein Tag, ohne daß irgendein Arbeiter oder Landmann, der in einem Weingarten den Boden umgrub, ein Kunstwerk aus klassischer Zeit freilegte. Mit Hilfe eines großen, im Handel verdienten Vermögens war es Amadeo gelungen, viele Stücke zu erwerben. Sein Haus war voll von ihnen. In dem Zimmer, in dem er für gewöhnlich seine Freunde bewirtete, standen in Nischen oder auf Sockeln, die wie korinthische Säulen geformt waren, größere und kleinere Fragmente von Marmorskulpturen; an den Wänden hingen Platten mit Basreliefs. Letztere bildeten innerhalb von Amadeos Sammlungen eine Besonderheit: Es handelte sich um halb erhaben herausgearbeitete Phalli, wie die alten Römer sie in den Toren oder Außenwänden ihrer Häuser angebracht hatten, um böse Geister abzuwehren.

Am Tisch – eigentlich drei u-förmig zusammengestellte Tische – saßen Amadeos Freunde und unterhielten sich auf latein über den Geschichtsschreiber Livius. Nicholas nippte an seinem Glas. Es tröstete, daß Amadeo für guten Wein keinen Gaumen hatte. Er kaufte einfach, was teuer war, und das wußten die Weinhändler. So wurde er regelmäßig übers Ohr gehauen. Die Männer an der Stirnseite der Tafel diskutierten über den Tugendverfall seit den Tagen der frühen Republik bis zu Livius' Zeit.

»Selbstverständlich hat Tugend für Livius etwas ganz anderes bedeutet als für uns«, sagte ein Mann.

»Was nur ein weiteres Beispiel für den Verfall der Tugend ist, mein lieber Freund«, bemerkte jemand auf der anderen Seite des Tisches, und die anderen lachten und applaudierten.

Nicholas war mit der Grundvoraussetzung ihres Gesprächs überhaupt nicht einverstanden. Früher hatte auch er geglaubt, daß man Livius wörtlich nehmen müsse; dann jedoch war ihm aufgegangen, daß der antike Historiker an seinen Mitmenschen verzweifelt war und ihnen, um sie an ihre Pflicht zu erinnern, eine idealisierte Vergangenheit vorgeführt hatte, an der sie sich ein Beispiel nehmen sollten. So sehr veränderten die Menschen sich von einer Generation zur nächsten nicht. Nicholas erläuterte seine Ideen nicht im einzelnen. Sein Latein war mehr am Heiligen Benedikt geschult als an Cicero, und er war nicht scharf darauf, ausgelacht zu werden.

Minuten später trat Amadeo ein.

»Nicholas«, sagte er lächelnd. »Ich hatte schon befürchtet, du würdest nicht kommen.«

»Du mußt entschuldigen, daß ich mich verspätete«, erwiderte Nicholas. »Wir stecken in der Gesandtschaft im Moment bis über beide Ohren in Arbeit.«

»Aber du bist da, und das ist schließlich das wichtigste. Später – nach dem Abendessen – werden andere interessante Gäste kommen.«

»So? Wer denn?«

»Du wirst schon sehen.«

Amadeo nahm seinen Platz am Kopf der Tafel ein und gab den Dienern Anweisung, das Essen aufzutragen. Nach der Suppe gab es eine Schüssel gebratener Hähnchen mit Pflaumenfüllung und danach zu jedermanns Verwunderung Spargel, was eine vielstimmige Reaktion zur Folge hatte, Amadeo möge doch verraten, woher er vor Ostern den Spargel bekommen habe. Amadeo aber lächelte nur und wollte es nicht verraten.

Jedenfalls war der Spargel holzig. Nicholas aß nicht viel davon.

Nach Obst und Käse wurde abgedeckt, und die Unterhaltung wandte sich Valentino und der allgemeinen Lage der Staaten auf italienischem Boden zu. Nun sprachen alle Italienisch. Nicholas schnitt einen Apfel mit dem Messer in dünne Scheiben und legte dünne Scheiben Käse darauf.

»Ich behaupte, das Problem sind die Franzosen«, erklärte ein Mann. »Und Valentino ist genau der Richtige, mit denen fertig zu werden.«

»Valentino und der Papst winden sich unter den Stiefeln der Franzosen. Nein, nein, meine Freunde, die Hoffnung Italiens sitzt nicht auf dem Stuhl Petri. Wir müssen selber etwas unternehmen, statt zu hoffen, daß jemand anders uns rettet.«

Nicholas kaute genüßlich und nahm einen Schluck Wein. Schon früher hatte er erklärt, daß die Männer, wenn es um Valentino ging, in zwei Lager gespalten waren. Er hatte dieselben Argumente schon bis zum Überdruß gehört.

»Italien ist der Erstgeborene Europas. Es ist an uns, unseren angestammten Platz einzunehmen und den Rest der Christenheit zur Tugend zurückzuführen.«

»Ah«, rief Amadeo laut und erhob sich, »da kommt Don Pedro in höchsteigener Person!«

Nicholas erschrak, sein Kopf ruckte hoch, wobei er den Blick auf die Tür richtete. Amadeo ging mit ausgestreckten Händen um den Tisch herum, um die beiden Herren unterschiedlichen Alters zu begrüßen, die eingetreten waren. Doch in den Zügen waren sie einander ähnlich: schmales und strenges Gesicht, der Bart spitz getrimmt wie der von Amadeo. Eigentlich brauchte der Gastgeber seinen Gästen nicht erst zu sagen, daß die Herren aus Spanien kamen.

Dennoch wurde jeder jedem vorgestellt; dann wies man den Neuankömmlingen Nicholas gegenüber Plätze an. Amadeo setzte sich wieder auf seinen Stuhl.

»Nicholas«, ließ er sich vernehmen, als sein Diener ihm nachgeschenkt hatte, »du hast bis jetzt kaum etwas gesagt. Wie siehst du das Problem mit den Franzosen?«

Nicholas' Glas war leer. Er lehnte sich zurück und ließ die Hände auf den Schoß rutschen. »Für mich stellen die Franzosen kein Problem dar, denn sie sind ja mit Florenz verbündet.«

»Na, na!« Der Mann, der so sehr zugunsten von Valentino gesprochen hatte, lehnte sich über den Tisch und fixierte ihn eindringlich. »Ihr müßt doch erkennen, daß genau das die Wurzel unserer Krise ist. Italien ist in viele Einzelteile zerrissen, und jedes einzelne Gemeinwesen ist nur auf den eigenen Vorteil bedacht. Gerade dadurch findet eine rückständige Nation wie die Franzosen Wege und Möglichkeiten, uns zu durchdringen und zu zerstören.«

»Darüber will ich nicht mit Euch streiten«, sagte Nicholas. »Nur sollte man die Tür spätestens schließen, wenn der Wolf auf der Schwelle steht, und nicht, wenn er bereits drinnen ist und mit am Tisch sitzt. Und seit 1492 sitzen die Franzosen nun mal mit an unserem Tisch.«

»Man kann sie auch wieder hinauswerfen«, entgegnete der Mann, der sich gegen Valentino ausgesprochen hatte. »Man braucht nur starke beherzte Leute.«

Der ältere der beiden Spanier wandte sich seinem Sohn zu und sagte auf spanisch: »Wären ihre italienischen Herzen nur so mannhaft, wie diese Typen es mit der Zunge sind«, und der Sohn lachte.

»Man kann auch auf einfachere Weise mit ihnen fertig werden«, sagte Nicholas.

Etliche von den anderen Römern buhten und blökten ihn an wie eine Herde Schafe. Amadeo jedoch lächelte nur, hielt das Kinn mit dem Teufelsbart auf eine Faust gestützt und ließ den Blick von einem zum anderen wandern.

»Im Kampf können wir die Franzosen nicht besiegen«, fuhr Nicholas fort. »Aber wir können ihnen, arglos wie sie als Volk sind, vielleicht die Künste der Zivilisation beibringen.«

»Und ich sage, wir können kämpfen für das, was uns

gehört. Und Valentino ist der Mann, uns dabei voranzugehen.«

Der Spanier wandte sich wieder seinem Sohn zu und murmelte: »So wie der Teufel diese Narrenschar hier anführt. Laß es dir von mir gesagt sein, sie sind einfach kindisch.«

Nicholas griff wieder nach seinem Glas. Amadeo hatte zu diesem Streit angestiftet; es ärgerte ihn zu sehen, wie sein Freund sich die Hände rieb zu diesem Sturm, den er entfesselt hatte. Sein Glas war leer. Als er es hinstellte, kippte es um.

»Und was Euch betrifft«, ließ sich der Mann vernehmen, der sich für Valentino einsetzte, »so seid Ihr nicht einmal richtiger Italiener.«

»Nein«, konterte Nicholas, »aber das ist Valentino auch nicht – jedenfalls zur Hälfte nicht.«

»Zur besseren Hälfte nicht«, bemerkte der Spanier.

»Don Pedro«, rief Amadeo, »was haltet Ihr von diesem Streit?«

Der Spanier hob den Kopf mit dem glattgekämmten, geölten Haar und sagte langsam auf italienisch: »Das ist eine Sache, die nur euch Italiener angeht – ist etwas für euch mit euren besonderen Kenntnissen und euren speziellen Belangen. Ich kann nur zuhören und hoffen, es besser zu verstehen.«

Nicholas begegnete dem Blick des Spaniers. »Sehr gütig und freundlich gesprochen, Señor«, sagte er auf spanisch.

Don Pedros Gesichtsfarbe war so dunkel, daß man sein Erröten kaum bemerkte, doch sein Kopf zuckte hoch, und sein Hals über dem flachen spanischen Kragen streckte sich wie der eines Huhns. Er hüstelte. Sein Sohn fingerte nervös an seiner Serviette herum.

»Ich entschuldige mich bei Euch«, sagte der Vater auf spanisch, nur für Nicholas bestimmt. »Doch nur dafür, daß ich ausgesprochen habe, was ich denke. Für den Gedanken selbst entschuldige ich mich nicht.«

»Ihr kennt die Fakten nicht«, sagte Nicholas.

»Die Fakten! So viel aber weiß ich: Während ihr hier in Italien mit fruchtlosem Gezänk eure Zeit verschwendet, kämpfen wir in Spanien seit nunmehr siebenhundert Jahren gegen den wahren Feind.«

»Wobei Ihr unter dem wahren Feind den Islam versteht, wie ich annehme. Das kommt auf den Standpunkt an.«

»Nein«, erklärte der Spanier barsch. »Das, Signore, hängt von Gott ab. Aber wir verärgern unseren Gastgeber, der nur Italienisch spricht.« Mit diesen Worten wandte er sich demonstrativ Amadeo zu und sagte auf italienisch: »Verzeiht, mein Freund – eine private Angelegenheit.«

*

Kurz nach dem Morgengrauen erwachte Nicholas plötzlich in einem fremden Bett und wußte nicht, wo er war. Er setzte sich auf und merkte, daß er schwitzte und die Laken feucht waren. Es war muffig und stikkig. Die Decke über ihm stieg steil zu einem Dachbalken auf. Genau unter dem höchsten Punkt war ein kleines rundes Fenster angebracht, und da begriff er, daß er in einer Dachkammer der Gesandtschaft lag.

Durch das Rundfenster war ein Stück weißer Himmel zu sehen. Sonst war es im Zimmer noch recht dunkel. Das Feuer auf dem Kaminrost war ausgegangen. Juan schlief auf einem niedrigen Schragen am Fußende des Bettes, stieß pfeifend die Luft aus wie ein Kind und murmelte kehlig Unverständliches.

Nicholas legte sich zurück aufs Kopfkissen, konnte aber nicht mehr schlafen. Er hatte einen alten Traum geträumt, ihm so vertraut, wie der Raum hier ihm fremd war. Er verfolgte, wie die kleine runde Fensteröffnung in der Wand immer heller wurde. In seinem Traum lag er eingeschlossen von einer sich hebenden und senkenden Masse und konnte sich nicht rühren. Die feste und kompakte Hülle um ihn herum – abwechselnd glatt und beängstigend sich zu Blasen aufwerfend – bedrängte ihn, daß er kaum noch Luft bekam.

Der Traum verschwand. Das runde Fenster fesselte ihn. Unter so einem Fenster hatte er schon einmal gelegen, als Kind, das – in einem anderen Land – bei seinen Eltern schlief. Er schloß die Augen. Leichter Schlaf befiel ihn. Nach wenigen Augenblicken brachte die unangenehme Wärme im Raum ihn dazu, wieder aufzuwachen und das Bettzeug wegzustoßen. Wieder schlief er ein, erwachte erneut.

Den kleinen Jungen, der zwischen seinen Eltern schlief, hielt es nach Morgengrauen nie lange im Bett. Mit den ersten Sonnenstrahlen war er auf und ging hinaus, die Straßen des fernen Ortes zu erkunden. In den übelriechenden Gassen und auf den Marktplätzen hatte er es genossen, sich Tagträumen von Macht und Abenteuer zu überlassen. Die Kinder haßten ihn als Fremden und nutzten jede Gelegenheit, über ihn herzufallen. Er legte sich hinter Bäumen und Mauern auf die Lauer, wartete, bis der Zufall seine Feinde vorbeigehen ließ, und bewarf sie mit einem Hagel von Steinen oder Pferdeäpfeln, ehe er schließlich davonrannte.

Aber das Laufen genoß er. Steine und Pferdemist sollten sie nur zu einer Verfolgungsjagd verleiten, damit er sie je nach Lust und Laune oder Vorsatz und Willen hierhin und dorthin führte, um sie zuletzt abzuschütteln. Gefangen wurde er nur selten.

Nicholas drückte mit den Händen auf seine Augen. Wenn er an diese längst vergangenen Zeiten zurückdachte, sah er sich so, wie er heute war, nur kleiner, grazil, mit hellbraunem Haar und dunkelbraunen Augen, kleinen Händen und Füßen, aber tief eingegrabenen Falten um den Mund herum und zwischen den Brauen über der Nase. Ein in mittleren Jahren stehender Mann.

Das Fensterrund über ihm wurde weiß wie ein Mond. Nicholas schlief wieder ein.

*

Gegen Mittag fing es an zu regnen. Nicholas saß in seiner Kammer und stellte die Liste der Aufgaben für die nächste Woche zusammen. Regen prasselte gegen die Läden und rann über die Fensterbank, bis er die Ritze mit einem tintenverschmierten Lappen verstopfte.

Kurz vor zwölf kam, einen Umhang über dem rosenfarbenen Seidengewand, Angela Borgias kleiner Page Piccolo und brachte Nicholas den Haustürschlüssel zurück. Der Junge bibberte, und seine Nase lief. Nicholas schickte ihn hinaus auf den Korridor und las das kleine Dankschreiben, das Madonna Angela zusammen mit dem Schlüssel geschickt hatte.

Sie selbst hatte das Billett nicht geschrieben, sondern ein Sekretär. Dessen feine, den Kanzlisten verratende Handschrift unterschied sich kaum von der Nicholas'. Er faltete das Papier zusammen und legte es in eine Schreibtischschublade. Dann öffnete er die Tür und wollte den Pagen entlassen, doch der war bereits gegangen und hatte nur eine Spur Wassertropfen auf dem braunen Marmorfußboden zurückgelassen.

Als die Gesandtschaft die Türen für den Nachmittag schloß, gingen Nicholas und Juan durch die Stadt zu dem Haus hinter dem Kolosseum. Im wildwuchernden Garten rührte und bewegte es sich im Regen, als ob die Rebstöcke und die sich ungehindert ausbreitenden Büsche und Sträucher unter den Tropfen tanzten. Nicholas suchte den Gartenboden ab, doch hatte der Regen sämtliche Fußspuren verwischt.

Im Haus war es kalt. Im Kamin lagen Asche und halbverkohlte Stücke. Die Möbel im Hauptraum waren ungefähr wieder so hingestellt worden, wie sie zuvor gestanden hatten. Einer der Stühle mit der lyraförmigen Rückenlehne, etwa in der Raummitte, war so hingerückt worden, daß er vor dem anderen stand. In der Küche fand Nicholas zwei benutzte Weingläser auf der steinernen Anrichte. Nicholas schnupperte an einem der Gläser. Sein Wein war es nicht. Wer immer am vergangenen Abend hierhergekommen war, hatte seinen eigenen Wein mitgebracht.

Nicholas durchquerte den Hauptraum und öffnete die Tür zur Schlafkammer. Das Bett war von der Wand fort in die Raummitte geschoben worden, die Ränder der Zudecken hatte jemand unter die Matratze gestopft. Er fragte sich, ob überhaupt jemand darin geschlafen hatte.

Juan tauchte neben ihm auf der Schwelle zur Schlafkammer auf. »Es ist also ein Liebespaar gewesen, seht Ihr?«

»Vielleicht.« Die unter die Matratze gestopften Wolldecken ließen einen Verdacht in ihm keimen. Soldaten machten das so.

Juan warf einen Blick in das Zimmer, wobei sein Kopf, einem Vogelkropf gleich, hin und her ruckte. Er ließ ein Girren des Triumphes vernehmen. Nachdem er ans Bett herangetreten war, pflückte er etwas vom Kopfkissen.

»Endgültiger Beweis.« Der alte Mann hielt ein langes helles – blondes oder graues – Haar in die Höhe.

Nicholas kehrte in den Wohnraum zurück. Er wollte nicht glauben, daß Angela Borgia mit einem Liebhaber hier die Nacht verbracht hatte. Etwas, das sie gesagt hatte, nährte seine Zweifel: *Braucht Ihr einen anderen Platz für die Nacht? Den kann ich Euch besorgen.* Hatte sie das nicht anzüglich gemeint? Er wußte, daß sie zu jener Art Frauen gehörte, für die die Tatsache, daß er Angehörige des eigenen Geschlechts dem ihren vorzog, einen unwiderstehlichen Reiz besaß. Wie hätte sie sich anerbieten können, ihn woanders zu bewirten und zu unterhalten, wenn sie vorgehabt hätte, hier für jemand anderen die Gastgeberin zu spielen? Doch als er noch einmal genau überlegte, was und wie sie das gesagt hatte, konnte er doch nichts weiter als nur Fürsorge und Rücksichtnahme darin sehen.

Nicholas ging ins Wohnzimmer und ließ den Blick in die Runde schweifen – über die Wände mit den Fresken und über die Möbel mit den gedrechselten dünnen Beinen. Unversehens packte ihn kalte Wut darüber, wie das Haus eingerichtet war. Er wollte das sofort ändern, sobald er sein Salär bekommen hatte – in etwas Klassisches und Stilvolles. Mit Wandteppichen vielleicht. Jedenfalls etwas Feierlicheres. Er begab sich zum Kamin.

Vom Feuer war noch genug übriggeblieben, um erkennen zu lassen, daß die Scheite übereinandergeschichtet worden waren. Über diesen neuerlichen Beweis erfreut, kniete er sich hin und besah sich das Ganze etwas genauer. Dies war zweifellos die Arbeit eines Soldaten. Das halbverkohlte Holz machte einen feuchten Eindruck. Nicholas langte darüber hinweg an die Rückwand der Feuerstelle. Ein langer dünner Streifen Asche zerkrümelte unter seiner Berührung. Ob das wohl ein Stück Papier gewesen war?

Juan suchte die Küche auf. Nicholas nahm von dem Gestell neben dem Kamin eine Feuerzange mit schwer gearbeiteten Greifarmen herunter, stellte die halbverkohlten Scheite zu einer Pyramide zusammen, stopfte Kienholz zum Anzünden aus dem Eimer dazwischen und entfachte das Feuer mit Hilfe von Zunder aus seiner Büchse. Weitere Mutmaßungen und Spekulationen erlaubte er sich nicht. Als die Flammen hoch über die Scheite hinweg aufloderten, zog er einen Lehnsessel heran, setzte sich so hin, daß seine Füße der trocknenden Wärme zugewandt waren, und wartete auf das Abendessen.

*

Da Valentinos Armee der Bevölkerung auf dem flachen Land praktisch alle Nahrungsmittel wegnahm, sahen die Florentiner sich aus Verzweiflung gezwungen, dem Sohn des Papstes einen Arbeitsvertrag anzubieten – als *Capitano* der Signoria, wie das in Italien in solchen Fällen üblich war. Dafür, daß Valentino eine bestimmte Anzahl Bewaffneter zur Verfügung der Signoria hielt, sollte der Herzog eine ungeheure Summe Geldes erhalten. Allerdings ließen die Florentiner in besagtem Vertrag mit Absicht offen, wann und wie das Geld gezahlt werden sollte.

*

Eines Abends, kurz bevor die Gesandtschaft die Tore schloß, ließ Bruni seinen Sekretär kommen und reichte ihm ein Stück Papier.

»Was haltet Ihr hiervon, Nicholas?«

In der Kammer des Gesandten war es bereits dunkel, nur auf dem polierten Eichenholzschreibtisch wurde eine Stelle von einer großen Lampe erhellt. Nicholas hielt den Zettel ins Licht und las.

»Per Bacco!« stieß er hervor. »Von wem kommt denn das?«

»Von einem Florentiner Kaufmann, der zur Zeit in Neapel Handel treibt. Was meint Ihr? Ob der König von Spanien reagiert?«

Nicholas las die Nachricht noch einmal. In nur wenigen Zeilen hieß es, der König von Neapel habe, da er die Franzosen fürchte, seinen Verwandten – den König von Spanien – um Hilfe ersucht. Dieser eine Satz konnte die ganze Karte Europas durcheinanderbringen und Italien gründlich verändern.

Nicholas legte den Zettel auf den Tisch neben die Lampe.

Fragend sah Bruni ihn an. Er erwartete offensichtlich eine Antwort. Nicholas räusperte sich. Er mußte unwillkürlich daran denken, daß die Borgias irgendeine mysteriöse Zusammenkunft in seinem Haus gehabt hatten. »Ich weiß es nicht«, sagte er.

»Findet es heraus!« Bruni stieß Nicholas mit dem

Zeigefinger vor die Brust. »Es ist Eure Aufgabe, solche Sachen zu wissen. Alle beglückwünschen mich immer wieder dazu, Euch zu haben, wie wertvoll Ihr sein müßt, da Ihr doch alles wüßtet...« Die Fingerspitze bohrte sich wieder in Nicholas' Hemd. »Wie wird der Papst ein solches Eingreifen aufnehmen? Wenn Spanien doch gegen die Franzosen kämpft – auf welche Seite werden die Borgias sich dann stellen?«

»Ich weiß es nicht«, erwiderte Nicholas.

Brunis Stimme wurde schneidend: »Wieso wißt Ihr nichts davon, Messer Nicholas? Warum muß ich von einem Pfeffersack davon erfahren?« Er beugte sich vor und schrie Nicholas an: »Warum habt Ihr in diesem Fall versagt, Messer Nicholas?«

Das war ungerecht. Bruni hörte ohnehin nie auf ihn. Nicholas schloß die Augen; sein Gesicht brannte, als hätte man ihn geschlagen.

»Der König von Spanien ist Aragonese. Und der König von Neapel auch – wie im übrigen auch der Papst. Ist es unter diesen Umständen für Euch so schwierig, die Zusammenhänge zu erkennen? Was wißt Ihr über Ferdinand von Aragon?: Nichts! Was wißt Ihr über Gonsalvo da Cordoba?: Nichts!«

Was nicht stimmte. Gonsalvo, der die spanische Armee zur modernsten Europas gemacht hatte, lag genau zu diesem Zeitpunkt mit der spanischen Flotte vor Sizilien. Nicholas biß sich in die Unterlippe.

»Mein Gott – mein Gott!« Bruni schlug die Hände über dem Kopf zusammen. »Ich muß Entscheidungen von großer Tragweite treffen. Es geht um alles für Florenz, und dank Eurer Trägheit oder Dummheit verfüge ich über keinerlei Informationen, auf die ich meine Entscheidung gründen könnte. Ihr könnt gehen!«

»Jawohl, Exzellenz.«

Nicholas zitterten die Beine. Rasch kehrte er in seine Kammer zurück, wo ein Schreiber mit einer Frage zu einem wenig wichtigen Dokument auf ihn wartete. Nicholas schlug dem Mann die Tür vor der Nase zu. Als er auf seinem Schreibtischstuhl Platz genommen hatte, fuhr er sich mit den Fingern durchs Haar. Vor Scham und Wut bebte er von Kopf bis Fuß. Am liebsten wäre er in Brunis Kammer zurückgerannt und hätte diesem ins Gesicht gesagt, welcher Torheiten sein Herr selber sich schuldig gemacht hatte.

Nicholas überlegte, wer sonst die Szene mitbekommen haben mochte. Zuletzt hatte Bruni laut geschrien. Der Lärm mußte auf dem ganzen Korridor zu hören gewesen sein. Steckten Schreiber und Pagen in der Schreibstube jetzt die Köpfe zusammen und zerrissen sich das Maul darüber, wie der gehaßte Sekretär gedemütigt worden war? Er drückte die Finger gegen die Augen, bis es weh tat.

Leichter war es, über Spanien nachzudenken. In Wahrheit wußte er mehr über dieses Land, als Bruni ahnte, doch gerade das hatte ihn den Fehler begehen lassen, die Bedeutung der spanischen Flotte für Neapel zu unterschätzen. Der Krieg gegen die Mohammedaner bedeutete den Spaniern mehr als ihr ganzes Spaniertum. Seit nunmehr siebenhundert Jahren kämpften sie mit den Mauren um die Herrschaft über die Iberische Halbinsel. Erst vor acht oder neun Jahren unter der Königin von Kastilien und dem König von Aragon vereint, hatten sie die letzten Mauren aus Spanien vertrieben, und Nicholas war – wie eigentlich jedermann sonst – mit größter Selbstverständlichkeit davon ausgegangen, daß die Spanier den Mauren natürlich bis nach Afrika hinein nachsetzen würden. Das wäre doch nur der logische nächste Schritt gewesen. Sizilien, mehr afrikanisch als italienisch, war das Sprungbrett für ein solches Unternehmen. So jedenfalls hatte er die Sache gesehen.

Nicholas massierte sein Kinn und überlegte, wie oder ob er es Bruni heimzahlen sollte. Es verlangte ihn danach, Bruni gründlich die Meinung zu sagen.

Es war Nacht, und es herrschte absolute Dunkelheit in der Kammer. Kalte Luft kroch unter dem Fensterladen hindurch. Sein Rock hing in der Kanzlei. Nicholas war nur mit dem Hemd bekleidet und fror.

Wieder zerbrach er sich den Kopf darüber, wer in dem aragonesischen Kloster den Schlüssel zu seinem Haus erhalten haben mochte – an jenem Nachmittag, bevor das geheimnisvolle Treffen in seinem Haus stattgefunden hatte. Und er fragte sich, warum er sich nicht gegen Brunis Attacken wehren konnte. Lange saß er so im Dunkeln, bis die Kälte ihn schließlich nach Hause trieb.

*

Zwei Wochen später, in der Sonne der ersten Maitage, wurden Nicholas und der Gesandte in die Città Leonina gerufen. Papst Alexander empfing sie im Garten hinter dem Palast, wo der alte Mann einen Gärtner beaufsichtigte. Gras und Sträucher schossen nach den schweren Winterregen in die Höhe. Die neuen Schößlinge bildeten ein dichtes Gestrüpp. Riesige weiße und gelbe exotische Blüten bogen sich zu Boden. Inmitten dieser üppig sprießenden Natur und eingerahmt von den grünen Palmen ging Papst Alexander, in Goldbrokat und weißen Hermelin gewandet, von Blume zu Blume und wies den Gärtner an, welche er schneiden sollte.

Nicholas folgte einen Schritt hinter Bruni, der wiederum dem Papst einen Schritt hinterherging. Die Hände auf dem Rücken, lauschte Nicholas ihrem Streit.

»Das Abkommen wurde in allen Ehren abgeschlossen«, sagte Alexander, der, obwohl er nur langsam über die Pfade wandelte, erhitzt und außer Atem schien.

Bruni verneigte sich auf die elegante römische Art, indem er die Knie leicht beugte und die Hände vorstreckte. »Eure Heiligkeit, ich bedaure zutiefst, daß die Umstände mich zwingen, Euch zu widersprechen. Gestattet, Eure Heiligkeit darauf hinzuweisen, daß der Vertrag, von dem Ihr sprecht, Florenz unter Androhung brutaler Gewalt aufgezwungen wurde...«

Der Papst zeigte auf eine prachtvolle trompetenförmige Blüte. Der Gärtner schnitt den langen Stengel, an dem sie saß, mit einer Schere ab. »Beschuldigt Ihr etwa unseren geliebten Sohn, den Gonfaloniere der Heiligen Mutter Kirche, derlei niedriger Gepflogenheiten? Gebt acht, wo Ihr hintretet«, Monsignore Bruni!«

Lächelnd sah er Bruni an. Alexander genoß diese dramatischen Auseinandersetzungen. Der Hermelin um seinen Hals war feucht vor Schweiß. Bruni jedoch bekam wie immer das Lächeln nicht mit, das statt dessen nunmehr Nicholas zuteil wurde. Der Papst wandte sich wieder den Blumen zu.

»Eure Heiligkeit, Seine Exzellenz, der Herzog Cesare, hat seine Truppen auf Florentiner Gebiet geführt und damit gedroht, eine Florenz gehörende Stadt zu plündern...«

Der Papst betrachtete eine duftlose gelbe Blüte.

»Unser geliebter Sohn brauchte Verpflegung für seine Truppen. Er ist ein Capitano Eurer Republik, oder etwa nicht? Also hat er ein gewisses Recht, durch die Toskana zu marschieren.«

»Weil er der Signoria mit Gewalt einen Vertrag abgerungen hat.«

»Den die Signoria jetzt nicht einzuhalten gedenkt.« Alexander richtete den Blick wieder auf Bruni. Die rauhe Haut seiner Wangen war großporig und sah aus wie vernarbt. Ein ganzes Netz von roten Äderchen zeigte sich zu beiden Seiten seiner kühnen Nase. Einer jüdischen Nase, wie es gerüchteweise hieß. Wieder hielt er sich den gekräuselten Rand der gelben, innen leicht braun gefleckten Blüte an die Wange.

»Selbstverständlich ist unser einziger Wunsch darauf gerichtet, Eurer Heiligkeit zu Diensten zu sein«, beteuerte Bruni in der unbehaglichen Pause. »Doch lautet die schlichte Wahrheit nun mal, daß wir nicht zahlen können – jedenfalls nicht so viel auf einmal.«

Alexander reichte die Blüte dem Gärtner. »Das Werk des Hirten kostet viel und nimmt nie ein Ende, weder Tag noch Nacht. Es stimmt uns traurig, daß unsere verirrten Kinder in Florenz ihre teuflischen Interessen zum Schaden der gesamten christlichen Republik weiterverfolgen.«

»Alle unsere Anstrengungen sind darauf gerichtet, die Ehre der Res Publica Christiana zu bewahren.«

Nicholas kannte diese Floskeln von Kindesbeinen an. Als nächste würde das Gespenst der Türken an die Wand gemalt werden. Er schaute hinter sich über den Streifen grünen Grases hinweg zum Palast. In einem Fenster des zweiten Stocks sah man eine Frau, die sie offensichtlich beobachtete.

»Und doch ist die Christenheit auf das schmerzlichste bedroht«, sagte Alexander. »Von außen wie von innen. Grausam die Schläge von den Heiden, grausamer aber noch die der eigenen Kinder.« Er nickte dem hinter einem Armvoll langstieliger Blumen kaum noch zu sehenden Gärtner zu. »Verpack sie, wenn möglich, in Schnee.«

»Jawohl, Eure Heiligkeit«, murmelte der Mann.

»Sie wird sich freuen«, sgte der Papst. »Sie wird wieder lächeln.«

Das klang sehnsüchtig, schmachtend fast. Nicholas fragte sich, welche seiner Geliebten es wohl war, die durch die sterbende Eleganz der Blumen wieder zum Lächeln gebracht werden sollte. Erstaunlich, wieviel Zeit ein Mann von seinem Alter und seinem Körperumfang noch für den Sex übrig hatte.

Bruni sagte gerade: »Gegen die Türken brauchten Eure Heiligkeit uns nur zu rufen. Wenn es um einen Kreuzzug geht, würde Florenz sich der Blüte seiner jungen Männer auf den Straßen entblößen.« Seine Stimme hatte ihre Überzeugungskraft wiedergewonnen und ertönte infolgedessen nun um so lauter.

Der Papst ging darüber hinweg. Mit den Fingerspitzen fuhr er über eine Blume. Unversehens lächelte er dann Nicholas zu und fragte: »Kann man von Nepi aus nicht die Berge sehen? Vielleicht sieht sie von ihrem Fenster aus den Schnee. Die Blumen werden sie überraschen und sie an ihr Rom erinnern.«

Dann war es also die Tochter, die er vermißte. Nicholas verneigte sich. »Eure Heiligkeit wissen, daß Rom nicht wahrhaft Rom ist, wenn die Dame Lucrezia in der Ferne weilt.«

»Eure Heiligkeit«, sagte Bruni, »vergönnt mir das

Vergnügen, meinem Staat zu versichern, daß Eure Heiligkeit uns wieder mit Wohlwollen betrachten.«

»Sofern ihr unserem geliebten Sohn das versprochene Geld zahlt«, sagte der Papst, »soll es daran nicht mangeln. Doch jetzt geht. Ich habe Euch nichts mehr zu sagen.«

Bruni verneigte sich und empfahl sich mit ein paar honigsüßen Worten. Alexander hielt die rechte Hand hin, woraufhin Bruni und Nicholas nacheinander die Lippen auf den Ring Petri drückten. Als sie gingen, lächelte der Papst seinen Blumen zu, als sähe er bereits das Gesicht der geliebten verbannten Tochter wieder.

Bruni sagte: »Pah! – Und aus Euch werde ich nicht schlau, Nicholas. Er hat Euch direkt angesprochen, und Ihr hattet nichts Besseres zu tun, als Euch salbungsvoll über diese Hure, seine Tochter, auszulassen.«

»Er war es, der von seiner Tochter zu mir gesprochen hat, Exzellenz.«

»Trotzdem! Das ist der Grund, warum Ihr in der Diplomatie so oft das Falsche tut. Ihr hättet ihn eben gleich anschließend auf Florenz und auf das bringen müssen, was wir mit ihm zu besprechen hatten.«

»Jawohl, Exzellenz.«

»Darin besteht ja die Kunst, Menschen zu lenken und ihnen nicht nach dem Munde zu reden.«

»Jawohl, Exzellenz.«

*

Täglich trafen Berichte darüber ein, wie verheerend Valentinos Truppen in der Toskana hausten. Cesare Borgia, der die Zahlung des Geldes verlangte, das die

Republik ihm versprochen hatte, richtete sich mit seinen Truppen häuslich auf toskanischem Boden ein und ließ sie tun und lassen, was sie wollten. Nicholas führte Beschwerdelisten der Florentiner über Valentinos Männer: soundsoviel Scheffel Korn geraubt, soundsoviel Rebstöcke verbrannt, diese Frau wiederholt vergewaltigt, jener Mann erst ausgepeitscht und dann kastriert. Die Beschwerdebriefe auf seinem Schreibtisch häuften sich. Er versuchte, sie distanziert zu betrachten, doch weckten die Schrecken ein paar häßliche Reaktionen in ihm. Er ertappte sich dabei, sie immer wieder zu überfliegen, woraufhin sein Blick zurück mußte zum Anfang von Sätzen, weil er in Gedanken immer wieder bei dem Bösen verweilte.

Er begab sich täglich in den Vatikan und versuchte, Bruni eine Audienz beim Papst zu verschaffen, doch Alexander wollte die Florentiner nicht mal bei den vormittäglichen Sammelaudienzen sehen.

Als er Bruni von der letzten Abfuhr berichtete, die er erfahren hatte, schlug der Gesandte die Hände überm Kopf zusammen. »Wir sind verloren!« rief er. Einen Roman aufgeschlagen vor sich, saß er hinter dem Schreibtisch. Als er die Hände herunternahm, blätterten die Buchseiten sich von selbst um. »Venus und Merkur stehen in Opposition zueinander, und die Sonne steht im Haus der Zwillinge.«

Nicholas bemerkte: »Trotzdem, bis jetzt hat Valentino Florenz immerhin nicht direkt angegriffen ...«

Bruni hielt es nicht mehr auf seinem Stuhl. Er ging in der Tiefe seines Zimmers auf und ab, vorüber an den Fenstern mit den Samtportieren, die keine Sonne hereinließen. »Es heißt, seine Leute sickerten klammheimlich in die Stadt ein und mischten sich unter die

Bevölkerung. Überall wird gekämpft. Ihr kennt ja seine Taktik – er schickt seine Leute hin, Unruhe zu stiften und Aufruhr zu predigen, so daß der größte Teil seines Werkes bereits getan ist, wenn er bis auf Sichtweite an die Mauern der Stadt herankommt.«

»Wenn die Signoria eine Streitmacht ausschickt, sich ihm entgegenzustellen …«

»Seid Ihr von allen guten Geistern verlassen? Er wartet doch nur auf einen Vorwand.«

»… um seine Kräfte zu binden«, ergänzte Nicholas. Von Strategie verstand er nichts, und im Schachspiel war er auch nicht gut, doch erschien ihm seine Idee einleuchtend. »Damit er gezwungen ist, seine Leute zusammenzuhalten.«

Bruni schnaubte verächtlich. Den Rock hatte er ausgezogen. Sein fein besticktes spitzenbesetztes Batisthemd war der hellste Fleck im Raum und hob sich kraß von den Vorhängen ab. »Nicholas, Ihr seid der Diplomatie offensichtlich müde. Richtet sich Euer Ehrgeiz jetzt auf die Laufbahn eines Condottiere?« Er lächelte hämisch und wandte sich ab.

»Der französische König kommt über die Alpen«, erwiderte Nicholas. »Binnen weniger Tage wird er Mailand erreichen. Valentino muß sich einfach zurückziehen.«

»Oder er greift an – mit französischer Hilfe.«

Nicholas stützte sich mit den Fingerspitzen auf die Schreibtischplatte. »Laßt mich zu den Franzosen gehen.«

»Um abermals gedemütigt zu werden? Ihr habt doch gehört, wie sie Niccolo Macchiavelli gezwungen haben, sich unser Sündenregister anzuhören, das sie herunterleierten. Nein!« Wieder hob Bruni die Hände und schüttelte den Kopf. »Diesmal können wir uns nicht auf unsere Freunde verlassen – auf unsere ehemaligen Freunde. Da stehen wir allein, so wie wir einst gegen den Tyrannen Giangaleazzo ganz auf uns selbst gestellt waren. Ich werde mich nicht mit den Franzosen treffen.«

Nicholas blickte auf das ledergebundene Buch auf dem Schreibtisch. In goldenen Lettern stand der Titel auf dem Rücken: *Geschichten aus Cathai.* Bruni hatte sich dem Fenster zugewandt und die Portiere beiseite gezogen. Stirnrunzelnd sah er hinaus. Vielleicht lernte er solche Posen aus seinen Büchern. Nicholas sagte: »Sehr wohl, Exzellenz.«

»Ihr könnt gehen«, beschied Bruni ihn.

»Verbindlichsten Dank, Exzellenz.«

*

Als Nicholas am Nachmittag nach Hause ging, machte er einen Umweg und suchte einen ganz am Rand der Stadt gelegenen kleinen Laden auf. Zuvor aber durchmaß er Weiden und Waldungen des Esquilinischen Hügels. Während er dem Pfad folgte, der über die tieferen Hänge führte, stieß er auf einige Kinder, die an Seilen schaukelten, die an den Bäumen aufgehängt waren.

Nicholas blieb stehen, um zuzusehen, wie das breite Pendel über den bloßen Boden unter dem Baum hinwegging. Die Kinder bemerkten ihn nicht. Sie kreischten beim Spielen vor Vergnügen, ihre Haare flogen, und die Lumpen, die sie anhatten, flatterten im Wind.

Hier unten wurde der steile Hang von einer Ziegelmauer abgestützt, die zu den ausgedehnten Ruinen gehörte, welche den Hügel bedeckten. Nicholas stand in der dem Wind abgewandten Seite der Mauer, folgte mit den Augen den hin- und herschwingenden Seilen und maß ihre Bewegung. Die Geschwindigkeit änderte sich nicht, mochte ein Kind sich durch Vorbeugen und Beinewerfen noch so sehr ins Zeug legen.

Der Strick eines der Kinder riß, das Kind fiel, doch knotete es das Seil wieder zusammen und schaukelte weiter. Jetzt war die Schaukel kürzer und schwang schneller hin und her. Er verfolgte, wie das schaukelnde Kind sich Mühe gab, wie es mit dem Schwung den Körper hob und streckte, um die Schaukel weiter hinauf- und zurückzutreiben. So also funktionierte das mit dem Seil. Nicholas sah ihnen eine Weile zu und genoß seine Entdeckung. Er fragte sich, ob das Kind die Schaukel überhaupt in Schwung bekam, wenn es im Zustand völliger Reglosigkeit des Seils anfing sich zu bewegen. Für gewöhnlich nahmen die Kinder mit dem Seil einen kurzen Anlauf, um die Schaukel in Schwung zu bringen.

Hätte er solche Fragen in der Universität vorgebracht, wäre er von den Professoren auf Aristoteles verwiesen worden. Nicholas verabscheute Aristoteles. Die Kinder beim Spiel schienen mehr praktisches Verständnis für die Welt zu haben.

Für Nicholas war offenkundig, daß es ein Wissen gab, das außerhalb von Aristoteles' Erkenntnis des Seienden existierte, und zwar im Wesen des Seins selbst. Diskussionen über den Wesensgehalt einer Sache lösten sich immer in Meinungen und Ansichten auf und hatten mehr Schmückendes als Funktionales. Dabei ließen sich die Beziehungen zwischen den Dingen durchaus verstehen und genau ausdrücken, ohne daß das Wesen des Menschen, der sie dachte, mit hineinspielte. Das gesamte Sein schien mit ähnlich simplen Schlußfolgerungen zu begreifen, wie sie sich aus dem schwingenden Seil ergaben. Die ganze Welt schien aus einem Geflecht weniger simpler Beziehungen zu bestehen, die sich allüberall wiederholten.

Diese Idee war nicht neu. Schon im letzten Jahrhundert hatte Nikolaus von Kues zu bedenken gegeben, daß der Mensch, da er endlich sei, nichts vom Unendlichen wissen könne. Der Mensch wisse nichts außer dem, was in Beziehung zu ihm stehe. Die liberale und nachsichtige Kirche des Cusanus hatte den Denker davor bewahrt, dem Feuer der Ketzer überantwortet zu werden, doch hatte er nur wenige Nachfolger von Bedeutung.

Nicholas hatte diese Denkweise auf seine eigene Arbeit angewandt, doch ohne Erfolg. Im Wesen des Menschen schien nicht eine solche Ordnung zu liegen, wie er sie in dem schwingenden Seil erkannte...

Jauchzend flogen die Kinder durch die Luft. Nicholas wandte sich zum Gehen und überquerte den Hang, auf dem Ziegen grasten. Die Kinderstimmen hinter ihm waren bald nicht mehr zu hören.

Als er durch die schmale Gasse auf sein Haus zuging, traf er auf den alten Juan, der ein Umhängetuch über die buckligen Schultern geworfen hatte. Sein Diener trug zwei Hühner an den Füßen in der einen und einen Zopf Zwiebeln in der anderen Hand. Die Hühner waren vom Hals an gerupft, die Köpfe mit dem vollen Federschmuck ziemlich zerzaust.

»Die alte Caterina hat heute so traurig ausgesehen«, sagte Juan, so als wären er und Nicholas schon seit geraumer Zeit in ein Gespräch verwickelt. »Vielleicht hat ihr Mann sie sitzenlassen. Jedenfalls war er heute nicht hinterm Verkaufsstand der Metzger.« Kopfschüttelnd und den blasigen Speichel in seinem Mund sammelnd, spuckte er ihn in den Staub.

Nicholas verlangsamte die Schritte, um den alten Mann nicht hinter sich zurückzulassen. Juan plapperte weiter, so voll war sein Kopf von eingebildetem Gerede. Obwohl er nunmehr über zwanzig Jahre in Italien lebte, sprach er kein Italienisch, deshalb dachte er sich für alle Menschen um ihn herum eine Lebensgeschichte aus – Menschen, von deren richtigen Leben er keine Ahnung haben konnte. Das Ganze hatte etwas von der Art und Weise, wie Bruni Sternbewegungen erfand, damit sie den Launen des Schicksals entsprachen, die die Geschicke Italiens lenkten.

Vor ihnen lag das Tor, das zu Nicholas' Haus führte. Er steckte eine Hand in die Tasche, um den Schlüssel herauszuholen.

*

Nicholas brachte einen Freund mit heim, um die Nacht mit ihm zu verbringen. Wie gewöhnlich schlief Juan in der Küche. Nach Mitternacht, als der Freund schlief und Nicholas döste, kam Juan durch die Tür der Schlafkammer hereingeschlichen.

Nicholas richtete sich auf. Das Nachtlicht brannte mit tief safrangelber Flamme auf der Fensterbank. Sein Freund im Bett neben ihm, den Kopf auf den zusammengelegten Armen, rollte sich zusammen.

Juan legte einen Finger vor den Mund und zog die Tür zu.

»Jemand versucht mit Gewalt, das Speisekammerfenster aufzumachen.«

Nicholas setzte sich auf die Bettkante und griff nach seinem Morgenrock. Der Freund rührte sich.

»Was gibt's?«

»Ein Einbrecher«, antwortete Nicholas, zog die Nachttischschublade auf und tastete nach der Kerze, die er dort liegen hatte.

Sein Freund war augenblicklich hellwach und sprang aus dem Bett.

»Wo ist mein Degen? Und wo ist der Einbrecher?«

»Vorsicht!« warnte Nicholas, zündete die Kerze an dem Nachtlicht an, nahm Juan beim Arm und schob ihn aus der Schlafkammer. »Wir werden einen Heidenlärm machen, vielleicht verschwindet er dann.« Die Kerze flackerte, und er ließ Juan los, um die Hand schützend vor die Flamme zu halten.

»Nicholas«, sagte sein Freund. »Sei kein Narr! Wo ist er?«

»Wir sind uns nicht mal sicher, ob es nur einer ist.«

»In der Speisekammer«, sagte Juan an ihm vorbei zu dem Freund. Er sagte das auf spanisch, doch klangen die Wörter sehr ähnlich wie im Italienischen.

»Dann muß er durch die Küche, und die hat kein Fenster. Versuchen wir doch, ihn darin zu fangen.«

Der Freund stieß das Fenster auf, sprang hinaus und warf dabei das Nachtlicht um.

Nicholas sah Juan zweifelnd an, was der jedoch ignorierte. Er betrat vor Nicholas den Hauptraum des Hauses. Nur die drei Kerzen auf dem Tisch neben der Haustür brannten. Die gemalten Berge und Wolken an den Wänden verschwammen in einem geheimnisvollen Dunkel. Nicholas stieß Juan vor sich her auf die Küche zu. Die Frechheit seines Bediensteten erboste ihn und brachte ihn dazu, roh mit ihm umzuspringen.

Während sie den Raum durchquerten, kam aus der Küche eine riesige Gestalt. Nicholas blieb unvermittelt stehen; seine Kopfhaut kribbelte. Er packte Juan beim Arm. Die Gestalt glitt vorwärts, und im Kerzenlicht wurde daraus ein Mann mit einem Schlapphut und einem Sack über der Schulter.

Stefano Baglione!

Als er Nicholas sah, wirbelte er zu ihm herum, und Nicholas erkannte die Keule in seiner Hand.

Aufbrüllend und um sich schlagend warf Juan sich auf den Dieb. Nicholas zog ihn am Ärmel wieder an seine Seite. Er ließ die Kerze fallen und hielt die offene Handfläche hin, um zu zeigen, daß er unbewaffnet sei.

»Tu uns nichts! Ich habe nach der Wache geschickt.«

Stefano knurrte ihn an. Juan drehte und wand sich im Griff seines Herrn und stieß eine Flut spanischer Flüche aus. Stefano schob die Keule unter den Leibriemen. Unbeeindruckt trat er an die Truhe heran, nahm die Silberteller heraus und steckte sie in seinen Sack. Dann machte er die Schubladen auf, fand das Kästchen mit dem Geld und ließ auch dieses klirrend in den Sack fallen. Das alles geschah äußerst schnell. Nicholas schien kaum zweimal Atem geholt zu haben zwischen dem Augenblick, als der Dieb ins Zimmer gekommen war, und dem Moment, da er sich wieder der Küche zuwandte. Die Tür fiel hinter ihm ins Schloß.

»Ha!« schrie Juan.

Nicholas ließ ihn los, woraufhin der alte Mann sich gegen die Tür warf und sie mit seinem Körper versperrte. Nicholas zog einen Stuhl und eine Kiste heran, um den Eingang zu verbarrikadieren.

Im Kücheninnern ließ sich ein überraschter heiserer Schrei vernehmen.

Nicholas und Juan kämpften mit dem Gewicht des Eichentisches an der Wand und kanteten ihn hoch, so daß die Tür nicht aufging und nur der massive Rahmen unter einem Schlag von innen erzitterte. Der Stuhl, der sie blockierte, rutschte vorwärts, doch hielt der Tisch die Tür zu. Juan stieß einen Fluch aus. Wieder versuchten er und Nicholas den Tisch anzuheben und ihn vor die Tür zu schieben. Wieder erzitterte die Tür unter mehreren Schlägen, doch hielt der Tisch sie fest im Rahmen.

Nicholas trat einen Schritt zurück. Er fragte sich, ob Juan Stefano erkannt hatte.

»Verhungern wird er jedenfalls nicht«, sagte er, und Juan lachte. Nicholas machte ihm Vorhaltungen. »Ich will nicht, daß du direkt mit meinen Gästen sprichst.«

Umständlich verneigte Juan sich – er war die Parodie eines Höflings. »Ihr seid ein Hasenfuß. Irgend jemand muß ja das Haus beschützen.«

»Ich handle so, wie die Vernunft es gebietet, und bin nicht feige.«

Das Hämmern an die Küchentür hörte auf. Nicholas ging durch die Schlafkammer ans Fenster und schaute hinaus.

Durch das Gesträuch kam sein Freund auf ihn zugetrottet. Seine Miene drückte vergnügliche Zufriedenheit aus. Der trockene Kräuterduft konnte den Schweißgeruch nicht überdecken. Der Freund fuchtelte wild mit seinem Degen in der Luft herum.

»Ich habe die Sturmläden vorgelegt. Das dauert eine Weile, bis er rauskommt. Hast du die Wache gerufen?«

»Warte bis zum Morgen«, sagte Nicholas. »Wenn die Wache dich hier sieht, läßt das Gerede dich nicht mehr zur Ruhe kommen, und die Lästermäuler werden dich durch ganz Rom verfolgen.« Bis zum Morgen würde ein gewitzter Dieb doch wohl einen Weg finden, sich zu befreien.

Sie gingen wieder zu Bett. Juan schlief am Fußende des Bettes auf dem Boden. Als es tagte, war Stefano immer noch in der Küche.

»Ruf die Wache!« verlangte der Freund. »Ich sage ihnen, ich wäre gerade vorbeigekommen und hätte bloß mal reingeschaut.«

»Nein!« Nicholas winkte ab.

»Ach, Nicholas. Ich habe dir geholfen ihn zu fangen – darf ich denn nicht hierbleiben und zusehen, wie sie ihn abführen?«

Nicholas hüstelte in die gekrümmte Hand hinein. »Richtig, du hast ihn gefangen. Dafür danke ich dir sehr. Ich hatte ja keine Ahnung, daß du dir so zu helfen verstehst. Aber du mußt an deine Familie und an deine Karriere denken. Die Kirche betrachtet das, was wir gestern nacht getan haben, nur mit Stirnrunzeln. Glaub mir. Und geh, bevor dich jemand sieht.«

Ein wenig mürrisch ging sein Freund. Den Degen hielt er in einer Hand. Ein Degen in der Hand eines Priesters.

Juan kratzte im Wohnraum das Kerzenwachs vom Fußboden. Nicholas hingegen ging im Garten um das Haus herum bis zum Fenster der Speisekammer.

Die Sturmläden waren massiv mit Pfählen aus dem

Garten verriegelt. Er zog sie heraus und hievte die Läden aus den Haken über den Fenstern, um sie dann schräg darunter gegen die Mauer zu stellen. Das Fensterinnere präsentierte sich dunkel und still.

»Stefano!« rief Nicholas.

Nach anfänglichem Schweigen vernahm man knirschende Schritte auf dem Steinfußboden. Nicholas trat zurück, außer Reichweite. Am Fenster tauchte Stefano auf, barhäuptig und den Rock vorn aufgeknöpft. Er steckte den Kopf heraus und schaute lauernd von einer Seite zur anderen, dann schwang er sich wendig durch die schmale Öffnung.

Er war größer, als Nicholas ihn in Erinnerung hatte. Das rötlichblonde Haar hing ihm unordentlich um die Ohren und über die Schulter.

»Du hast die Wache gar nicht gerufen«, sagte er.

Nicholas schickte sich an, durch den Garten auf die Haustür zuzugehen. »Mach, daß du wegkommst!« fauchte er über die Schulter hinweg.

»Warte!« rief Stefano hinter ihm her. »Laß mich erklären.«

Wütend wirbelte Nicholas herum. Seine Haut prikkelte, ihm war heiß. »Gestern abend wolltest du nicht mit mir reden.«

Kaum waren diese Worte über seine Lippen gekommen, bedauerte er, so viel Anteilnahme verraten zu haben.

Stefano stand neben einer mächtigen Eiche. Die Blätter beschatteten das Gesicht und die Schultern. Er sagte: »Du hast mir gesagt, du würdest mich besuchen. Vielleicht nur deshalb, um mich loszuwerden?«

Steifbeinig und wütend entfernte Nicholas sich. Der große Mann kam hinter ihm her.

»Ich mag es nicht, wenn man mit mir spielt.«

Nicholas mußte lachen. Dann blieb er stehen und wandte sich Stefano zu. »Rache? Ist das der Grund, warum du gekommen bist, mich auszurauben?«

»Ja.«

»Ich habe dich aber gut bezahlt.«

»Damit allein ist es nicht getan. Ich bin keine Hure.«

»Wirklich nicht? Feilschen tust du jedenfalls genauso.«

»Warum hast du die Wache nicht gerufen?«

»Es könnte peinlich werden, wenn du dich entschlössest, über mich auszupacken. Außerdem war gerade jemand anders bei mir.«

Sie standen an der Ecke des Hauses. Während Nicholas noch sprach, ging die Tür auf, und der alte Juan trat auf den Weg, um den Besen auszuschütteln. Als er Stefano sah, machte er eine säuerliche Miene.

Nicholas wandte sich wieder Baglione zu.

»Ich habe zu tun gehabt. Es sind schwierige Zeiten.«

»Wer war das – der Mann, mit dem du die Nacht verbracht hast?«

Kopfschüttelnd gab Nicholas ihm zu verstehen, daß er diese Frage nicht zu beantworten gedenke. Den Besen in der Hand, musterte Juan sie. Da jemand zusah, geriet das Gespräch zwischen Nicholas und Stefano immer mehr zu einer billigen Komödie. Nicholas zupfte verlegen und amüsiert an seinem Ärmel. Er nickte Stefano zu, konnte ihm jedoch nicht in die Augen sehen.

»Na gut. Entweder du kommst zur Vordertür rein oder zur Hintertür. Ist das so?«

Stefano blieb ihm die Antwort schuldig. Er verlagerte das Gewicht, und das Laub knirschte unter seinen

Stiefeln. Er streckte einen Arm aus. Nicholas begriff nicht, was diese Geste bedeuten sollte. Er ergriff die ausgestreckte Hand, und damit schien alles abgemacht.

»Morgen?«

»Ja.« Lächelnd ging Stefano durch den Garten auf das Tor zu.

Nicholas ließ ein unverbindliches »Hm« vernehmen und umrundete noch einmal die Hausecke, um die Sturmläden zu verstauen.

»Was für Burschen bringt Ihr nur in Euer Haus.« Wie eine Harpyie kam Juan hinter ihm her.

»Diebe und Betrüger.«

Er brachte die Sturmläden in den kleinen, an die Rückwand des Hauses angebauten Schuppen. Juan ließ ihn dabei nicht aus den Augen.

»Und jetzt habt Ihr ihn auch noch aufgefordert wiederzukommen.«

»Er amüsiert mich«, sagte Nicholas. Rückwärts kam er aus dem Schuppen und klopfte sich den Schmutz von den Ärmeln. »Geh rein und mach mir ein Frühstück!«

Finster sah der alte Mann ihn an, dann wandte er sich um, ging um das Haus herum zur Tür und brummelte irgend etwas über Nicholas' Sünden. Nicholas schloß die Schuppentüren und verriegelte sie mit einem Querholz.

*

Als Nicholas die Kanzlei der Gesandtschaft betrat, wo die Schreiber über ihre Tische gebeugt saßen, hörte alles Gerede unvermittelt auf. Das war ihm eine Warnung. Ohne seinen Rock aufzuhängen, trat er im allgemeinen Schweigen auf den Korridor hinaus, der zu seinem Kabinett führte. So schnell er konnte, rannte er den Gang hinunter und riß die Tür auf.

Hinter seinem Schreibtisch fuhr der junge Gehilfe Ugo, aschfarben im Gesicht, in die Höhe. Die Hand hatte er noch in der Schublade, die von ihm durchsucht worden war.

»Soll ich dir beim Suchen helfen?« fragte Nicholas bissig.

»Ich kann das erklären«, erwiderte Ugo gleichzeitig, so daß die Stimmen sich vermischten.

»Also, ich höre!« Nicholas ging um den Schreibtisch herum, und Ugo sprang zurück, als ob Nicholas ihn angreifen wollte. Sich an die Wand drückend, schoß er dann wieder vor wie eine freigesetzte Sprungfeder, machte einen Satz über den Tisch und stürmte zur Tür hinaus.

Nicholas riß die Schubladen auf, kam zur untersten und stellte fest, daß das Schloß ungeöffnet war. Erleichtert richtete er sich auf und streckte sich. Vom Gang her hörte er Ugos rasch sich entfernende Schritte. Gemächlich trat er auf den Korridor und folgte dem jungen Gehilfen.

Als er die Kanzlei erreichte, verschwand Ugos Kopf gerade unter der obersten Treppenstufe.

»Wir sehen uns, wenn du wiederkommst, Messer Ugo!« rief Nicholas hinter ihm her.

Die Schreiber und Pagen im Arbeitsraum trugen ein Grinsen im Gesicht wie bemalte Puppengesichter. Zwar beugten sie sich über ihre Arbeit, doch das war nur vorgetäuscht. Nicht einer regte sich. Langsam ließ Nicholas den Blick in die Runde wandern. Alle wichen dem aus. Das Grinsen sollte nicht ihm, sondern Ugo gelten, den alle haßten. Wahrscheinlich haßten sie auch Nicholas. Ruhig ging er die Reihe der Hocker entlang und begutachtete über ihre Schultern hinweg die Arbeit eines jeden einzelnen.

Der letzte von den Schreibern murmelte: »Ich habe ihm gesagt, er solle das nicht tun, Messer Nicholas.«

»Ihr schreibt eine ausnehmend gewöhnliche Hand. Ich schlage vor, Ihr nehmt Euch noch mal das Übungsbuch vor und macht Schönschreibübungen.«

Ein Page feixte. Auf dem Absatz wirbelte Nicholas herum und ließ den Blick wieder in die Runde gehen. Die vier Jungen versuchten, sich zusammenzureißen. Nicholas begann: »Vielleicht habt ihr jungen Herren nicht ...«

Doch den Hut in der Hand und den Rock über dem Arm, trat in diesem Augenblick Monsignore Bruni ein. Er sah verschlafen oder halbbetrunken aus. Bei seinem Anblick brach Nicholas seine bombastische kleine Ansprache ab, die Pagen nahmen Habacht-Stellung ein, und die Schreiber rutschten von den Hockern und richteten sich auf. Bruni musterte sie, seine Brauen schoben sich in die Höhe. Ein Page kam, ihm den Rock abzunehmen.

»Stimmt irgendwas nicht?« wollte Bruni wissen.

Nicholas sagte: »Guten Morgen, Exzellenz. Der Morgenkurier ist zu meinem Leidwesen noch nicht eingetroffen.«

»Was ist los?« Kopfschüttelnd sah er Nicholas an. »Kommt mit zu mir hinüber!«

»Ja, Euer Exzellenz.«

Schwerfüßig ging Bruni auf die Tür zum Korridor zu. Nicholas eilte um ihn herum, um sie ihm offenzuhalten. In dem Moment, als sie auf den Korridor traten, drang aus der Kanzlei ein Schrei.

»Die Depeschen!« Ugo kam über die hintere Treppe heraufgestürmt. »Der Kurier ist gekommen – Valentino zieht sich zurück! Florenz ist gerettet.« Ugo riß die Hände über den Kopf und tanzte mitten im Raum eine Gigue. »Er zieht aus der Toskana ab!«

Schreiber und Pagen gerieten in einen Freudentaumel, schrien und sprangen von ihren Hockern.

Brunis Mund verzog sich zu einem breiten Lächeln.

»Ich hab's gewußt. Mars ist endlich in Deszendenz begriffen.«

Nicholas zog sich über den Korridor zurück.

*

Drei Stunden lang tat Nicholas so, als läse er, wartete aber auf Stefano Baglione. Endlich, nachdem die Wache ihre Zehn-Uhr-Runde beendet hatte, klopfte es.

Juan machte auf. Ein kehliger Aufschrei entfuhr ihm. Nicholas, der angespannt über seinem Buch gesessen hatte, war sofort auf den Beinen. Stefano trat über die Schwelle. Sein Gesicht war so verschwollen, daß er kaum noch aus den Augen sehen konnte, und wies Flecken von getrocknetem Blut auf.

»Gütiger Himmel!« entfuhr es Nicholas.

»Mach die Tür zu!« sagte Stefano.

Der alte Diener schloß und verriegelte die Tür. Ohne Aufforderung verschwand er in Richtung Küche. Stefano Baglione lächelte wegen der geschwollenen Wangen verkrampft.

»Komme ich spät?«

»Sehr.« Nicholas setzte sich.

Stefano nahm sich den Stuhl ihm gegenüber und seufzte erleichtert, weil die Füße sein Gewicht nicht mehr tragen mußten. Mit den Fingern drückte er sich durch den dunkelgrünen Rock die Seite. Die Hände waren blutverschmiert.

»Ich hatte beim Kartenspiel einen Haufen Geld gewonnen«, sagte er. Mit äußerster Vorsicht setzte er sich auf dem Sessel anders hin, streckte die Beine von sich und drückte die breiten Schultern an die Rückenlehne. »Aber diejenigen, von denen ich es gewonnen hatte, haben versucht, es mir wieder wegzunehmen.«

»Versucht haben sie es«, bemerkte Nicholas.

Die Küchentür quietschte in den Angeln. Juan brachte eine Schüssel warmes Essigwasser und stellte sie auf einen Stuhl neben Stefano; dann trat er, ein sauberes Leintuch gefaltet über dem Arm, das Gesicht vor Abscheu verzogen, zurück. Stefano nahm die Schüssel, hob sie sich auf die Knie, tauchte die Hände ins Wasser und stöhnte vor Vergnügen. Wasser schwappte auf den Rock und auf den Fußboden. Dann klatschte er sich ein paarmal Wasser ins Gesicht. Der Essig verbreitete einen strengen Geruch im Raum. Nicholas legte das Buch beiseite. Im Haar des großen Mannes erkannte er eine dicke, blutig nässende Beule, und sein Magen drohte sich umzudrehen. Er sah erst die Wand an und dann Juan.

»Wein!« forderte Nicholas.

Juan ging, diesen Auftrag auszuführen.

»Ich habe nicht gewußt, daß du Karten spielst«, sagte Nicholas.

»Doch. Tarock.« Stefano trocknete sich das Gesicht am Ärmel ab. »Damit verdiene ich mir den Lebensunterhalt, zur Hauptsache jedenfalls. Und ich stehle nur, wenn ich kein Geld mehr zum Spielen habe.« Juan brachte ihm ein Glas starken Weins, das er hinunterstürzte, als wäre er ein Pferd, das soff.

»Der Wein ist zu gut, ihn so hastig zu trinken«, meinte Nicholas.

Stefano lächelte ihn wieder an. Sein Blick hatte etwas Triumphierendes, etwas von überschäumender Erleichterung, als wären die Wunden eine Auszeichnung.

»Ich kannte sie«, sagte er. Dann streckte er eine verletzte Hand nach Juan aus und sagte: »Gib mir das Handtuch«, um seine Aufmerksamkeit dann wieder Nicholas zuzuwenden. »Ich wußte, daß sie was versuchen würden, infolgedessen war ich vorbereitet. Die haben mehr abbekommen als ich.« Mit den Händen Essigwasser schöpfend, netzte er sich wieder das Gesicht.

»Kommandiere meinen Diener nicht rum!« sagte Nicholas. Er sprach Spanisch mit Juan. »Gib ihm das Leintuch. Und sieh nach, ob wir nicht Aloesalbe haben.« Juan ging.

»Was für eine Sprache war das?« fragte Stefano. »Du bist kein Italiener. Habe ich recht?«

Nicholas schüttelte den Kopf. Er verfolgte, wie Stefano sein geschundenes Gesicht und die Hände rieb und abtupfte. Juan kehrte mit einem neuen Handtuch und einem weißen Salbentiegel zurück. Wasser und Handtücher waren rot vom Blut. Nicholas sah zu Boden und bemühte sich, an etwas anderes zu denken, doch kehrte sein Blick ständig wieder zu dem blutenden Mann vor ihm zurück. Der Schmutz und das Blut entsetzten ihn, und doch erregten die sichtbaren Folgen der Gewalttätigkeit ein hassenswertes Interesse in ihm, das er weder zurückhalten noch ergründen konnte – so etwa wie sinnliche Begierde.

Stefano tupfte sich Salbe auf die tiefe nässende Wunde an seinem Kopf und zuckte zusammen. Nicholas verzog seinerseits das Gesicht. Dann zwang er sich, fortzusehen. Er schlug ein Bein über das andere und starrte, die Achselhöhlen schweißnaß, zur Mauer.

*

Während der König von Frankreich mit seiner Armee auf dem Weg nach Neapel in südlicher Richtung auf Rom zumarschierte, zog Valentino seine Truppen aus der Toskana zurück. Als Vasall der Krone Frankreichs war er gehalten, sich seinem Oberlehnsherrn im Krieg gegen Neapel anzuschließen. Daß Florenz im Frühling von ihm drangsaliert worden war, hatte ihm wenig eingetragen. Zwar hatte er der Stadt einen Arbeitsvertrag für sich und seine Truppen abgerungen, doch hatte die Signoria ihm keinen einzigen Dukaten gezahlt. Nunmehr wandte sich die Aufmerksamkeit aller, die etwas zu sagen hatten, Neapel zu. Die uralte Stadt im Süden stellte Kopf und Herz eines Königreichs dar, das ganz Süditalien umfaßte. Der König von Frankreich besaß ein altes Anrecht auf den Thron des Königreichs Neapel und war bereits einmal – 1494 – durch Italien marschiert, um diesem Anspruch Nachdruck zu verleihen. Zwar hatten die Franzosen Neapel damals eingenommen, doch kaum war der König wieder zurückgekehrt nach Frankreich, war es wieder jenem spanischen Herrscherhaus zugefallen, das dort seit den Tagen der Sizilianischen Vesper geherrscht hatte.

Die Borgias waren in diesem Feldzug mächtig geworden, und niemand bezweifelte, daß sie im Laufe der jetzigen Geschehnisse abermals ihre ehrgeizigen Pläne verfolgen würden. Außerdem war da noch der König von Spanien, der zur Unterstützung des Königs von Neapel unter Gonsalvo da Cordoba, seinem größten Heerführer, eine Armee hinschickte.

*

Nicholas sagte: »Im Frühling hat irgend jemand, der in den Diensten der Borgias steht, mein Haus benutzt, um mit einem Aragonesen zusammenzutreffen. Was immer die Spanier in Neapel vorhaben, der Papst ist bestimmt im Bilde darüber.«

Gemeinsam mit Bruni ging er einen Weg im Park des Kardinals Barbieri hinunter, dessen sonntägliche Empfänge wie gewöhnlich Hunderte von Römern hatten herbeieilen lassen, von Diplomaten, Schmarotzern, Dutzenden schöner Frauen, Kirchenmännern und Adligen bis zu Philosophen. Der Park dehnte sich an drei Seiten des Palazzos; Hecken trennten die Wege von grünen, sonnigen Rasenflächen, auf denen gruppenweise die Statuen aus der Antikensammlung des Kardinals zusammengestellt waren. Orangenbäume blühten, und ihr aromatischer Duft erfüllte die Luft. In einer Lorbeerlaube, genau in der Mitte des Gartens, spielte eine aus Lauten- und Flötenspielern bestehende Gruppe französische Musik. Nicholas hatte vernommen, daß man in Frankreich nur italienische Musik höre.

Nicholas fuhr fort: »Trotzdem wird Valentino mit einem französischen Heer nach Süden marschieren. Und die Lösung dieses Rätsels kann einzig und allein darin liegen, daß Franzosen und Spanier gar nicht vorhaben zu kämpfen.«

Bruni seufzte dramatisch.

Nicholas sagte: »Ich vermute, daß sie sich, was Neapel betrifft, bereits unterderhand geeinigt haben. Es kann nicht sein, daß der französische König diese lange Reise macht, bloß um auf seine Rechte zu verzichten. Deshalb muß der König von Spanien Neapel an die Franzosen verraten haben. Die einzige Frage, die sich dabei stellt, ist: Was bekommt Spanien dafür?«

Bruni schüttelte den Kopf. Sein Haar ringelte sich der neuesten Mode entsprechend hinter den Ohren und gab damit den Blick frei auf eine dunkle Perle, die in einem Ohrläppchen prangte. »Für diese Behauptung habt Ihr noch keine Beweise geliefert.«

»Der Beweis«, erwiderte Nicholas, »liegt in der Logik.«

»Ferdinand von Aragon – der König von Spanien – dem Ihr solche bösen Absichten unterstellt, ist ein großer Soldat und ein überaus frommer Mann. Ich kann nicht glauben, daß er einen Verwandten so schändlich betrügt.«

»Er ist aber auch ein weltlicher Fürst und daher gezwungen, entsprechend den Gesetzen der Welt und nicht nach den Vorschriften des Himmels zu handeln.«

»Was wollt Ihr mir damit sagen?«

»Daß, was immer der König von Spanien zu tun beliebt, entsprechend dem beurteilt werden wird, was dabei herauskommt. Und das zu Recht. An welches andere reale Maß sollen wir uns sonst halten?«

»An den Willen Gottes.«

»Der ist mir und, wie ich meine, den meisten anderen Menschen nicht einsichtig, besonders, wenn ich an das Beispiel von Papst Alexander denke, der in seinem Amt jedes nur denkbare Böse tut, bei dem man jedoch sieht, daß es ihm mehr einbringt, als er sich jemals hätte träumen lassen.«

»Wie Ihr mich tanzen laßt – und das alles für nichts!« ereiferte Bruni sich. »Ihr müßt wahnsinnig sein, Nicholas. Vielleicht braucht Ihr mal eine Zeit für Euch allein, um zu meditieren und zu beten.«

Bruni wollte nichts mehr hören, und so verschwieg Nicholas ihm, was er dachte. Seite an Seite schritten sie über den Kies dahin und gelangten an eine Öffnung in der Hecke, gingen hindurch und traten auf einen kleinen, in der Sonne glänzenden Rasen mit Bruchstücken antiker Skulpturen darauf.

Amadeo war da, Nicholas' Freund, der Kaufmann. Nicholas blieb stehen. Seit dem Abend, als sein Freund ihm die Spanier vorgestellt hatte, waren sie sich nicht mehr begegnet. Bruni bewunderte die Skulpturen, während Nicholas über das grüne Gras zu Amadeo hinüberstrebte. Bei seinem Anblick sprang der größere Mann auf, und sein Lächeln verdüsterte sich. Dann jedoch brach es sich wieder Bahn, und er streckte eine Hand aus. »Nicholas, mein Lieber, ich habe dich lange nicht gesehen.«

Schlaff ergriff Nicholas die ihm dargebotene Rechte. »Richtig. Ich hatte viel um die Ohren. Du mußt davon gehört haben.«

»O ja, gewiß.« Amadeo wollte die Hand nicht loslassen, schüttelte sie immer wieder und legte ihm die andere Hand zusätzlich auf den Unterarm. »Sag mir, wie ist es dir ergangen? Gut siehst du aus.«

»Ach, sehr gut«, antwortete Nicholas. Er war entschlossen, die Spanier mit keinem Wort zu erwähnen.

In Amadeos Augen leuchtete es auf, und bei seinem Lächeln wurden unzählige Fältchen sichtbar. Seine Stimme klang engagiert, so sehr war ihm daran gelegen, ihre freundschaftlichen Beziehungen zu betonen.

»Und dein Faktotum Pedro?«

»Juan«, stellte Nicholas richtig. »Dem geht es auch gut, sehr gut sogar.« Die Hände gingen zwischen ihnen auf und ab wie Pumpenschwengel.

»Du hast ein so wunderbares Haus, ich muß unbedingt mal wieder vorbeikommen. Du mußt mich einladen, es wieder einmal zu genießen.«

»Tu das«, sagte Nicholas. »Wann immer du einen Nachmittag frei hast.«

»So ein wunderbares Haus!«

»Ich muß jetzt gehen«, sagte Nicholas. »Wie ich sehe, sucht mein Herr und Gebieter nach mir.«

»Wir müssen uns unbedingt die Zeit nehmen, wieder mal miteinander zu reden«, meinte Amadeo. Damit ließ er Nicholas' Hand los und trat einen Schritt zurück.

Nicholas bedachte ihn mit einem vagen Lächeln und winkte, dann schlenderte er über den Rasen. Solange er über das kurzgeschnittene Gras ging, blickte er nicht zurück, bis er an die Rasenkante kam, wo etliche Damen und Herren vor einer Neuerwerbung des Kardinals standen. Unter ihnen Zuflucht suchend, sah Nicholas dann doch zurück. Wie festgewurzelt stand Amadeo immer noch da und starrte ihm nach. Nicholas riß sich von seinem Anblick los und trat durch die Hecke auf den Kiespfad.

*

In prachtvoller Prozession hielt der König von Frankreich in Rom Einzug. Siebzig Edelleute bildeten sein ganz persönliches Gefolge, alle in scharlachrote Röcke mit aufgesticktem königlichem Wappen gekleidet und auf Armeepferden reitend, deren silberbeschlagenes Zaumzeug in der Sonne blitzte. Den ganzen Weg entlang, den der Zug nahm, begrüßte die römische Bevölkerung die Franzosen mit Trommeln und Flöten, führten die Römer Szenen aus der Geschichte auf, und Mädchenscharen hielten Blumen in den Händen und sangen. Der Zug wand sich unter Titus- und Konstantinsbogen ebenso hindurch wie unter etlichen anderen Triumphbögen, die – aus Holz und Stuck gemacht – eigens für diese Gelegenheit aufgebaut worden waren. Sodann umrundete der Zug zweimal das Kapitol, ehe er die breite gerade, Corso genannte Straße heraufkam. Überall an den Palästen, an denen der Zug vorüberkam, hingen von den Balkonen und aus den Fenstern Bildteppiche herunter. Die meisten Adligen hatten einfaches Volk angeheuert, das vor ihrem Haus Spalier stehen und Hurra rufen sollte. Der französische König verteilte Gold und Naschwerk. Nicholas aber ging nicht hin, diesen Triumph mitzuerleben.

Im Gegensatz zu Juan. Der berichtete seinem Herrn mehr Einzelheiten, als er hören wollte.

Den Herzog Valentino zur Seite, hieß Papst Alexander den König von Frankreich an den Toren des Vatikans in Rom willkommen. An dieser öffentlichen Zeremonie nahm Nicholas allerdings teil. Er stand hinter Monsignore Bruni in der Menge der Würdenträger, als der Papst von der Liebe und dem Glauben sprach, die den Heiligen Stuhl und den König von Frankreich verbanden. Die Hände auf dem Rücken verschränkt, wartete Valentino hinter seinem Vater. Neben dem Papst in seinen steifen Goldgewändern und den Kardinälen in ihrem Pupurrot war Valentino ganz in Schwarz gekleidet, wie jemand, der nicht dazugehörte. Nicholas stand zu weit entfernt, als daß er das Gesicht hätte erkennen können.

»Ob er wohl Trauer trägt – was meint Ihr?« fragte Bruni und lachte dabei.

In diesem Moment trat Valentino vor und verbeugte sich vor seinem Oberlehnsherrn, dem französischen König. Ein erregtes Murmeln ging durch die Menge. Der junge Borgia besaß die Gabe, mit jeder Geste die Blicke aller auf sich zu ziehen.

Bruni zischelte: »Blendwerk und Mummenschanz! Wann tritt die Generalversammlung zusammen?«

»Morgen.«

Die Männer um sie herum drängten nach rechts, wo sich eine Schlange bildete. Jemand trat Nicholas auf den Fuß. Bruni ging mit großen Schritten auf die Reihe der Anstehenden zu. Mit den Händen strich er über den gebürsteten Samtrock, seine Goldketten und Ehrenzeichen sowie über den litzenverzierten Hut. Dann formte er seinen Bart zu einem spitzen Gebilde. Nicholas in seinem Schatten rückte zusammen mit ihm vor. Sie stellten sich hinter denen an, die bereits am Papst vorüberzogen, vor dem jedermann niederkniete, um ihm die Schuhe zu küssen, und vor dem französischen König, vor dem man sich allerdings nur verneigte. Ein Herold nannte jeweils Namen und Amt des Betreffenden. Als Bruni und Nicholas vorgestellt wurden, verwechselte der Herold sie und gab Bruni den Namen von Nicholas und Nicholas den des Gesandten. Während er sich vor dem gezwungen lächelnden König von Frankreich verneigte, stellte Nicholas sich vor, er wäre eine in prächtige Kleider gewandete Puppe, ein Mann aus Holz mit einer Krone auf dem Kopf.

*

Am Abend begab Bruni sich in der Dämmerung zu einem Galabankett, das für den König gegeben wurde. Nicholas ging zu einem Fest in Valentinos weitläufigen Palazzo in Trastevere.

An der Ost- und Südmauer des Palastes ragten Balkone über die Straße hinaus. Durch die offenstehenden Türen vernahm man Musik, Lachen und Stimmengewirr, das nach daußen drang. Hier und da hatten sich auf der Straße Leute in kleinen Gruppen versammelt. Sie stellten sich auf die Zehenspitzen und versuchten hineinzusehen. Das warme Licht, das von oben schien, ließ ihre Augen glänzen.

Nicholas blieb einen Moment vor dem Eingang stehen. Unablässig drängte ein Strom von festlich gekleideten Menschen an ihm vorüber in den dahinterliegenden Hof, als gäbe es dort etwas, das sie nicht erwarten konnten. Ein oder zwei trafen in Sänften ein, als wären sie Kaufleute in Cathay. Die Fackeln in den eisernen Halterungen warfen gespenstische Schatten auf die Wände des Palastes. Innen erhob sich ein vielstimmiger Schrei; ein Horn wurde geblasen, eine Kesselpauke dröhnte. Nicholas trat ein.

Im Hof flossen aus einem großen Brunnen aus Stuck ganze Weinbäche. Horn und Kesselpauke spielten dahinter in einer Mauernische. Durch die Menge bahnte Nicholas sich den Weg auf die nächste Tür zu.

Im Innern des Palazzo drängten sich die Menschen

noch mehr, der Lärm war noch größer und die Luft heißer. Nicholas wanderte von Raum zu Raum, um dabei festzustellen, wer sich wo aufhielt. Wichtige Persönlichkeiten sah er nirgends, nur Schmarotzer und Speichellecker. In einem langgestreckten Saal mit gedeckten Tischen ergatterte er ein Glas Wein.

Er postierte sich neben einem mit Eisengitter versehenen Fenster und betrachtete die Gesichter der Vorübergehenden.

Die Anzahl der Männer überstieg die der Frauen bei weitem. Kein Mensch schien sich besonders lange mit einer Person zu unterhalten. Selbst während sie angeregt miteinander plauderten, schienen sie jeweils den Raum nach jemand anderem abzusuchen. Nicholas ließ einen Schluck Wein auf der Zunge zergehen. Ein guter Wein, ein vorzüglicher sogar, was ihn verwunderte. Wie kam Valentino dazu, die Tore seines Palastes zu öffnen und die vielen Menschen mit gutem Wein zu bewirten? Amüsiert stellte Nicholas dann fest, daß das Glas, aus dem er trank, billige Dutzendware war.

Nach und nach drang leise Musik durch das allgemeine Stimmengewirr zu ihm durch. Anfangs achtete er kaum darauf, doch dann erkannte er die Melodie. Plötzlich hellwach, straffte er sich. Die Klänge drangen aus einer Tür weiter unten am Korridor. Nicholas folgte der Weise bis in einen kleinen Raum hinein, der mit bordeauxrotem Tuch ausgeschlagen war. Vor einem Kamin mit knisterndem Feuer saß ein Mann und spielte Gitarre. Nicholas verharrte unwillkürlich.

Es war Miguelito da Corella – die Italiener nannten ihn Michelotto – ein Mann, der Valentino nahestand. Er schien Nicholas nicht zu bemerken. Das schwarze, glänzende, geölte Haar hing ihm in Locken bis auf die

Schultern seines Samtrocks. Die Finger krümmten sich fast zu zärtlich über den Saiten des Instruments. Für Cesare Borgia handhabte er andere Instrumente: den Degen oder die spanische Garotte.

Unvermittelt verstummte die Musik. Der Mann wandte sich Nicholas zu. »Ja?«

»Ich lauschte nur der Melodie«, erklärte Nicholas. »Habe ich Euch gestört?«

Miguelitos Finger entlockten der Gitarre zupfend noch drei oder vier Töne. Dann klatschte er mit der flachen Hand auf den Klangkörper des Instruments. »Wer seid Ihr?« Ein wertvoller Stein prangte am linken Flügel der schmalen Nase.

»Ich heiße Nicholas Dawson. Das Lied stammt aus Navarra, habe ich recht?«

»Dawson...«

Miguelito riß die Augen weit auf. Nicholas erwartete die Frage, die dann gewöhnlich stets gestellt wurde, doch senkten sich die schweren Lider wieder, und der Mann wandte den Kopf ab, nahm die Gitarre auf, begann erneut zu spielen – ein anderes Lied, eine andere Ballade aus Navarra.

Nicholas lauschte noch eine Weile, doch blickte Miguelito nicht wieder auf. Nicholas ging davon.

Er stieg bis zum zweiten Stock des Palastes. Hier, in einem Raum, dessen Wände mit riesigen Gemälden von Fürsten und Condottieri geschmückt waren, türmten sich auf Tischen gebratenes Fleisch und dampfendes Brot. Eine Unzahl von Menschen tat sich an diesen Leckereien gütlich. Viele von ihnen waren Franzosen in einfach geschnittener und aus grobem Tuch gefertigter Kleidung. Das halbgeleerte Glas in der Hand und den Spazierstock unter dem Arm, durchmaß Nicholas den gesamten Raum. Jedesmal, wenn er bei einer Gruppe von Menschen verweilte, drang der Name Valentinos an sein Ohr. Er hob den Blick zu den Bildern an den Wänden.

Hinter ihm raschelte Satin. Als er sich umdrehte, sah er Madonna Lucrezia Borgia eintreten.

Nicholas verneigte sich, während er der Papsttochter aus dem Weg trat. Alle Anwesenden drehten sich nach ihr um. Sie legte ihrem jungen Begleiter eine Hand auf den Arm, lachte, und in der plötzlichen Stille verbreitete sich ihr Lachen im ganzen Raum. Ein filigranes Goldnetz hielt ihr Haar aus der Stirn, lange, gleichfalls filigrane Ohrringe sowie ein Halsband bedeckten die weiße Haut zwischen ihrem Hals und dem tief über der Brust ausgeschnittenen Kleid.

Nicholas beobachtete sie beim Vorübergehen. Dies war ihr erstes öffentliches Auftreten seit dem Tod ihres zweiten Mannes vor fast einem Jahr. Gerüchten zufolge hieß es, Miguelito da Corella habe sie auf Befehl ihres Bruders zur Witwe gemacht. Natürlich galt jeder, der in Rom eines unnatürlichen Todes starb, zunächst als ein Opfer der Borgias. Gleichwohl wußte Nicholas, daß der Papst sie, als sie ihren Gatten allzu lautstark betrauerte, aufs Land verbannt hatte. Jetzt lachte sie ein süßes, hohes Lachen und stürzte sich in den strahlenden, lauten, überfüllten Raum mit den vielen Menschen.

Nicholas' Interesse war hellwach. Lucrezia besaß das Ohr des Papstes. Sollte er sich um sie bemühen und sie umwerben? Wer weiß, vielleicht ergaben sich dann Möglichkeiten, an die er zuvor nicht zu denken gewagt hatte.

Sie wurde von den Höflingen des französischen Königs umringt. Nicholas sah, wie sie um den Vorzug kämpften, ihr die Hand küssen, sich verneigen und ihre Schönheit preisen zu dürfen. Von links nach rechts ergoß sich ein Strom von Lucrezias Bediensteten und Freunden. Es kamen immer mehr Leute in den Raum. Es war heiß und stickig, und Gelächter und Gerede wurden immer lauter.

Ein Page zupfte Nicholas am Ärmel. »Kommt mit mir, Messer!«

»Wie bitte?«

Der Page hob ihm das Gesicht entgegen. Zuerst hatte Nicholas ihn für einen Knaben gehalten, doch das feiste Gesicht gehörte offensichtlich einem Mann in mittleren Jahren. Er war ein Zwerg.

»Mein Gebieter wünscht Euch zu sehen, Messer.«

Nicholas entzog den gekrümmten Fingern seinen Arm.

»Wer ist denn dein Gebieter?«

Der Kopf des Zwergs ruckte. »Valentino.«

»Ich komme.«

Der Zwerg verzog den Mund zu einem spöttischen Grinsen. »Wenn Ihr mir dann folgen wollt, Messer.« Er führte Nicholas durch die Menge an gebratenem Schwein und Brathähnchen vorbei.

Nicholas bemühte sich, betont gelassen zu gehen und eine nichtssagende Miene aufzusetzen, so als käme es alle Tage vor, daß Valentino ihn rufen ließ. Es hatte keinen Sinn, sich den Kopf darüber zu zerbrechen, warum dies geschah. Der Zwerg führte ihn durch eine Seitentür und eine Treppe hinauf. Bruni war es, der Nicholas vorgeschlagen hatte, an diesem Abend hierherzukommen. Sollte diesen Vorschlag jemand gemacht haben, der den Gesandten nur als Boten mißbraucht hatte? Der Zwerg dirigierte ihn in einen Teil des Hauses, wo nicht gefeiert wurde.

Zunächst folgte er dem kleinen Mann durch eine Flucht von halbeingerichteten Zimmern. In einem war nur ein Stuhl, in einem anderen nur ein Tisch. Kerzen steckten in Wandleuchtern. Schwerer Moschusduft lag in der Luft. Die offenstehenden Fenster gingen auf den Hof hinaus. Der Klang von Horn und Trommel drang von unten herauf. Der Zwerg geleitete Nicholas in ein Eckzimmer.

Darin hielt Miguelito da Corella sich auf – allein und ohne Gitarre. Nicholas war enttäuscht. »Euer Exzellenz, ich stehe Euch zu Diensten.« Der Zwerg war bereits draußen und machte die Tür hinter sich zu.

»Setzt Euch!« sagte Miguelito.

Neben einem geschnitzten und bis zur Decke reichenden Schrank standen noch zwei Sessel im Raum. Auf dem einen nahm Miguelito, auf dem anderen Nicholas Platz. Die Armlehnen waren verstaubt, und von dem Kissen auf der Sitzfläche ging ein gewisser Modergeruch aus.

»Ihr seid vorhin an mich herangetreten«, begann Miguelito. »Warum?«

»Ich war neugierig. Ich hörte Euch Musik aus Navarra spielen.«

Durch das offene Fenster drang der Lärm lustiger Beschwingtheit. Miguelito stand auf und schloß das Fenster. Nicholas war noch damit beschäftigt, seine Enttäuschung zu überwinden, und machte sich Vorwürfe, ernstlich damit gerechnet zu haben, daß Valentino hier auf ihn wartete. Das Kinn in die Hand gelegt, ließ er den Ellbogen auf der Sessellehne ruhen.

»Italiener!« brummte Miguelito abschätzig und legte mit dem Daumen den Fensterriegel um. »Leichtfertiges Pack.«

Nicholas sagte nichts. Er warf einen Blick in die Runde. An einer Wand hing ein schwerer Bildteppich, offensichtlich eine Arbeit aus dem Norden. Nur eine Lampe brannte an der Wand neben der Tür, doch da das Fenster geschlossen war, wurde es im Raum rasch heißer.

Miguelito zog den Rock aus, ging ziellos umher und zog immer wieder an dem Band, mit dem sein Hemd am Hals verschlossen wurde. Ohne Rock wirkte er kleiner. Schlank und brünett, hatte er hohe, schmale Schultern und langfingrige Hände, die Nicholas an die Würgeschlinge der Garotte denken ließen. Im Ärmel seines weißen Hemds war ein Riß zu sehen. Streitsüchtig und die Hände auf den Hüften, sah Miguelito Nicholas forschend an.

»Wieso interessiert Ihr Euch für Navarra?«

»Ich bin in Pamplona zur Welt gekommen«, antwortete Nicholas.

Auf dem Gesicht Miguelitos malte sich grenzenloses Erstaunen. Er fingerte an dem Riß in seinem Hemd herum und sprach dann plötzlich Spanisch. »In Pamplona? Aber Euer Name ist nicht navarresisch.«

»Meine Eltern haben dort im Exil gelebt.«

»Ich glaube Euch nicht. Wo liegt die Heiliggeistkirche?«

»Gegenüber vom Markt, auf der Südseite. Der Bogengang wird vor allem von den Wollhändlern benutzt. Und der Friedhof dahinter soll von einer Nonne und ihrem Geliebten heimgesucht werden.«

Inzwischen herrschte schweißtreibende Hitze im Raum. Nicholas wünschte sich, den Mut aufzubringen, sich auch seines Rocks zu entledigen. Er wünschte aufhören zu können, an die Garotte zu denken, die aufs engste mit dem Namen Miguelito verbunden war.

»Ihr mögt Pamplona kennen«, sagte Miguelito, »aber das beweist natürlich gar nichts. Was macht Ihr hier unter diesen Kanaillen?«

»Unter den Italienern?« Nicholas zuckte mit den Schultern. Sein Rock behinderte ihn. Er wähnte sich unter einer Zentnerlast und kam sich zwischen den Armlehnen des Sessels fast wie eingeklemmt vor. »Ich bin auch kein Navarrese.«

»Und Spanier auch nicht?«

Die Stimme hinter ihm ließ ihn zusammenzucken. Er fuhr herum, wandte Miguelito den Rücken zu – und stand Cesare Borgia gegenüber, dem Herzog von Valentinois.

»Magnifico.« Nicholas beugte das Knie und vollführte die tiefste höfische Verbeugung, zu der er fähig war.

»Messer Nicholas Dawson.« Valentino ging um ihn herum zu dem Sessel, von dem Nicholas gerade hochgefahren war, ließ sich darauf nieder und lächelte. Wie seine Schwester war er blond und hatte eine feine blasse Haut mit hellen Härchen; allerdings waren seine Haare dunkler als die ihren. Er trug Schwarz, keine Ringe oder Orden zierten ihn, so daß der Blick durch nichts von seinem hübschen Löwenkopf abgelenkt wurde. Er ließ zunächst zu, daß Nicholas ihn anstarrte, ehe er das Wort ergriff. Wie sein Höfling bediente er sich des Spanischen.

»Ihr und ich, wir sind uns nie begegnet, nicht wahr? Dennoch kennt Euch ganz Rom – Euch, den gerissenen Sekretär des Florentiner Gesandten, dieses aufgeblasenen Popanzes. Ihr seid ein Mann, der ständig damit beschäftigt ist, seinem Herrn und seinem eingebildeten kleinen Staat aus der Patsche zu helfen.«

Nicholas spürte Miguelitos schweigende Anwesenheit hinter sich wie eine Last. Schweiß rann ihm aus den Achselhöhlen. Er gab Valentino keine Antwort; alle üblichen Schmeicheleien und Bekundungen von Bescheidenheit klangen für sein inneres Ohr falsch. Er forschte in dem strahlenden jungen Gesicht des Fürsten vor ihm nach einem Zeichen, das auf Valentinos Absichten schließen ließ.

Lächelnd sah Valentino ihn an. „Dawson – so ein Name klingt kaum navarresisch.«

»Meine Eltern stammen aus England«, sagte Nicholas leise.

»Ach? Und wieso sind sie nach Pamplona gekommen?«

»Ich weiß es nicht. Ich kenne nur ihre Namen. Sie starben, als ich noch sehr jung war. Man hat mich in einem Kloster großgezogen«, er verrenkte den Hals, um über die Schulter hinweg das Wort auch an Miguelito zu richten, »die Mönche vom Konvent des Heiligen Domenikus gleich neben dem Friedhof, auf dem es spuken soll.«

»Wo seid Ihr erzogen worden?« fragte Valentino. »Euer Spanisch verrät nicht den mindesten fremden Akzent.«

»Als sie einige Begabung in mir entdeckten, schickten die Mönche mich nach Salamanca, zum Studium der Rechtswissenschaft.«

»Und Ihr seid nie wieder zurückgekehrt?«

»Pamplona hatte mir nichts mehr zu bieten.«

Für einen Moment stand ihm das Bild des geliebten

alten Mönchs vor dem inneren Auge, der sein erster Lehrer gewesen und gestorben war, als Nicholas das erste Jahr in Salamanca verbrachte.

»So? Was hat Florenz Euch denn zu bieten?«

»Magnifico, ich bin seit vierzehn Jahren nicht mehr in Florenz gewesen.«

Er verschränkte die feuchten Finger auf dem Rükken. Miguelito mochte das sehen, doch konnte Nicholas die schwitzenden Hände nicht stillhalten. Sein Spazierstock lag unter dem Sessel. Er hatte keine Ahnung, wie er dorthin gekommen war.

»Und doch dient Ihr Florenz«, stellte Valentino genüßlich fest. Er schien kühl und überlegen, älter als Mitte Zwanzig, was sein wirkliches Alter war. »Genauso wie ich – momentan, versteht sich. Wir sind gewissermaßen Schicksalsgenossen, findet Ihr nicht? Nur, daß unsere Begabungen grundverschieden sind.«

Nicholas murmelte ein konventionelles Kompliment, das Valentino ungeduldig beiseite fegte.

»Es heißt, Ihr kennt Rom besser als jeder Römer.«

»Ich kenne mich einigermaßen aus in der Stadt und unter ihren Bewohnern.«

»Eure Bescheidenheit ehrt Euch, Messer Secretario.« Lächelnd sah Valentino ihn an. Das Lampenlicht schimmerte in seinem Haar und in den unergründlichen Augen. »Und dennoch müßt Ihr Euch meine Neugier gefallen lassen. Wenn ich einen Menschen kennenlernen möchte, der mich interessiert, gebe ich keine Ruhe, bis ich ihn verstehe. Sagt mir, warum Ihr der Florentiner Signoria dient.«

»Es macht mir Spaß«, erwiderte Nicholas spontan.

»Spaß? Höre ich richtig? Es macht Euch Spaß, Eure Talente einer Horde kleiner Schreiberlinge zur Verfügung zu stellen, deren Tun nicht mehr Bedeutung hat als das Gekrabbel von Ameisen? Florenz ist nichts, nur ein Faustpfand.«

Bei jeder dieser abwertenden Attribute schlug er sich mit der flachen Hand auf den Schenkel. »Ihr seid ihnen bestimmt keine Loyalität schuldig.«

»Nicht im mindesten«, sagte Nicholas.

»Vielleicht wäret Ihr bereit, mir Eure Loyalität zu geben?«

Nicholas ballte die Hände zu Fäusten und drehte sich halb nach Miguelito um. Lächelnd, immerzu lächelnd saß Valentino auf dem Sessel vor ihm.

»Ich bin nicht loyal, Magnifico«, erklärte Nicholas.

»Klug. Warum sein Leben mit so einer Lüge belasten?«

»Ich bemühe mich, das nicht zu tun«, gab Nicholas zurück.

Die Handflächen ihm zugewandt, hob Valentino die Arme an. »Denkt an all die Menschen, die ihr Leben der Suche nach solchen falschen Werten weihen – der Wahrheit, der Schönheit, dem Guten, dem Bösen. Alles Illusionen – es gibt nur, *was ist.* Sie vertun ihr Leben damit, das hochmoralisch Gute zu erkennen – und sich nie wirklich danach zu richten.« Blitzenden Auges hieb er in die Luft.

Nicholas' Mund verzog sich zu einem Lächeln. Valentino war schließlich ein junger Mann mit der unbändigen Freude eines jungen Mannes an der Rhetorik.

»Zum Beispiel«, sagte Valentino, »gibt es da eine Tatsache, von der Ihr vielleicht gern absehen würdet – Ihr frisiert die Berichte Eures Herrn.«

Das war zuviel für Nicholas. Ihm ging jetzt jeder Sinn für Späße ab.

»Ich bedarf Eurer Dienste, Messer Secretario. Das eben Gehörte dürfte Euch klargemacht haben, daß ich mich jeden Mittels bediene, sie mir zu versichern.«

»Wenn ich meine Stellung verlöre, könnte ich Euch in keiner Weise von Nutzen sein«, hielt Nicholas ihm entgegen.

Valentino beugte sich vor.

»Wirklich nicht? Der Skandal würde auch in der Toskana ruchbar werden. Schon jetzt steht Eure Republik auf tönernen Füßen. Vielleicht könnte dieser Schlag die Signoria zu Fall bringen.« Er verzog den Mund zu einem breiten Lächeln. »Und dann wäre es in meiner Eigenschaft als *Capitano* der Florentiner Armee natürlich meine Pflicht, die Ordnung wiederherzustellen.«

»Zunächst aber gälte es, die Sache mit Neapel zu regeln.«

Mit einer Handbewegung fegte Valentino das beiseite. »Das ist bereits geregelt. Darauf könnt Ihr Euch verlassen.«

Nicholas fuhr sich mit der Zunge über die Lippen. Er suchte nach einer Möglichkeit, sich auf anmutige Weise der Notwendigkeit zu beugen, und so sagte er: »Ja, aber für wie lange, meint Ihr, werden Spanier und Franzosen das Bett miteinander teilen? Sie werden sich bald gegenseitig an die Gurgel gehen. Nun, vielleicht ließe sich daraus etwas machen. Ich werde Euch dienen.«

Valentinos Lächeln war wie weggewischt. Hellwach sah er Nicholas mit seinen blassen Augen an. »Was wollt Ihr damit sagen?« fragte er lauernd.

»Ich, Exzellenz?«

»Woher wißt Ihr, daß Spanien und Frankreich, wie

Ihr es auszudrücken beliebt, wegen Neapel das Bett miteinander teilen?«

Nicholas hatte zuviel gesagt. Er begann vor Furcht zu zittern. Aus den Augenwinkeln heraus versuchte er, einen Blick von dem hinter ihm stehenden Miguelito zu erhaschen.

»Das war ein genauso wohlgehütetes Geheimnis wie das mit dem Stein der Weisen«, sagte Valentino. »Woher wißt Ihr das?«

»Nun, für meine Begriffe lag das auf der Hand«, sprudelte es angstvoll aus Nicholas hervor. Er überlegte, ob er das Geheimtreffen in seinem Haus zur Fastenzeit erwähnen sollte, und sprach dann bedenkenlos weiter. »Ich weiß, daß sich jemand in meinem Haus mit einem Spanier getroffen hat – jemand aus Eurer Familie...«

»Ah!« Valentino nickte und lächelte wieder. »Das habt Ihr also herausgefunden. Mein Vater wurde also schön hinters Licht geführt. Er hielt Euch für zu begriffsstutzig, das zu durchschauen. Ich sehe schon, daß die recht haben, die behaupten, daß Ihr kraft Eures scharfen Verstandes nur vorgebt, begriffsstutzig zu sein. Nun gut. Es ist kein wirklicher Schaden angerichtet worden.«

»Exzellenz!« Nicholas neigte den Kopf.

»Ihr könnt mir vertrauen«, fuhr Valentino fort. »Ich werde mich Eurer Dienste besser bedienen als jeder andere Herr. Denn ich bin der einzige in ganz Italien, der genau begriffen hat, vor welcher Weggabelung wir jetzt stehen, und ich besitze das Gefährt, das uns die richtige Richtung einschlagen läßt. Ihr habt eine gute Wahl getroffen.«

Valentino erhob sich und war mit drei weit ausgreifenden Schritten an der Tür. Eine Hand auf der Klinke, schaute er zurück. »Auch Miguelito mag junge Männer. Habt Ihr das gewußt? Ihr beiden solltet Freunde werden.« Dann verließ er das Zimmer.

Zum erstenmal seit geraumer Zeit wurde Nicholas sich wieder der drückenden Hitze bewußt, die im Raum herrschte. Langsam drehte er sich um und nahm an, daß er allein sei, doch Miguelito war immer noch da und saß nun, die Arme vor der Brust verschränkt, auf dem anderen Sessel.

»Was er wohl gemeint hat?« fragte Nicholas. »Freundet er sich denn mit jedem Mann an, der mit Frauen schläft?«

In Miguelito kam Leben. Er war wie ein Tier, das Witterung aufgenommen hat. »Er ist wesentlich weniger freizügig in seinem Denken, als er sich einbildet. Und doch gilt er als der größte Mann in Italien. Das müßt Ihr sehen.«

»Hoffen wir es«, sagte Nicholas. »Gestattet Ihr, daß ich mich zurückziehe?«

»Von mir?« Miguelito erhob sich vom Sessel. Sein verschwitztes Hemd klebte an Rippen und Bauch. Auf der Rückenlehne des Sessels prangte ein dunkler Fleck. »Verlaßt mich, wenn Euch der Sinn danach steht, ich bin unwichtig.« Er schaute weg und wandte sich von Nicholas ab, der davonging.

*

»Es will mir einfach nicht in den Kopf«, sagte Bruni, »obwohl wir selbstverständlich vermutet haben, daß so etwas dabei herauskommt. Doch daß ein König wie Ferdinand von Aragon, der auf dem ganzen Erdkreis für seine Frömmigkeit berühmt ist, seine Ehre aufs Spiel setzt und in Kauf nimmt, die Achtung aller rechtschaffenen Menschen zu verlieren, übersteigt einfach mein Begriffsvermögen.«

Der venezianische Gesandte strich sich über den parfümierten Bart. »Und ich begreife nicht, daß der französische König den Spaniern kampflos halb Neapel überläßt. Man muß sich doch drüber im klaren sein, daß er damit einen schwachen Gegner gegen einen weit stärkeren eintauscht.« Er nickte Bruni zu. »Sagtet Ihr nicht, Ihr hättet im voraus eine gewisse Kenntnis von diesem schändlichen Abkommen gehabt?«

Bruni setzte ein mechanisches Lächeln auf. Er und der Venezianer saßen Seite an Seite und sahen beide in dieselbe Richtung, so daß sie gleichsam aus den Mundwinkeln heraus miteinander sprachen. Zu beiden Seiten des Tisches hatte noch ein Dutzend anderer Männer zum Essen Platz genommen und unterhielt sich über dasselbe Thema. Alle waren sie der gleichen Meinung, oder zumindest näherten sich ihre Meinungen rasch einander an, denn alle versuchten, die ersten zu sein, ein Bonmot von sich zu geben, mit dem andere sich an anderem Ort schmücken konnten.

Nicholas saß hinter Bruni und ging noch einmal seine Notizen durch, die er sich während der Sitzung des Großen Rats gemacht hatte, doch er meldete sich nicht zu Wort.

Die Kardinäle waren nur ein paar Minuten sitzen geblieben. Der französische König und der spanische Gesandte präsentierten der Kurie ihren Pakt: daß Neapel zwischen Frankreich und Spanien aufgeteilt werden sollte. Papst Alexander erklärte sofort sein Einverständnis. Und wie sehr er seinen Hof in der

Hand hatte, ließ sich an der Hast erkennen, mit der die Kardinäle ihm beipflichteten.

»Wirklich eine Schande!« wandte Bruni sich gerade an den Gesandten der Este aus Ferrara, der links von ihm saß. »Das war mein erster Gedanke, als wir Wind davon bekamen.«

Nicholas schrieb die Kürzel auf, deren er sich bei der Niederschrift der Ansprache des Papstes bedient hatte. Er hielt den Kopf gesenkt. Valentino lag mit seiner Armee vor der Stadt und war nicht vor der Kurie erschienen.

Er hatte offensichtlich einen Spitzel in der Florentiner Gesandtschaft, der ihm berichtet hatte, daß Nicholas Brunis Depeschen frisierte, und der jetzt aus seiner Deckung gescheucht werden mußte. Eine ganze schlaflose Nacht hatte Nicholas sich mit diesem Problem herumgeschlagen. Die Schreiber hegten zwar eine Abneigung gegen ihn, nahmen aber eine zu niedrige Stellung ein, als daß sie Zugriff zu Informationen gehabt hätten, wie sie Valentino erhielt. Ugo und Giambattista – Brunis junge Helfer – standen rangmäßig zwar höher als die Schreiber und haßten ihn, doch leuchtete ihm nicht ein, wieso sie wissen sollten, was er anstelle von Brunis Briefen schrieb, da er diese Depeschen sofort chiffrierte und für sich keine Kopien machte.

Die Diener reichten den ersten Wein und die Frühlingssuppe, und Nicholas mußte die Füße unter dem Hocker verstauen, wenn er den um den Tisch herum eifrig beschäftigten Dienern kein Bein stellen wollte. Die Diplomaten lehnten sich wie ein Mann entweder immer in die eine oder in die andere Richtung und gaben ihre Kommentare ab. Jemand lachte; ein Glas klirrte, und der Duft der Frühlingssuppe breitete sich im Raum aus. Nicholas nahm den Stift in die linke Hand und machte ein paar Fingerübungen, um die Verkrampfung zu lockern. Brunis Rücken und den gebürsteten und mit Spitzen verzierten roten Samtrock hatte er direkt vor sich. Die Rücken links und rechts davon waren nicht weniger gepflegt als seiner. Alle waren prachtvoll gekleidet, alle gleich. Nicholas blickte auf sein Blatt, schrieb jedoch nicht.

Keiner von ihnen hatte es gewußt, nur er. Keiner hatte ihn nach seiner Ansicht gefragt.

Bruni sagte: »Ihr könnt gewiß sein, daß die endgültige Lösung des Problems Neapel noch aussteht«, und die anderen bekundeten murmelnd ihre Zustimmung.

Ehe Nicholas den Spitzel in seiner Gesandtschaft nicht gefaßt hatte, war er in Valentinos Hand, denn er konnte nichts tun, ohne daß Valentino davon erfuhr. Nicholas hatte das Gefühl, daß selbst jetzt Valentinos Augen auf ihn gerichtet waren.

Valentino gab viel auf seine Meinung.

»Ihr sagtet, Ihr hättet schon vorher von diesem Pakt gewußt?« wandte sich der venezianische Gesandte erneut an Bruni.

»Ich habe es vermutet«, antwortete Bruni. »Alle Anzeichen deuteten darauf hin. Allerdings mußte man sie lesen können.«

*

Valentino und die französische Armee marschierten nach Capua, wo der betrogene König von Neapel hoffte, seinen Feinden die Stirn bieten zu können. Nicholas saß in seiner Kammer in der Gesandtschaft und fertigte für die Signoria in Florenz eine Kopie der Ausarbeitung seiner Notizen über die Große Ratsversammlung an. Dabei ging ihm das Problem mit dem Spitzel nicht aus dem Sinn, und er suchte nach einer Möglichkeit, ihn in eine Falle zu locken.

Es klopfte. Nicholas rief: »Herein!«, und Stefano Baglione betrat die Kammer.

»Was machst du denn hier?« fragte Nicholas unwirsch und stieß den Stuhl von seinem Schreibtisch ab.

»Ich brauche hundert Dukaten«, antwortete Stefano und nahm den Schlapphut ab.

»Hundert Dukaten?«

»Ich habe beim Kartenspiel verloren. Sie wollen es gleich – heute noch. Oder sie werfen mich in den Fluß.«

»Hundert Dukaten?« wiederholte Nicholas und sah Baglione entsetzt an. Der Zorn, der sich so lange in ihm aufgestaut hatte, brach sich in einer Flut von Flüchen Bahn. »Wie kannst du es wagen, hierherzukommen und mich um Geld zu bitten?«

»Ich werde es dir bis auf den letzten Carlino zurückzahlen.« Mit angespannter Miene lehnte Stefano sich über den Schreibtisch. Er wirkte gealtert und machte einen gequälten Eindruck. »Diese Leute sind gefährlich. Und du bist der einzige, den ich um so was bitten kann, Nicholas.«

»Einhundert Dukaten!«

Wieder wurde an die Tür geklopft.

Nicholas und Stefano starrten sich über die Tischplatte hinweg an, Stefano mit einem flehentlichen Ausdruck, Nicholas mit einem widerstrebenden. Laut sagte er: »Einen Moment!« und ging dann an Stefano vorbei, um die Tür aufzumachen.

Es war Ugo, der ihm ein Dokument zum Lesen

brachte. Während Nicholas ihn anstarrte und um Beherrschung bemüht war, wandte Ugo sich Stefano zu, stellte sich vor und streckte ihm die Hand hin.

Alles andere als freundlich nannte Stefano seinen Namen und schüttelte die ihm dargereichte Rechte. Als er den Namen Baglione hörte, lächelte Ugo strahlend.

»Ach, wirklich? Wie lange seid Ihr schon in Rom? Gehört Ihr zu Gianpaolos Mitarbeitern?«

»Nein«, murmelte Stefano und lehnte sich, eine Hand auf der Hüfte, lässig an die Wand.

»Hier«, sagte Nicholas und wedelte mit dem Dokument vor Ugos Nase herum. »Das hier muß Seine Exzellenz gutheißen, nicht ich. Aber du hast recht getan, es zunächst mir gebracht zu haben.«

»Ich versichere Euch, Messer Dawson, ich achte Eure Vorrechte in dieser Kanzlei in jeder Hinsicht.«

Nicholas schob den immer noch Redenden hinaus auf den Gang und schloß die Tür. Dann wandte er sich Stefano zu. »Du hast ein Benehmen wie ein Bauer.«

»Ach, du liebe Güte!«

Im selben Moment gestand Nicholas sich ein, ihm damit unrecht getan zu haben. Stefano besaß die Manieren eines Aristokraten, der einzigen Menschen, die mit ihren Gefühlen frei umgehen konnten. Diese Fähigkeit besaß Stefano, nichts so Respektables wie Ehre, aber eine gewisse Art von Offenheit. Schließlich war er ein Baglione.

»Wieviel willst du?« fragte Nicholas.

Nicholas seine ganze Aufmerksamkeit widmend, wirbelte Stefano herum. »Einhundert Dukaten. Ich werde dir jeden einzelnen Carlino zurückzahlen, darauf kannst du dich verlassen.«

Dessen war Nicholas sich nicht so sicher. An der bisher von Stefano gezeigten Aufrichtigkeit zweifelte er durchaus. Trotzdem, es lohnte hundert Dukaten, um ihn zu haben – einen Baglione. Nicholas nahm wieder an seinem Schreibtisch Platz und schrieb eine Tratte für die Bank aus.

*

»Ich warne Euch!« sagte Angela Borgia. »Meine Base hat es überhaupt nicht gern, wenn jemand über sie an ihren Vater herankommen möchte. Sie hat weit größere Männer als Euch abgewiesen und sich geweigert, kostbare Geschenke anzunehmen. Aller Wahrscheinlichkeit nach wird sie Euch anhören und dann fortschicken.«

»Auch das wäre schon mehr, als ich woanders habe erreichen können«, ließ Nicholas sie wissen.

Angela bedachte ihn mit einem spöttischen Blick. Sie ergingen sich auf der Loggia des Palazzos der Papsttochter, immer wieder ins Sonnenlicht hinein und wieder heraus. Angela hatte sich bei Nicholas untergehakt. Sie duftete stark nach ägyptischem Parfüm, so daß Nicholas seine Nase immer wieder aus der Windrichtung heraushielt.

»Was wollt Ihr überhaupt erreichen?« erkundigte sich Angela.

»Nur eine Kleinigkeit.«

»Mir könnt Ihr es sagen.«

»Ich möchte Eure schönen Ohren nicht langweilen.«

Ein Page tauchte am äußersten Ende der Loggia an der Tür auf. Nicholas wollte sich von Angela lösen, doch sie ließ das nicht zu, hielt ihn fest wie ein Anker.

»Euer Geheimnis ist bei mir sicher aufbewahrt, mein Liebster. Ihr könnt es mir anvertrauen.«

»Madonna, Ihr habt schon genug für mich getan, indem Ihr mir eine Einführung verschafftet.«

Finster sah sie ihn an. Der Page rettete ihn, als er an seine Seite trat und ohne jede Verneigung fragte: »Messer Niccolo Dawson?«

Durch die Tür am Ende der Loggia folgte Nicholas ihm in den dahinter gelegenen Warteraum.

Seine Augen hatten Mühe, sich an die Dunkelheit zu gewöhnen. Er folgte dem Pagen mehr aus Instinkt und richtete sich nach dem Klang seiner Schritte auf dem Marmorfußboden. Eine Tür ging vor ihm auf, und er wurde in einen weiteren Raum geführt. Immer noch halbblind, verneigte er sich in Richtung der verschwommen erkennbaren Gruppe von Menschen vor ihm. Der Page nannte seinen Namen.

»Messer Dawson«, begann Lucrezia Borgia kühl, »meine Base sagte mir, Ihr bätet um ein kurzes Gespräch.«

Nicholas zwinkerte und konnte sie schließlich erkennen, die zusammen mit einer Frau, die ihr das feine Haar ordnete, vor ihm saß. Der Raum war voll von Spiegeln, und was er für eine Menschengruppe gehalten hatte, waren die Widerspiegelungen in der Wand hinter ihr.

»Madonna«, antwortete er, »ich weiß, Bittsteller kommen mit kostbaren Geschenken, mit Rauchwaren und Juwelen zu Euch, um Eure Freundlichkeit zu erkaufen. Ich jedoch habe keine Geschenke, sondern nur ein Ersuchen. Bitte, hört mich trotz meiner Armut bis zu Ende an.«

»Fahrt fort«, sagte sie, »ich habe nur wenig Zeit.«

»Ich wollte Euch bitten, Euch für eine Gefangene in Euren Verliesen einzusetzen, eine Frau wie Ihr, eine Frau, deren Schönheit früher in aller Munde war, die sie jedoch in den Verliesen von Sant' Angelo eingebüßt hat. Eine Frau wie Ihr, von edlem Gemüt und großem Mut, deren Hofstaat heute jedoch nur Ratten und Läuse bilden.«

Während er sprach, hatte sie aufmerksam zugehört und ihn beobachtet.

Sie wirkte nun blasser als zuvor. Sie fragte: »Und wer ist diese Unselige?«

»Die Nobildonna Caterina Sforza.«

Ruckartig wandte sie den Kopf zur Seite. Die Friseuse murmelte etwas, während sie an den Haarlocken auf dem Haupt der Papsttochter zupfte. »Sie ist die Gefangene meines Bruders«, sagte Lucrezia Borgia. »Damit habe ich nichts zu tun.«

»Das Opfer Eures Bruders, Madonna.«

»Ihre Städte gehörten früher uns. Wir hatten das Recht, sie ihr wieder abzunehmen.« Immer noch wollte sie ihn nicht ansehen. Er ließ sich auf ein Knie vor ihr nieder.

»Forlí und Imola gehören Euch, wie sie schon immer zu den Städten des Papstes gehört haben. Die kann sie nicht zurücknehmen. Sogar ihre Kinder haben sich von ihrer Sache losgesagt, haben ihr Erbe vertraglich Eurem Bruder Valentino überschrieben und geschworen, ihr niemals zu helfen. Madonna, ihr ist nichts geblieben, weder Schönheit noch Reichtum, nicht einmal die Unversehrtheit ihres Leibes. Valentino hat ihr alles genommen.«

In den blauen Augen funkelte es. Sie beugte sich vor und sah ihn wieder an. Die Friseuse griff nach der

Masse des herabrutschenden Haars. Über die Schulter schlug Lucrezia nach ihr.

»Nein, laß das! Ihr, Messer, wie immer Euer Name lautet, wollt Ihr unterstellen, mein Bruder habe sie gewaltsam genommen? Diese Hure! Wie viele Liebhaber hat sie gehabt?«

»Madonna«, sagte Nicholas, »eine Frau kann sich endlos hingeben, ohne in eine Vergewaltigung einzuwilligen.«

»Ich kann es nicht glauben. Doch nicht mein Bruder.«

»Madonna, gestattet mir nur diese eine Bitte: daß Ihr sie in ihrem Kerker aufsucht. Überzeugt Euch selbst, was aus ihr geworden ist, und dann denkt daran, daß sie eine Frau ähnlich wie Ihr war.«

Die Prinzessin starrte ihn an. Ihre Wangen waren rotfleckig geworden, und sie verschränkte kurz die Hände auf ihrem Schoß. Mit gekreuzten Armen stand die Friseuse hinter ihr. In den Spiegeln sah Nicholas ihrer beider Rücken.

Sie wich seinem Blick aus. Die Fülle ihrer Haare ergoß sich über Schultern, Brust und Hals.

»Nun«, sagte sie, »Ihr habt recht, Messer, wer immer Ihr sein mögt. Vielleicht bedarf auch ich eines Tages der Barmherzigkeit.« Sie hob eine Hand, die Innenfläche nach außen gerichtet – eine Geste, die sehr viel Ähnlichkeit hatte mit jener, die der Papst vollführte, wenn er Menschen segnete. »Doch damit ändert sich nichts für sie, ich kann ihr nicht helfen. Ihr könnt gehen.«

»Madonna.« Nicholas verneigte sich und zog sich zurück.

*

Trotzdem erreichte ihn nach ein paar Tagen überraschend eine Aufforderung der Madonna Lucrezia, sich im Castel Sant' Angelo bei ihr zu melden. Er eilte also hin – in der Nachricht hieß es »unverzüglich« – und fand die Prinzessin bereits im Hof des Kastells vor.

Sie sah müde aus, und ihre Augen schimmerten feucht. Sie trug ein Kleid, dessen schwerer Seidenrock mit Hermelinschwänzen und Schnüren kleiner Perlen geschmückt war. Zwei oder drei stattliche Männer in Livree bildeten ihr Gefolge. Frauen waren nicht dabei.

»Madonna«, sagte Nicholas und kniete nieder. »Ich wage zu hoffen, daß Ihr mich habt rufen lassen, um ein Gespräch zwischen Euch und Madonna Caterina Sforza zu vermitteln.«

In der Absicht, ihr die Hand zu küssen, griff er danach, doch zuckte sie bei seiner Berührung zusammen und wich vor ihm zurück.

»Ich habe sie soeben gesehen«, zischelte sie, »und habe keine Lust, mit ihr zu sprechen. Die Männer behaupten, sie sei schön gewesen. Ach, ich könnte ihren Anblick nicht ertragen.«

Nicholas stand auf. Staub haftete an seinen Beinkleidern. Den Hut hielt er mit beiden Händen vor der Brust.

»Ich werde ...« Sie sprach ganz leise. »Ihr könnt Euren Auftraggebern sagen, daß ich ... O Gott, da kommt Cesare!«

Nicholas zuckte zusammen. An ihm vorbei blickte sie über den Hof neben dem Eingang, und so fuhr er herum.

Valentino glitt nur wenige Schritte von ihnen entfernt von seinem Pferd und kam geschwind auf ihn und seine Schwester zu. Nicholas schob er beiseite, ohne ihn wahrzunehmen, seine Schwester packte er beim Handgelenk.

»Was machst du hier? Dies ist kein Ort für dich.«

Lucrezia wich vor seiner Berührung zurück wie zuvor vor Nicholas, nur daß Valentino sie nicht gehen lassen wollte. Mit zusammengebissenen Zähnen sagte sie: »Ich habe mir dein Opfer gerade mit eigenen Augen angesehen.«

Valentino lachte und hob ihre Hand an seine Wange. »Welches denn?«

»Madonna Caterina«, sagte Lucrezia. »Bitte, mein Bruder, laß mich los! Sieh doch, wie viele uns beobachten.«

Er drückte ihr die Lippen auf die Hand. »Das Mannweib – mein Opfer? Ich versichere dir, liebste Schwester, sie hat um ihre Stadt standhafter gekämpft als um ihre Tugend – falls man die so nennen will.«

Valentino ließ sie los. »Geh! Du wirst den ganzen Nachmittag brauchen, den Kerkergeruch loszuwerden.«

»Mit deiner Erlaubnis«, murmelte Lucrezia und sah ihn mit blitzenden Augen an. Sie raffte ihren Rock und entschwebte dann über den Hof.

Nicholas zog sich zurück in der Hoffnung zu entkommen, ohne weitere Aufmerksamkeit zu erregen. Doch Valentino wirbelte herum und fragte: »Wohin wollt Ihr?«

»Nirgendwohin, Magnifico.« Nicholas verbeugte sich.

»Warum habt Ihr sie hergebracht?«

»Magnifico, ich versichere Euch ...«

»Unsinn, mein lieber Nicholas! Laßt mich *Euch* versichern, daß ich das Glück meiner Schwester durch nichts schmälern lasse. Durch nichts und von niemandem. Ihr habt sie hergebracht, um sie für Eure Zwecke unglücklich zu machen. Ein Schuft seid Ihr!«

Valentino sprach so leise, daß es außer Nicholas keiner hörte. Nicholas' Kopfhaut kribbelte. Die Verliese waren nur Minuten entfernt. Er griff nach der Brieftasche.

»Magnifico, ich würde mir den Arm abhacken, ehe ich zuließe, daß ich die Prinzessin auch nur für einen Moment unglücklich mache. Sie hat mich herbefohlen, mein Gebieter...« Er fand das Billett und hielt es klein zusammengefaltet ihrem Bruder hin.

Forschend sah Valentino ihn an. Mit spitzen Fingern nahm er das Stück Papier entgegen, ließ aber Nicholas dabei nicht aus den Augen. Unversehens warf er die Nachricht dann in den Staub und entfernte sich.

Nicholas bückte sich, um das Briefchen aufzuheben. Ihm war schwindlig vor Erleichterung, und so blieb er für einen Moment auf den Fersen hocken, bis Valentino zum Hof hinausgeritten war. Dann verschwand er schnellstens.

*

Valentino und seine Truppen marschierten mit den Franzosen in Richtung Neapel. Ein paar Tage später verließ auf einem Pferd die Herrin von Forlí, Caterina Sforza, das Gefängnis von Sant'Angelo. Bruni begleitete sie, denn seinen Verhandlungen hatte sie es zu verdanken, daß sie endlich frei war. Etliche Neugierige auf der Straße blieben stehen, um sich ihren Anblick nicht entgehen zu lassen. Doch sie waren enttäuscht.

Sie hatten eine hochgestellte Dame von großer Schönheit und keine zugrunde gerichtete Frau erwartet, die, als sie an ihnen vorrüberritt, im Schein der grellen Sonne zusammenzuckte, deren Kleider in Lumpen an ihrem Leib herabhingen und deren Haar aschgrau geworden war.

*

»Manche behaupten, die Karten könnten einem die Zukunft verraten«, sagte Stefano Baglione. Er blätterte sein Spiel auf und legte es auf den Tisch.

»Und, glaubst du das?« fragte Nicholas.

Stefano lachte. Die Augen hatte er auf die Karten gerichtet, und mit den Fingern strich er über deren Ränder. Er liebte Spielkarten.

»Glaubst du daran – an solche Sachen wie Astrologie und dergleichen?« wiederholte Nicholas.

»Ich glaube an das Glück«, antwortete Stefano. »Wenn die Zukunft vorherbestimmt ist, dann will ich sie nicht wissen.«

Wieder schlug er die Karten auf, und die Karnevalsgesichter der Trümpfe verschwanden im Stapel des Spiels. Er und Nicholas saßen einander am Tisch in der Raummitte gegenüber. Die Wände waren mit Tüchern verhängt und mit Gerüsten verbaut. Die Handwerker hatten erst vor zwei Tagen angefangen, die alten Fresken zu übertünchen, und das ganze Haus roch nach Kalk. Trotzdem hatte Stefano es geschafft, zwei Teller von der Suppe, die Juan ihnen gekocht hatte, und dazu einen ganzen Laib Brot zu verdrücken. Nicholas hatte nichts gegessen. Durch den Kalkgeruch und die Unordnung war seine Kehle wie zugeschnürt gewesen.

»Ich würde gern ein Spielchen machen«, sagte Stefano.

»Wahrscheinlich könntest du es mir beibringen«, meinte Nicholas, »aber eigentlich bin ich ein Stümper beim Spiel.«

»Um Tarock zu lernen, braucht man viel Zeit – Monate, Jahre.« Stefano stützte die Ellbogen auf dem Tisch auf. »Komm runter in meine Bude, dann spiele ich, und du bekommst ein anständiges Abendessen.«

»Wohin soll ich gehen – in jene Taverne? Glaub mir, ich bin nicht hungrig genug, um ein Wirtshaus zu betreten.«

»Nicht das übliche Essen. Eines meiner Mädchen bereitet mir die Abendmahlzeit. Sie hat bestimmt was da, das auch dir munden wird.«

Nicholas schnaubte. Wieder blätterte Stefano die Karten hin – den Narren, den Gehenkten, die Welt, alle blau und rot angemalt und von hebräischen und griechischen Lettern umrahmt.

»Ich möchte ihr keine Mühe machen.«

»Nur keine Skrupel. Wenn sie ihren Beruf ausübt, liegt sie unter irgendeinem Soldaten, und wenn nicht, werde ich den Grund dafür erfahren.«

»Willst du damit sagen, daß sie eine Hure ist, dein Mädchen?«

»Ich habe drei davon.« Wieder raffte Stefano die Karten zusammen.

»Huren? Zuhälter bist du neben deinen anderen Berufen auch noch? Donnerwetter, was für ein vielseitiger Mann.« Den Arm über die Stuhllehne gelegt, setzte Nicholas sich zurück. »Müßtest du dann nicht dasein, um zu kassieren und die Freier einzuteilen?«

Stefano stieß einen undefinierbaren Laut aus. Den

Kopf hatte er gesenkt, doch bekam Nicholas mit, wie es in seinen Augen funkelte, als er rasch und voller Groll aufblickte.

Für eine Weile sprach keiner von ihnen ein Wort. In der Küche hantierte Juan mit Tellern und Töpfen und summte ein altes Lied.

Schließlich, um das Gespräch wieder in Gang zu bekommen, fragte Nicholas: »Und haben die einzelnen Karten eine bestimmte Bedeutung? Was bedeutet zum Beispiel diese hier?« Er nahm die Karte auf, die man den »Gehenkten« nannte.

»Sie bedeutet, daß das Glück sich wendet«, erklärte Stefano barsch.

»Hättest du Lust, mit in die Città Leonina zu kommen?«

»Was – um zur Messe zu gehen?« Die Karten klatschten gegeneinander, wurden gemischt, und »der Gehenkte« verschwand.

»Seine Heiligkeit pflegt die Abende weniger fromm zu verbringen. Dort findest du bestimmt jemanden, der Tarock mit dir spielt.«

»Mit einem Haufen von Pfaffen?« Stefano rieb sich die Nase. Er schmollte und hatte die Mundwinkel ein wenig heruntergezogen.

Erbost dachte Nicholas: Was bedeute ich ihm überhaupt? Er verfolgte, wie sich die bunten Spielkarten zwischen den schmalen Händen ineinanderschoben. Wenn seine ruchlosen Tätigkeiten Stefano peinlich waren, hätte er Nicholas darüber im dunkeln lassen können.

»Glaub mir«, sagte er, »zu welchem Leben du dich auch immer entschließt, mir ist das egal.«

»Danke«, sagte Stefano. »Laß uns in den Vatikan gehen – wenn du reinkommen kannst.«

»Das dürfte kein Problem sein«, meinte Nicholas und rief Juan, damit der ihm seinen Rock bringen sollte.

Die Sonne war gerade untergegangen. Die drückende Sommerhitze lastete noch auf den Straßen. Sie stiegen am Kolosseum entlang in tiefer gelegenes Gelände hinunter und umrundeten die Südflanke des Kapitols. In den Ruinen paarten sich die Katzen. Ihre unheimlichen Schreie und ihr Gekreisch drangen aus den in Trümmern liegenden Mauern. Stefano fluchte halblaut.

»Wie Stimmen aus der Hölle.«

Nicholas versuchte, sein Grinsen zu verbergen.

Es dunkelte. Der Himmel war klar, die hellsten Sterne konnte man bereits sehen. Der Hügel, an dem sie vorüberkamen, wurde höher und stiller. In der Antike war dies Mittelpunkt der Stadt gewesen, sich nach Westen erstreckend und über den sanft ansteigenden Hang auf dem morastigen Gelände, wo nun das Kolosseum stand. Dort waren die Märkte und Versammlungsstätten der alten Römer gewesen. Seit jedoch die Kirche im Vatikan Fuß gefaßt hatte, schlug das Herz der Stadt östlich des Hügels. Der Hauptzugang zum Kapitol hatte sich auf die andere Seite vom Forum verlagert, auf den Hang unterhalb der Kirche von Aracoeli. Nicholas und Stefano betraten die dort gelegene Piazza und mußten zwei Reihen von Mönchen ausweichen, die dabei waren, die steilen Stufen zu der Kirche hinaufzusteigen.

»Pfaffen!« sagte Stefano verächtlich und machte das Zeichen gegen den bösen Blick.

Nicholas nahm seinen Spazierstock in die andere Hand, blieb stehen und sah zu, wie sich die Prozession den nicht leicht zu bewältigenden steilen Hang hinaufbewegte. Dieser mühselige Aufstieg hatte etwas Symbolisches: Die meisten seiner römischen Freunde behaupteten steif und fest, daß die antike Welt in Rom weiterlebte, und doch lag das Forum in Trümmern. Nicholas wandte sich wieder Stefano zu.

»Gibt es denn in Perugia keine Pfaffen?«

»Meine Familie hat nicht direkt in Perugia gelebt, sondern weiter draußen, in San Marco. Jemals davon gehört?«

»Es gibt Dutzende von San Marcos.«

»Es war ein sehr kleines Dorf, dieses San Marco. Und ist noch weiter geschrumpft, seit die Pest es heimsuchte.«

»Bist du deshalb nach Rom gekommen?«

Sie überquerten die Piazza in Richtung Corso, wo in der Karnevalszeit die Berberpferde zum Rennen geführt wurden. Das Pflaster begann dort, wo Straße und Piazza zusammentrafen. Laternen schimmerten an der breit hingelagerten Fassade des venezianischen Palazzos.

»Erst ging ich nach Perugia«, sagte Stefano. »Doch dort gibt es Dutzende von Baglionis, da galt ich überhaupt nichts.«

»Und deine Familie?«

»Ach, die sind alle tot – alle, bis auf meinen Vater und mich.«

Was spielte das in Rom schon für eine Rolle? Er ließ drei Frauen für sich arbeiten und verdiente selbst sein Geld mit Kartenspielen und hielt die Lebensmittelhändler beschäftigt. Hauptsächlich lebten Fremde in Rom.

Nicholas und Stefano passierten den Palast des venezianischen Papstes. Das Untergeschoß war an Krämer und Kaufleute vermietet. Durch ein Fenster drang die Stimme einer keifenden Frau, die mit jemandem schimpfte.

»Und dann kam ich hierher«, sagte Stefano laut. »Und bin, ganz auf mich allein gestellt, ganz gut zurechtgekommen.«

»Fabelhaft, muß ich sagen«, bemerkte Nicholas. »Wann darf ich denn damit rechnen, meine hundert Dukaten wiederzubekommen?«

»Sobald ich sie habe.«

»Wie oft in der Vergangenheit hast du schon mal über hundert Dukaten verfügt?«

Stefano schob trotzig die Unterlippe vor. Er ging mit dem federnden, ausgreifenden Schritt des Menschen vom Lande neben Nicholas her. »Mir sind in einer einzigen Nacht beim Spiel Tausende durch die Hand gegangen.«

»Und ist was daran klebengeblieben?«

Wütend sah Stefano ihn von der Seite an. Nicholas ließ das ungerührt. Er stand doch haushoch über Stefano.

Sie bogen vom Corso ab und folgten den dunklen, verwinkelten Straßen bis zu der Brücke über den Tiber. Es war Vesperstunde, und aus jeder Kirche, an der sie vorüberkamen, ertönten Mönchsgesänge.

Nachdem sie noch ein Stück gegangen waren, sagte Stefano: »Außerdem scheinst du im Moment ja Geld genug zu haben. Hast du nicht gesagt, die Handwerker wollten in deinem Haus nicht anfangen zu arbeiten, bevor sie Geld gesehen hätten?«

Nicholas zuckte die Schultern. »Geld kommt bei mir und geht wie bei allen anderen auch.« In Wahrheit hatte er seine letzten Ersparnisse in die Renovierungsarbeiten seines Hauses gesteckt, wobei die Handwerker eigentlich nichts weiter machten, als die alten Fresken zu übertünchen.

Die Brücke war ein Treffpunkt für Liebespaare. Der Tiber floß darunter hinweg und riß schmutzigen Schaum mit sich. Nicholas und Stefano überquerten schweigend den Fluß und folgten den gewundenen Straßen bis zum Palast des Vatikans.

Es war gerade Wachablösung. Am Tor hatten zwei Doppelposten mit Lanzen Aufstellung genommen. Nicholas nannte jedem der Soldaten seinen Namen, woraufhin jeder mit gewichtiger Miene in seinen Listen nachsah und ihn hindurchwinkte. Stefano einen halben Schritt hinter sich, schritt er über den Hof und betrat den Garten. Sie blieben stehen. Überall hingen lustig im Sommerwind schaukelnde Laternen. In ihrem Licht schien alles eher zu verschwimmen, als daß es die Dinge hätte deutlich werden lassen. Am äußersten Ende des Gartens, dort, wo die Blumen blühten, spielten Musikanten, doch trieb der Wind wiederum mit den Tönen seinen Schabernack, so daß sie manchmal klar und deutlich klangen, dann wieder abschwollen, so daß sie kaum zu hören waren.

Stefano sagte: »Es ist zu dunkel, um Karten zu spielen.«

Nicholas schickte sich an, über den Rasen weiterzugehen. Er ging um eine Mädchengruppe, die sich zum Tanz formierte. Vor ihnen war wegen der in den Fenstern aufgestellten Lichter die Steinmauer des Palastes zu erkennen. Irgend jemand ließ einen Korb aus einem der Fenster in den obersten Stockwerken herunter, wo auf dem Gehweg ein Mann in schwarz-weißer

Livree mit einer Flasche Wein in jeder Hand wartete. Nicholas und Stefano gingen an ihm vorüber einen kiesbestreuten Weg entlang.

Von einem Laubengang, den sie durchquerten, hingen Rebenranken herunter. In der Mitte tat sich eine Tür auf. Nicholas trat ein.

»Du kennst den Palazzo aber gut«, meinte Stefano.

»Schließlich gehe ich hier seit zwanzig Jahren ein und aus.«

Er verschwieg allerdings, daß er den Vatikan in den vergangenen drei Monaten öfter gesehen hatte als in all den zwanzig Jahren zuvor. Wenn auch bisher nichts von Belang dabei herausgekommen war – Nicholas diente Cesare Borgia nunmehr seit drei Monaten. Doch zu diesem Zeitpunkt hielt Valentino sich außerhalb der Stadt in Neapel auf, und so war hier in Rom nicht viel los.

Durch einen im Dunkel liegenden Audienzsaal gelangten sie zu einer Treppe, die sie hinaufstiegen. Man vernahm Lachen und Stimmengewirr, und es wurde immer lauter. Sie erreichten einen oberen Raum am Ende der Treppe, aber außer einem Betrunkenen, der auf einem Sessel lag und schnarchte, war niemand dort, doch nebenan hielten sich um so mehr Leute auf, die einen Pokal von Hand zu Hand gehen ließen. In der Ecke, direkt unter der Lampe, hockten drei Männer um einen Tisch herum und spielten Tarock. Stefano trennte sich von Nicholas und ging hin, um ihnen dabei zuzusehen.

Nicholas schlenderte durch die anderen, von Menschen wimmelnden Räume. Es waren fast ausschließlich jüngere Leute, Freunde von Valentino und seiner Schwester, und alle waren angetrunken. Niemand schien etwas gegen die Hitze zu haben, in der man kaum atmen konnte. Nicholas bahnte sich einen Weg, ohne einen Blick oder eine Bemerkung auf sich zu ziehen oder gar angesprochen zu werden.

Im Mittelteil dieser Flucht von Räumlichkeiten fand er Papst Alexander mit seiner Geliebten Giulia auf dem Schoß. Noch ehe er den Papst sah, hörte er das herzhafte Lachen des alten Mannes. Alexander hatte der Dame seines Herzens beide Arme um die Taille gelegt, und sie fütterte ihn mit Käsehappen, die sie mit einer Gabel aufspießte.

Von der Türschwelle aus nahm Nicholas das Bild in sich auf. Es widerstrebte ihm, näher zu treten, um Alexander auf sich aufmerksam zu machen. Daß Alexander ihn sah, wußte Nicholas. Der bestickte rote Rock war über der Brust bis tief herunter aufgeknöpft und das Unterteil bis über die weit gespreizten Knie hochgeschoben. An nichts gemahnte er mehr als an einen wohlhabenden spanischen Bauern, der sein möglichstes tat, um mit der Hitze fertig zu werden.

»Nicholas!«

Als er sich umdrehte, kam Angela Borgia auf ihn zugeschwebt und hakte sich bei ihm unter. Ihre Lippen verzogen sich zu einem betörenden Lächeln.

»Ihr seid genau der Mann, den wir brauchen. Kommt mit mir!«

»Wir, Madonna?«

»Meine Base. Kommt mit, Nicholas!«

Er folgte ihr durch einen Irrgarten von kleinen Räumen hinter dem Audienzsaal. Die meisten dieser Räume waren dunkel, und es schienen keine Menschen darin zu sein, doch spähte er nicht angestrengt in die Schatten. Angela drückte sich an seine Seite und strich ihm mit den Fingern über die Rippen. Einmal blies sie ihm im Dunkeln ihren heißen Atem ins Ohr.

»Madonna«, fragte er, »seid Ihr krank? Gestattet, daß ich Euren Arzt rufe.«

Sie stieß einen Grunzlaut aus und lockerte den Griff, mit dem sie seinen Arm gepackt hielt.

»Lucrezia«, rief sie, »schau, wen ich da bringe! Er wird unser Problem lösen.«

Sie gingen in einen Wohnraum hinüber, in dem rings an den Wänden Stücke von Statuen aufgestellt waren. Lucrezia Borgia, ganz am Ende des Raums, legte das Buch beiseite, mit dem sie beschäftigt gewesen war, und erhob sich.

»Messer Dawson.«

Nicholas vollführte seinen gekonntesten Kratzfuß. »Madonna, ich werde Euch mein Leben lang zu Diensten sein.«

Angela flüsterte Lucrezia etwas ins Ohr. Nicholas trat einen Schritt zurück und bewunderte den Kontrast der beiden Köpfe: der eine schwarz, der andere hellblond. Beide begannen zu lachen, und Lucrezia warf den Kopf zurück.

»Ich glaube dir nicht.« Sie reichte Nicholas die Hand. »Kommt, Messer Dawson, bevor sie mich schwindlig macht!«

Sie führte ihn zu einer Skulptur vor der Wand, die mit schwerem rotem Samt bespannt war, um die Wirkung des Marmors richtig zur Geltung zu bringen. Bei der Skulptur handelte es sich um die halb lebensgroße Kopie eines antiken Herkules.

»Wer ist dies?« wollte Lucrezia wissen.

Nicholas räusperte sich. »Das ist Herkules, Madonna.«

Lächelnd und offenbar erfreut schaute Lucrezia ihn an. Angela schob sich an seine andere Seite. Ihr Parfüm konnte den flüchtigen Duft ihres weiblichen Körpers nicht überdecken. »Seid Ihr Euch sicher?« fragte sie. »Er trägt keine Aufschrift.«

»Da ist die Keule, Madonna, und da das Löwenfell.« Von der Skulptur angezogen, ging Nicholas um sie herum. »Und eine vorzügliche Arbeit ist es auch noch.«

»Ja«, sagte Lucrezia. »Ich liebe sie. Es sieht aus, als bewegte er sich. So natürlich.«

»Wie alt ist sie?« fragte Angela. »Ist es eine antike Statue?«

Nicholas schüttelte den Kopf. Lucrezia stand noch neben ihm und folgte ihm um das Bildwerk herum. Er machte sie darauf aufmerksam, wie fein der Bildhauer die Muskelstränge des Herkules herausgearbeitet hatte. »Seht Ihr, daß er einen in mittleren Jahren stehenden Mann darstellen wollte? Die Muskeln eines jüngeren wären viel weniger hart ausgefallen und glatter.«

Angela kicherte. »Ihr solltet das wissen.«

»Ihr habt recht«, sagte Lucrezia und lächelte ihn wieder an.

»Zu Diensten, Madonna.«

Angela trat zu ihm und hakte ihn wieder unter. Nicholas achtete nicht darauf. Beim Umrunden der Statue hatte er durch eine offenstehende Tür Miguelito da Corella auf einem großen Sessel zusammengesunken sitzen sehen. »Warum, meint Ihr, ist sie nicht alt?« fragte Angela und stieß ihn vor die Brust.

Nicholas ließ Miguelito nicht aus den Augen. Den ganzen Sommer über war Valentino bei den Franzosen in Neapel gewesen, und da Miguelito niemals von der

Seite seines Herrn und Gebieters wich, mußte Valentino wieder in Rom sein.

»Was meint Ihr, Nicholas?« Lucrezias launisches Quengeln in ihrer Stimme klang unangenehm schrill. Vielleicht hatte sie gelächelt, und ihm war das entgangen.

»Madonna.« Er faßte den Gegenstand ihrer Neugier wieder ins Auge und berührte die Hüfte der Figur, wo der Marmor bräunlich gefärbt war. »Ach, sie wirkt schon alt – sie ist sehr gekonnt auf antik gemacht, aber davon werden jedes Jahr Dutzende verkauft. Nur, der Marmor stimmt nicht, und die antike Patinierung ist leicht übertrieben. Seht Ihr...« Er zeigte auf die Schulter dort, wo das Löwenfell begann und der Rand zu dunkel ausfiel. Wieder schaute er durch die offene Tür zu Miguelito hinüber. Den ganzen Sommer über hatte er den Unwissenden das auf der Hand Liegende erklärt, während die große Arbeit, von der er meinte, dabei mithelfen zu können, anderswo getan wurde, ohne ihn.

»Das ist nur meine Meinung, Madonna. Vielleicht ist sie doch alt, und ich irre mich. Ist mein Herr, Fürst Cesare, schon länger wieder in Rom?«

»Er ist heute morgen erst angekommen«, antwortete Angela.

»Mein Vater und er zerbrechen sich die Köpfe darüber, an wen sie mich als nächstes verkaufen können«, sagte Lucrezia. Nachdrücklich nickte sie und unterstrich damit ihre Worte.

»Still!« flüsterte Angela.

»Obwohl – wäre ich ein Junggeselle“, fuhr Lucrezia fort und streichelte dabei die Statue, »ich würde es mir zweimal überlegen, ehe ich mich an jemanden wie mich binden würde. Man denke doch nur an das Schicksal meiner beiden ersten Gatten ... Ach, sei still, Angela! Er weiß doch Bescheid. Jedem in Rom ist bekannt, was ich tue, und hundert Dinge, die ich mich nie zu tun getrauen würde.«

»Nein«, sagte Nicholas, »und sonst auch niemand, Madonna.«

»Pah!« Angela stieß ihn wieder gegen die Brust und schob ihre bemalte Unterlippe vor. »Er ist mehr an diesem Schlächter Miguelito interessiert als an uns.« Geziert trippelte sie davon, und ihre Schuhe klickten auf dem Marmorboden.

»Es tut mir leid«, sagte Lucrezia. »Wir nehmen Eure Zeit in Anspruch, doch nur aus selbstsüchtiger Unwissenheit, Messer Dawson, aus keinem anderen Grund.«

Überrascht schaute er sie an und erkannte, daß das ernst gemeint war. Er wollte sie wieder lachen sehen und suchte rasch nach einer witzigen Bemerkung, doch wandte sie sich bereits zum Gehen und rief: »Angela!«, woraufhin ihre Base hinter ihr durch die Galerie von Statuen herging.

Nicholas trat an die offenstehende Tür.

Es sah aus, als ob Miguelito schliefe. Das Kinn war ihm auf die Brust gesunken. Er trug Reitkleidung, seine Stiefel waren abgewetzt. Einen Moment stand Nicholas da und fühlte sich mit ihm in Einsamkeit verbunden. Alle haßten sie Miguelito, genauso, wie keiner Nicholas zur Kenntnis nahm.

Schon wollte er sich zum Gehen wenden, als Miguelito den Kopf hob. Ihre Blicke begegneten sich, und Nicholas trat ein.

»Hallo, Messer!« sagte Miguelito mit schlaftrunkener Stimme. »Sucht Ihr mich?«

Ein kleiner runder Tisch stand neben seinem Sessel und auf der anderen Seite des Raums ein zweiter Sessel, auf dem Nicholas Platz nahm. Er wußte nicht recht, was er antworten sollte. Miguelito lehnte den Kopf auf die gepolsterte Rückenlehne.

»Was wollt Ihr wissen? Wie es uns in Neapel ergangen ist?«

»Das weiß doch jeder«, erwiderte Nicholas. »Von dem Augenblick an, als Capua fiel, gab es ja überhaupt keinen Zweifel mehr, oder?«

»Nicht den geringsten, aber auch schon davor«, sagte Miguelito verträumt. *„Meneh tekel u pharsin.* Bis vielleicht darauf, daß dieses Königreich zwischen den Franzosen und den Spaniern aufgeteilt wurde.«

»Habt Ihr in Capua am Kampf teilgenommen?«

»An so einer Farce?«

»Die Geschichten, die man hört, klingen nicht sehr glaubwürdig. Stimmt es, daß Valentino die weiblichen Gefangenen musterte und die vierzig schönsten für sich behielt?«

Miguelito lachte, was sich anhörte wie ein unangenehmes Knurren in seiner Kehle. »Es gibt in Capua keine vierzig schönen Frauen.« Er beugte sich vor und sah Nicholas an. »Es war nichts als blöde, stupide Arbeit, Messer Maus. Seid froh, daß Ihr kein Soldat seid.«

»Wem verdanke ich diesen wenig schmeichelhaften Spitznamen?«

»Meinem Herrn und Gebieter. ›Die kleine Maus, die überall am Käse knabbert.‹ Er behauptet, Ihr wüßtet über alles Bescheid, was sich in Rom tut.«

»Ich wünschte, das wäre so.«

»Ich habe mitbekommen, wie Ihr draußen bei den Damen Euer Wissen erweitert. Was, wenn er sich die

Frauen genommen hätte? Würde Euch das beleidigen?«

»Rom nährt sich von Skandalen. Es ist eine Beleidigung, keine hervorzurufen.«

Miguelito schob sich über die Armlehne des Sessels zu ihm vor. Die Lampe an der gegenüberliegenden Wand warf seinen Schatten über den kleinen Tisch.

»Alle Tiere sind durch die Ketten der Natur gebunden. Alle – bis auf den Menschen. Behauptet jedenfalls mein Herr und Gebieter. Nur der Mensch kann sich entscheiden, was er sein will. Daher ist es dem Menschen gestattet, über alle Zwänge und Schranken hinweg zu leben, egal, wie vernünftig oder natürlich sie zu sein scheinen.« In Miguelitos Augen blitzte es auf. »Versteht Ihr das?«

»Ich bemühe mich«, antwortete Nicholas. »Aber seit wann habt Ihr denn etwas für italienische Philosophie übrig? Ich dachte, Ihr hättet was gegen die Italiener.«

»Ich gehorche meinem Herrn und Meister.« Miguelito lehnte den Kopf wieder an die Rückenlehne. »Geht jetzt, Maus! Ich bin sehr müde.«

Nicholas regte sich nicht und beobachtete, wie Miguelito sich bequemer hinsetzte und die Augen schloß. Wie alle Schauspieler brauchte auch er sein Publikum. Nach langem Schweigen erhob Nicholas sich und ging hinüber in den Raum mit den Statuen.

»Nicholas! Da seid Ihr ja.«

Stefano an der Hand hinter sich her ziehend, kam Angela in der Galerie auf ihn zu.

»Ich sah diesen bezaubernden Burschen nach Euch suchen. Ihr solltet ihn niemals allein lassen, Liebster, hier nicht!«

Stefano streckte die freie Hand aus. »Ich brauche etwas Geld. Nicht viel. Ich habe meine Börse bei dir zu Hause liegenlassen.«

Nicholas griff nach der Tasche. Angela schmiegte sich an Stefano und knetete und drückte und zog an seinem Arm. Er beachtete sie überhaupt nicht. Nicholas gab ihm die Tasche.

»Komm und schau zu!« sagte Stefano.

»Das werde ich.« Nicholas nickte. »Madonna, schließt Ihr Euch uns an?«

Er warf einen Blick zurück durch die offene Tür. Miguelito beobachtete sie lauernd. Amüsiert ging Nicholas davon.

*

In der *Sala Grande* setzte Stefano Baglione sich zu den Männern, die Karten spielten. Angela beschäftigte sich ausgiebig mit ihm, spielte mit seinem Haar und flüsterte ihm etwas ins Ohr. Nicholas trat an das nächste offenstehende Fenster, um etwas kühle Luft zu schnappen. Im Raum wimmelte es von betrunkenen Tänzern, die sich zum Klang ihres Lachens wiegten, da die Musik im Moment nicht spielte. Ein Page brachte Nicholas ein Glas Wein. Er sah Stefano beim Kartenspielen zu. Das Lampenlicht fiel auf ihn und die vier anderen Spieler. Stefano war der einzige, der lächelte.

Nach wenigen Spielrunden schob er die Hälfte des vor ihm gestapelten Geldes in Nicholas' Tasche und gab sie Angela, die sie ihm vor Aufregung glühend brachte.

»Was für ein prachtvolles Mannsbild«, sagte sie und streckte die Zunge heraus.

Er nahm die Tasche von ihr in Empfang und wandte sich angewidert von ihr ab.

Die Tänzer wiegten sich und wogten in der Raummitte wie Tang in der Dünung, obwohl ihre Füße sich kaum bewegten. In den dunkleren Ecken waren Männer und Frauen dabei, sich wollüstig zu umarmen. Verschütteter Wein bildete Lachen auf dem Boden. Nicholas drehte die Nase immer wieder in die frische Luft, die durch das Fenster hereinwehte, und legte eine Hand auf den Rahmen. Der Wein war sehr stark, so daß er beschloß, nichts mehr davon zu trinken. Das Licht narrte seine Augen. Er wähnte sich von blitzenden Augen ringsum beobachtet, doch wenn er genau hinsah, erkannte er nur den Widerschein des Lampenlichts auf den blanken Oberflächen im Raum auf den goldenen Bechern, den Juwelen, den Weinlachen. Nicholas unterdrückte ein Gähnen.

Ein Leopard kam in den Raum geschritten.

Selber auch ein wenig benebelt vom Wein, brauchte Nicholas einen Moment, ehe ihm der Schreck in die Glieder fuhr. Eine Frau hielt vor Entsetzen den Atem an. Das Tier war kein Trugbild, sondern wirklich – und es war riesig. Langsam bewegte es sich durch den Raum und wandte den breiten Kopf dabei von einer Seite zur anderen. Das Lampenlicht ließ sein goldenes Halsband aufblitzen.

Kein Mensch regte sich. Die Tänzer waren wie erstarrt in ihrem trunkenen Rhythmus. Die Augen fielen ihnen förmlich aus den Höhlen, als der Leopard zwischen ihnen dahinstrich. Das Tier schien sich in jede Richtung gleichzeitig zu bewegen. Nicholas legte auch die andere Hand auf die Fensterbank und warf, ohne sich zu bewegen, rasch einen Blick hinaus. Aber es ging zu weit in die Tiefe, hier konnte er nicht entkommen. Das Raubtier strich an ihm vorbei, zuckte mit dem langen Schwanz, und Pelziges streifte sein Knie.

Laut schreiend wirbelte eine Frau herum und rannte auf die Tür zu. Als es diesen Laut vernahm, duckte das Raubtier sich. Sein Kopf war wie eine Pfeilspitze, die sich auf die flüchtende Gestalt in den sich bauschenden Röcken richtete, woraufhin alle anderen Anwesenden losstürmten und ebenfalls zu fliehen versuchten. Da er keinen Ausweg sah, war Nicholas der einzige, der reglos stehen blieb. Stefano schoß von seinem Stuhl hoch, packte Angela Borgia beim Arm und riß sie hinter sich in eine Ecke. An zwei Türen kämpften schreiende Tänzer darum, ins Freie zu gelangen, versperrten aber mit ihren Körpern eher den Ausgang. Der Leopard duckte sich und hetzte auf sie zu.

Ein Schrei entfuhr Nicholas. Die Raubkatze landete auf einem Menschenknäuel. Die mächtigen Tatzen schlugen auf einen gebauschten Ärmel und zerfetzten ihn, so daß das Futter, mit dem er ausgestopft war, herausquoll wie Gedärm. Die Schreie taten seinen Ohren weh. Die Menschen flohen zurück in den Raum, woraufhin auch der Leopard kehrtmachte und noch einmal sprang.

»Nicholas!«

Das Tier riß eine Frau zu Boden.

»Nicholas!« Es war Stefano, der ihm ins Ohr schrie und versuchte, ihn mitzureißen.

Doch Nicholas war außerstande, sich zu bewegen. Durch die Tür kam lachend ein hochgewachsener Mann herein und pfiff.

Die Raubkatze, die rittlings über der zu Boden gerissenen Frau stand, hob den Kopf und blickte sich um. Der lange Kerl trat ein paar Schritt vor und blieb dann stehen. Eine zusammengerollte Peitsche hing von seiner Hand herunter. Es war Valentino. Die Schreie verstummten, und in der plötzlichen Stille hörte jeder Valentino sagen: »Das reicht! Sitz!«

Nicholas ließ seufzend alle Luft aus der Lunge entweichen. Und in der Tat schob die Raubkatze sich in geduckter Haltung von der schluchzenden Frau zurück, drehte sich um, so daß der lange Schwanz über sie glitt, kam an Valentinos Seite und setzte sich auf die Hinterhand. Der große Mann streichelte sie. Nicholas glaubte zu sehen, daß der Leopard dem Mann die Hand leckte.

Stefano hielt immer noch Nicholas' Arm gepackt. Nicholas zog ein wenig, woraufhin er ihn losließ. Nicholas sah ihn an und sagte: »Willst du mich retten?« Sein Ärmel war zerknautscht, und er strich ihn glatt. Valentino war samt Leopard verschwunden – und alle Spannung im Raum mit ihm. Die wie erstarrt an den Wänden Stehenden seufzten erleichtert, ließen die Schultern sinken und gingen dann, sich um die weinend auf dem Fußboden liegende Frau zu kümmern.

»Hat er das mit Absicht getan?« fragte Stefano. »Die Raubkatze auf uns zu hetzen?«

Nicholas war auch dieser Meinung, wandte sich aber wieder dem Fenster zu und schaute hinaus in die kühle Nachtluft. In einem Lichtkeil unter ihm ging eine Tür auf, aus welcher der goldhaarige Valentino samt seinem Jagdleoparden kam. Wie alle, schoben auch die anderen Kartenspieler unruhig durch den Raum und redeten über den Vorfall. Angela Borgia in der Ecke starrte Stefano mit unangenehm glühenden Augen an. Immer noch schaute Nicholas zum Fenster hinaus. Weit draußen in der Dunkelheit sah man auf dem Rasen zwei Schatten dahinlaufen: einen Menschen und eine Raubkatze.

Auf dem Fensterbrett neben Nicholas stand immer noch ein halbvolles Glas. Er griff mit unziemlicher Hast und Heftigkeit danach und trank es in einem Zug leer.

Das Stimmengewirr hinter ihm schwoll an. Der Frau war nichts geschehen. Die anderen zerrissen sich das Maul über den Leoparden, doch zumeist redeten sie Unsinn, sagten törichte Dinge, die sie immer und immer wiederholten. »Hast du das gesehen? Hast du das gesehen?« Der Geruch der Erregung hing noch in der Luft, dazu kam ein strenger Schweißgeruch, der alle angenehmen Düfte säuerlich überlagerte.

Stefano und Angela Borgia waren fort.

Auf der Suche nach mehr Wein ergriff Nicholas ein Glas. Im Lampenlicht auf einem Tisch an der gegenüberliegenden Wand fand er eine Karaffe. Ihm zitterten die Hände. So etwas hatte er noch nie erlebt.

Mit wenigen Schlucken leerte er auch dieses Glas. Es war ihm unmöglich, das Bild des über den Rasen laufenden Mannes mit dem Leoparden aus seiner Erinnerung zu verbannen.

Durch die Tür am anderen Ende trat Stefano wieder herein. Sein Rock stand offen, er sah mitgenommen aus. Er zog einen Stuhl an den Spieltisch heran, setzte sich und nahm die Karten wieder zur Hand.

Nicholas schenkte sich das Glas noch einmal voll. Dann ging er wieder hinüber zum Fenster, wo die Luft merklich kühler und angenehmer war. Die Frau, die von der Raubkatze zu Boden gerissen worden war, saß, von drei oder vier ihr Kühlung zufächelnden Höflingen in die Mitte genommen, auf einer Bank.

Die anderen Spieler nahmen nacheinander wieder am Spieltisch Platz. Stefano mischte die Karten.

Die Frisur zerzaust und mit zorniger Miene kam auch Angela wieder herein, hielt quer durch den Raum auf Nicholas zu und stieß durch die zusammengebissenen Zähne:

»Ihr hättet mich warnen sollen.«

»Euch warnen – wovor, Madonna?«

Sie warf den Kopf in den Nacken und strich sich mit der einen Hand das schwere schimmernde Haar zurück. In einem Ohr trug sie einen riesigen goldenen Ring.

Nicholas lachte. Er war zu betrunken vom Wein, um diesem Drang nicht nachzugeben. Er sah Angela kopfschüttelnd an. »Jemand wird Euch schon ein anderes Paar schenken.«

»Sie sind das Geschenk eines sehr wichtigen Mannes«, fauchte sie und warf den Kopf wieder heftig zurück, so daß die Haare über die Ohren fielen. »Holt mir den Ohrring zurück, Nicholas!«

Hinter ihnen hörte er die Karten auf die Tischplatte klatschen. Er fragte: »Und was bringt mir das ein?«

Er sah sie mit der Hand ausholen, war in seiner Weinseligkeit jedoch zu langsam, um ihr auszuweichen. Ihre Handfläche traf ihn klatschend auf die Wange. Quer durch den Raum entfernte sie sich dann in Richtung Tür. Sie fiel hinter ihr ins Schloß. Alle drehten sich danach um.

Nicholas brannte die Wange, und er tastete sie kurz ab. Über die Schulter sah er sich nach Stefano um. Die Augen seines Liebhabers waren auf ihn gerichtet, und als ihre Blicke sich begegneten, lächelte Stefano breit und unbekümmert. Nicholas stieß einen Grunzlaut aus und griff wieder nach dem Glas.

*

»Das nächste ehrgeizige Ziel der Borgias ist es«, schrieb Nicholas, *»die Papsttochter, Prinzessin Lucrezia, an einen dritten Gatten zu vermählen. Obwohl jeder vernünftige Mann vor einem solchen Ansinnen zurückschrecken würde, nimmt man hier allgemein an, daß Seine Heiligkeit und Herzog Valentino sich auf den Erben des Herzogs von Ferrara geeinigt haben und dieser das Bett der berüchtigten Prinzessin wärmen soll.«*

Bruni jedoch glaubte ihm nicht und wollte sich nicht festlegen, bis die Wahl für jedermann einsichtig war.

»Warum die Borgias eine Verbindung mit den Este für wünschenswert halten, scheint für alle erkennbar, denn das Herzogtum Ferrara grenzt an die Romagna. Außerdem ist Alfonso d'Este, der voraussichtliche Gatte, ein Fachmann im Gießen und im Umgang mit der neuen Artillerie. Das Geheimnisvolle an der ganzen Angelegenheit ergibt sich eher aus der Frage, warum der Herzog von Ferrara, dessen Familie gewohnt ist, nur Frauen aus den reinsten und ältesten Adelshäusern zu ehelichen, sich einverstanden erklären soll, seinen ältesten Sohn und Erben mit einer Dame zu verheiraten, die noch keine zwanzig ist, gleichwohl unter den mißlichsten Umständen bereits zwei Gatten unter die Erde gebracht hat und die, so man den Gerüchten glauben will, die Zwischenzeit mit unzähligen Liebhabern ausgefüllt hat.«

Nicholas tunkte die Feder ins Tintenfaß. Auf diesen Satz war er stolz. Niemand, der Brunis Stil kannte, würde glauben, daß ein anderer ihn geschrieben hatte.

Obwohl sehr lang geraten, war seine Aussage eindeutig, doch daran konnte und wollte Nicholas nichts ändern; denn im Gegensatz zu Bruni wollte er, daß man verstand, was er schrieb.

»Man hat in der Tat bemerkt, daß die Prinzessin und ihr Hof sich seit Beginn der Verhandlungen mit Ferrara äußersten Anstands befleißigt, was niemand verwundern dürfte, da der vergangene Sommer im Vatikan Zeuge so ungeheuerlicher und schockierender Geschehnisse geworden ist, daß die Verfasser von Schmähschriften bis hinauf ins ferne Deutschland sich angesichts solchen Verhaltens zu rechtschaffener Entrüstung darüber haben hinreißen lassen, daß ein solches Verhalten ausgerechnet in der Residenz des Stellvertreters Christi auf Erden möglich war.«

An der Unterlippe nagend, lehnte Nicholas sich zurück und suchte im Geiste fieberhaft nach einer besonders griffigen Schmähung. Seit er dahintergekommen war, daß die Borgias in der Florentiner Kanzlei einen Spitzel sitzen hatten, hatte er herauszufinden versucht, um wen es sich handelte. Doch nichts hatte gefruchtet. Letzthin hatte er seine Depeschen mit schrulligen Bemerkungen und mit Klatsch über Valentinos Familie gesalzen. Alexander lachte nur über üble Nachrede, wohingegen Valentino schäumte. Jedesmal, wenn Nicholas den Borgia-Prinzen sah, hielt er aufmerksam Ausschau nach irgendwelchen Anzeichen, die ihm verrieten, daß Valentino über die bissigen Bemerkungen in seinen Briefen Bescheid wußte. Wenn das der Fall war, mußte der Spitzel mitten in der Kanzlei der Florentiner Gesandtschaft sitzen.

Er fuhrt fort: *»Trotzdem glaube ich...«*

Es wurde heftig an die Tür geklopft. »Messer Nicholas, der Kurier ist da!«

Er stand von seinem Schreibtisch auf, nahm den Brief und ging hinüber in die Kanzlei.

*

Den Rest des Sommers über, als die Hitze am schlimmsten und die schwüle, ungesunde Luft Roms angefüllt war mit dem Summen der Insekten, konnte Nicholas sich vor Arbeit nicht mehr retten. Außer den üblichen Obliegenheiten in der Gesandtschaft lud Bruni ihm auch noch andere Aufgaben auf: Da brauchte die Signoria bestimmte Informationen oder forderte eine Zusammenfassung dessen an, was man bisher über eine Sache gewußt hatte. Da versuchte die Apostolische Datarie immer noch, jemanden zu zwingen, eine Gebühr für die Freundlichkeit zu zahlen, die Seine Heiligkeit durch die Freilassung von Caterina Sforza bewiesen hatte, woraufhin Nicholas sich alle paar Wochen mit dem Leiter dieser Kurienbehörde traf, um mit ihm darüber zu reden und jede Verantwortung für Florenz von sich zu weisen. Aber auch die Borgias nahmen seine Zeit in Anspruch und schickten ihn hierhin und dorthin, um Besorgungen für sie zu machen, die eigentlich keinen weiteren Sinn hatten als den, ihm zu zeigen, wem er zu folgen habe.

Sie bezahlten ihn besser und auch pünktlicher als die Signoria.

Er konnte sich weder auf die Angehörigen der Gesandtschaft noch auf Bruni selbst verlassen, wenn es darum ging, die täglich anfallende Arbeit zu erledigen. Ohne ihnen ständig im Nacken zu sitzen, ließen die Schreiber ganze Seiten aus den abzuschreibenden Dokumenten aus, verbrachten die jungen Adlati ihre

Zeit bei öffentlichen Zusammenkünften und tändelten mit hübschen Frauen, statt den Großen zu dienen, und Bruni versenkte sich lieber in einen Gedichtband oder einen Roman, statt schlechte Nachrichten zu lesen. In bezug auf Bruni waren Nicholas selbstverständlich die Hände gebunden. Den anderen jedoch gab er keine Ruhe und schimpfte mit ihnen, bis seine Stimme selbst den eigenen Ohren schrill klang wie die einer Hexe, woraufhin sie ihm dann, gleichsam als wollte sie sich rächen, vollends versagte.

Eines Tages kam er morgens kurz nach sechs in die Gesandtschaft und stellte fest, daß Brunis junger Assistent Ugo sich draußen herumtrieb. Nicholas überquerte den plattenbelegten Hof bis zu der Eingangstür, woraufhin Ugo vortrat, um ihn abzufangen.

»Guten Morgen, Messer Nicholas. Dürfte ich fragen, wie es Eurem Hals heute geht?«

Stirnrunzelnd sah Nicholas ihn an. »Nicht besser«, brummelte er und hielt eilends an ihm vorbei auf die Treppe zu.

»Habt Ihr es mal mit heißer Zitrone und Honig versucht?« Ugo sprang hinter ihm her in das von der Nacht noch kühle Gebäude. »Das ist ein altes Hausmittel meiner Kinderfrau. Mir hilft es jedenfalls immer.«

Nicholas krächzte: »Deine Kinderfrau kann mich mal!« und stieg die Wendeltreppe zur Kanzlei hinauf. Hier machte sich bereits die Sonne breit, und es roch nach schalem Schweiß. Hunderte von Fliegen klebten an den weißen Fensterrahmen. Nicholas hängte seinen Rock auf und verstaute den Spazierstock. Es war niemand da außer ihm und Ugo, der ihm auf dem Fuße gefolgt war.

»Ihr sollt wissen, Messer Nicholas«, sagte der junge

Mann, »daß ich wohl als einziger«, und bei diesem Wort legte er die Hand auf die Brust, »verstehe, wie unverträglich Ihr Eure augenblickliche Situation finden müßt.« Nicholas starrte Ugo fassungslos über so viel Arglosigkeit an. Es war, als ob der junge Mann schlicht gesagt hätte: »Ich bin der Spitzel.« Kaum drängte sich ihm dieser Gedanke auf, setzten auch schon seine Zweifel ein, und er verfolgte ihn nicht weiter. Alles hatte seine zwei Seiten. Vielleicht war es doch nur eine arglose Bemerkung. Schmerzvoll flüsternd murmelte er etwas und wandte sich dann ab.

Ugo ließ jedoch nicht locker und sagte: »Wenn ich irgend etwas für Euch tun kann...«

Auf der Schwelle zum Korridor wirbelte Nicholas herum und streckte eine Hand aus, um Ugo abzuwehren. »Ja, du könntest aufhören, mich zum Reden zu zwingen, und dich an die spanischen Depeschen machen.« Damit trat er auf den Gang hinaus.

»Messer Nicholas, ich hatte gehofft...«

Er verharrte abermals, drehte sich noch mal um, und der Hals schmerzte ihn wieder.

»Ich hatte gehofft, mir bis zur nächsten Woche freinehmen zu können.«

»Nein!«

»Ich habe aber noch gar keinen Tag...«

»Nein!« Wütend stapfte Nicholas den Korridor hinunter. Diesmal hielt der Gehilfe ihn nicht zurück.

*

Am Spätnachmittag, als Nicholas in die Gesandtschaft zurückkehrte, war Bruni in der Loggia wieder dabei, die Blumen zu gießen. Nicholas stand unter einem der

Bogen. Bruni rief: »Ach, übrigens, der junge Ugo kommt für den Rest der Woche nicht.«

Nicholas glaubte sich verhört zu haben.

»Er muß an irgendeiner Familienfeier teilnehmen«, fügte Bruni hinzu.

Nicholas den Rücken zuwendend, beugte er sich mit einem Wasserschöpfer über einen Blumentopf. Nicholas konnte nur Beine und Rücken von ihm sehen. Ihn beschlich der mörderische Wunsch, Bruni mit dem Kopf voran in die Palme zu stoßen und ihm einen Tritt in den Hintern zu geben – und gleichzeitig zu sagen: »Ich kündige!« Doch er war ein Feigling.

Schließlich kehrte Nicholas zurück in die Kanzlei und ging dann den Korridor hinunter bis zu seinem Arbeitsraum.

Die Akten häuften sich auf seinem Schreibtisch. Er schob alles beiseite, setzte sich und barg den Kopf in den zusammengelegten Armen. Es war absurd; er war den Tränen nahe, und das nur, weil ein Vorgesetzter seine Anordnung widerrufen und sein Verbot aufgehoben hatte. So was passierte doch alle Tage.

Er holte tief Luft, setzte sich gerade hin. Ihm war schwindlig, und in seinem Bauch rumorte es. Er lachte über sich selbst. Als die Borgias ihn erpreßt hatten, in ihre Dienste zu treten, hatte er geglaubt, daß sein Leben sich irgendwie ändern würde. Wie der Rest der Menschheit verbrachte er seine Tage in bitterer Routine und mit Kleinkram und immer in der törichten Hoffnung, daß sich das eines Tages ändern und irgendwas passieren würde. Er hatte angenommen, daß Valentinos Zauber auch ihn in einen Machtmenschen verwandeln würde.

Er rieb sich die verschwitzten Hände. Die scheußliche Hitze setzte ihm ordentlich zu. Ihm war übel. Er lächelte verbittert. Er war Opfer. Männer wie er waren dazu geboren, anderen zum Opfer zu fallen. Und bloß weil Valentino ihn ausbeutete, sollte er selber auch zu einem Raubtier werden? Seine Gedanken wirbelten durcheinander. Es war die Hitze, die ihn krank machte. Die Hitze und diese verfluchten Gedanken brachten ihn bald um den Verstand.

Trotzdem stimmte es, daß sich ihm durch Valentino die Chance eröffnete, sein Glück zu wenden. Doch würde das nicht geschehen, wenn er darauf wartete, daß der Borgia-Prinz zu ihm kam und ihn um Hilfe bat.

Nicholas drückte die Hände an die Wangen. Noch ein paar Wochen, und die Hitze würde nachlassen und der köstliche Herbst Rom wieder lebenswert machen. Ganz allmählich wurde er sich bewußt, daß ihm etwas am Bein herauskrabbelte.

Wie von einer Viper gebissen sprang er vom Stuhl hoch, landete an der Tür und schlenkerte wie wild mit dem Bein, wobei sein Herz raste, bis er das spinnenartige Insekt vor sich auf dem Boden liegen und mit den behaarten Beinen in der Luft herumstrampeln sah. Er hob einen Fuß, zog seinen Schuh aus und schlug die Spinne auf den Bodenfliesen zu Brei.

»Nicholas!« Bruni stand plötzlich hinter ihm. »Was, um alles in der Welt, macht Ihr da?«

»Eine Tarantel«, stieß Nicholas hervor.

Die Überreste des Insekts rochen übel. Nicholas trat darüber hinweg, um das Fenster so weit wie möglich aufmachen zu können. Im Türrahmen stehend, sah Bruni ihm zu.

»Seht nur, wie Eure Hand zittert.«

Nicholas sagte nichts.

Er raffte die Papiere auf seinem Schreibtisch zusammen und ließ sie in einer Schublade verschwinden, die er dann verschloß. »Ich gehe nach Hause.«

»Aber, aber, Nicholas, das ist doch kein Grund zur Panik«, warf Bruni ein. »Es dauert noch Stunden, bis der Tag vorüber ist.«

»Ich gehe nach Hause.« Nicholas zwängte sich an seinem Vorgesetzten vorbei und ging den Korridor hinunter.

*

Er ging nicht nach Hause, sondern quer durch die Stadt bis zum Ponte Sisto, der Brücke, die nach Trastevere hinüberführte, wo er einen Kartographen kannte.

Der Laden lag in einer von Menschen wimmelnden Gasse im Schatten der Kirche Santa Cecilia. Als Nicholas eintrat, war der Kartograph gerade mit einem Kunden beschäftigt. Nicholas wartete deshalb im angemessenen Abstand. Die Wände waren mit Regalen vollgebaut, von denen ein jedes eine Rolle Papier enthielt.

Der Tintengeruch erinnerte ihn an das Scriptorium des Klosters, in dem er aufgewachsen war und wo Bruder Leo ihm beigebracht hatte, wie die Mönche zu schreiben. Als er einmal auf eine für ihn erschwingliche Ausgabe der Evangelien gestoßen war, hatte Nicholas sie anonym für ihre Bibliothek an die Mönche gesandt. Jetzt fragte er sich, ob das Buch wohl jemals angekommen war. Merkwürdig, die Kraft der Sinne, der Geruch der Tinte genügten, die Tür zu so vielen alten Räumen aufzustoßen. Er dachte darüber nach, ob es ihnen wohl je in den Sinn gekommen war, daß das Buch von ihm stammte.

Auf einem Regal fand er eine Karte mit dem Etikett *Konstantinische Schenkung*. Nachdem er sie ausgerollt hatte, erkannte er die Umrisse der Staaten Mittelitaliens. Er rollte sie wieder auf und wartete, daß der Kartograph das Geschäft mit dem anderen Mann zum Abschluß brachte.

Nach Verlassen des Ladens machte er sich – die Karte wie eine Stange Brot unter dem Arm – auf den Heimweg. Es war Abend geworden. Der Himmel färbte sich dunkelblau, schimmerte aber noch. Hier und da blinkten bereits Sterne. Vor dem Horizont, vom Sonnenuntergang immer noch rosa und orangefarben angehaucht, standen schwarz die Baumkronen: die spitzen Formen der Zypressen, die flachen Kronen der Pinien und Wedel der Palmen. Im Osten erhob sich dick und gelb der Mond wie ein unirdisches Gesicht.

Nicholas eilte zurück zur Brücke. Nach Einbruch der Dunkelheit wollte er nicht in diesem Stadtviertel sein. Das Zwielicht narrte seine Augen. Er ging an einem Jungen mit einem langen Stecken vorüber, der eine Kuh mit bimmelnder Glocke am Hals nach Hause trieb. Nicholas roch Kuhdung und hatte nur noch wenig Hoffnung, mit sauberen Schuhen sein Zuhause zu erreichen. Links von ihm glitzerte das Mondlicht auf Lachen von stehendem Wasser in einer sumpfigen Weide.

Auf der Brücke stieß er mit Stefano Baglione zusammen.

»Was machst du denn hier?« fragte Stefano. »Hast du mich gesucht?«

Nicholas leugnete das nicht. Sie standen am Geländer und tauschten die üblichen Bemerkungen aus.

Schließlich fragte Nicholas: »Bringst du mich nach Hause? Du weißt ja, daß es hier von Dieben wimmelt.«

Stefano legte den Kopf in den Nacken und lachte. Dann stützte er einen Ellbogen kurz auf das Brückengeländer. »Ja, wenn du möchtest. Selbstverständlich.«

Ein Passant rief: »Hallo, Bello!«

Träge erwiderte Stefano den Gruß mit einer Handbewegung.

Nicholas schickte sich an weiterzugehen. Nicht unterhalb dieser Brücke, aber ganz in der Nähe waren Stefano und er sich zum erstenmal begegnet.

»Was treibst du denn hier?« wollte Stefano wissen. »Ich dachte, du hättest bis neun oder so in der Kanzlei zu tun.«

»Für gewöhnlich ist das so«, antwortete Nicholas.

»Wenigstens hört deine Stimme sich besser an.«

»Aber viel besser geht es mir noch nicht.«

Er erzählte seinem Geliebten von der Tarantel, was ihn an Brunis Bemerkung erinnerte und die Tatsache, daß Bruni Ugo freigegeben hatte, und an die viele Arbeit, die eigentlich auf ihn, Nicholas, wartete.

»Sie würden dich nicht hetzen, wenn du nicht der einzige wärest, der das alles schaffen könnte«, meinte Stefano. »Dieser Bruni ist ein ausgemachter Trottel.«

»Kann man wohl sagen«, bestätigte Nicholas.

Sie gingen am Kolosseum vorüber. Die Nacht wurde immer dunkler, und aus den elenden Verschlägen, die unten an die Mauer des halbverfallenen Bauwerks gebaut worden waren, drang der Rauch des Kochfeuers. Hier hatte es mehrere Fälle von Pest gegeben. Nicholas machte einen weiten Bogen darum und hielt den Kopf abgewandt, um die stinkende Luft nicht einatmen zu müssen.

»Was ist denn das?« fragte Stefano.

»Ach – das hier? Eine Landkarte.«

»Eine Landkarte? Willst du verreisen?«

Schon wollte Nicholas ihm etwas vorflunkern, da winkte Stefano ab: »Wenn es um deine Arbeit geht, sag nichts.«

Sie gingen durch die dunkle Gasse auf das Tor zu Nicholas' Garten hinunter. Der alte Diener Juan machte ihnen die Haustür auf.

Nicholas legte die aufgerollte Karte auf den Tisch neben der Tür und zog den Rock aus. Stefano war bereits auf der anderen Seite der Anrichte. Nicholas hörte, wie Wein in ein Glas plätscherte. Das ärgerte ihn wie immer, denn Stefano tat hier, wonach ihm der Sinn stand, unter anderem spielte er den Hausherrn. Wieder fiel Nicholas' Blick auf die Landkarte.

»Bring mir auch ein Glas«, sagte er und entrollte sie.

Die Namen der einzelnen Staaten auf der Karte waren mit schwarzen Lettern eingetragen worden. Nicholas, der Rom so selten wie möglich verließ, hatte einige Mühe, die Romagna zu finden. Er hatte vermutet, sie läge viel näher bei Rom. Doch erkannte er dann auf Anhieb, warum die Borgias so darauf erpicht waren, sich mit Ferrara zu verbünden, denn dieses Herzogtum lag zwischen den Kernlanden des Kirchenstaates und dem alten Erzfeind des Papstes, der Republik Venedig.

»Das hätte ich mir schon längst anschauen müssen!« Er setzte sich und legte die Karte auf die Knie. Stefano brachte ihm den Wein, doch Nicholas sah nicht auf.

An den Fingern zählte er die Städte ab, die Valentino bereits genommen hatte. Dessen Taktik verriet äußerstes Geschick. Bisher hatte er sich auf die Städte an der Via Emilia konzentriert. Aus der Lektüre Xenophons wußte Nicholas, wie wichtig im Krieg Kommunikations- und Nachschubwege waren. Die Borgias waren bei ihrem Angriff auf die Romagna systematisch vorgegangen, und doch waren etliche Städte und Bastionen außerhalb ihrer Kontrolle geblieben.

Das galt insbesondere für Urbino; denn erstens lag diese Stadt näher an Rom als die anderen, und zweitens beherrschte sie die Zugangswege zum Herzen der Romagna. Und so fragte er sich, warum es immer noch nicht eingenommen worden war.

Der hinter seinem Stuhl stehende Juan trat ungeduldig von einem Fuß auf den anderen, denn er wollte das Essen auftragen.

Nicholas schüttelte den Kopf. »Jetzt nicht. Ich habe keinen Hunger.«

»Ich aber!« rief Stefano.

Juan räusperte sich, doch gab Nicholas ihm mit einem Handzeichen zu verstehen, sich zurückzuziehen. Mit dem Zeigefinger zog er einen Kreis um Urbino. Das war die Stadt Federigo da Montefeltros, des großen Condottiere der vorangehenden Generation, der sich dort einen riesigen Palast erbaut hatte. Jetzt herrschte dort Federigos Sohn Guidobaldo. Bruchstücke der Erinnerung an Dinge, die er über Guidobaldo gehört hatte, kamen Nicholas wieder zu Bewußtsein: Vermählt mit einer Schwester des Markgrafen von Mantua. Die Ehe war kinderlos geblieben, als Erbe galt ein noch unmündiger Neffe. Ein stiller Mann, hatte Guidobaldo Gelehrte und Philosophen an seinen Hof gezogen, wo seine schöne Gemahlin bei Empfängen glänzte.

»Nein, nein«, sagte Stefano. »Hierher! Auf den Tisch.«

Nicholas blickte auf. Mit der Hand führte Stefano Juan herum. Der alte Mann stellte Nicholas' Servierteller auf den Tisch, wie Stefano ihn angewiesen hatte. Dann kam heißes Geschirr auf den Olivenholztisch. Natürlich hatte die mit Bienenwachs behandelte Oberfläche darunter zu leiden.

Stefano zog einen Stuhl heran und rieb sich – das Gesicht strahlend – die Hände. Juan stand neben ihm. Er liebte es, jemanden zu haben, dem er aufwarten konnte. Stefano entfaltete die weiße Serviette und legte sie aufs Knie.

»Hallo!« Er sah zu Nicholas hinüber. »Wie steht's?«

Nicholas räusperte sich. Schließlich hatte er Juan hinausgeschickt.

»Bist du jemals in Urbino gewesen?« fragte er.

»Nein, noch nie.«

Nicholas wandte sich wieder seiner Landkarte zu.

*

Am nächsten Montag nahm Ugo seinen Dienst in der Gesandtschaft wieder auf. Zwei Tage lang sah Nicholas ihm genau auf die Finger. Er war nunmehr überzeugt, daß Ugo jener Spitzel war, der ihn an die Borgias verraten hatte. Erst vor wenigen Tagen hatte Valentino Nicholas eine prall gefüllte Börse sowie ein Schreiben geschickt, in dem er ihm mit schönen Worten für die läppische Arbeit dankte, die er verrichtet hätte. Folglich konnte Valentino von den Verleumdungen und Sticheleien, mit denen Nicholas seine Berichte an die Signoria gespickt hatte, keine Ahnung haben. Wer immer der Spitzel war, er wußte nur, daß die Depeschen über Brunis Unterschrift gefälscht waren. Nur Ugo konnte das wissen.

Nicholas steckte Ugos Diener zwanzig Carlini zu. »Wo hat dein Herr die vergangene Woche verbracht?«

Der Mann steckte die Hand mit dem Geld in die Tasche und nahm sie nicht wieder heraus. »Ich werde ihm sagen, daß Ihr gefragt habt, Ser Nicholas.«

»Tu das!«

»Er hat ein Liebchen«, sagte der Diener.

»Einen Jungen oder ein Mädchen?«

Humorlos lachte der Mann ihm ins Gesicht. »Ein Mädchen.« Damit entfernte er sich über den gepflasterten Hof.

*

»Ich habe Euren Bericht über die Romagna gelesen«, sagte Bruni. »Nur eine Zusammenfassung, versteht sich, nichts Neues, aber klug formuliert, Nicholas.«

»Vielen Dank«, erwiderte Nicholas. Er war stolz auf diesen Bericht. »Ich habe eine Landkarte studiert, und danach sah ich das Problem auf ganz neue Weise.«

»Aber es liegt doch ziemlich auf der Hand, meint Ihr nicht?« Bruni rieb sich die Nase. Sie hielten sich in seinem Privatgemach auf.

Der Gesandte hatte sich des Rockes entledigt und saß am Schreibtisch, während Nicholas davor stand.

»Übrigens hat der junge Ugo sich bei mir darüber beschwert, daß Ihr ihn piesacktet.«

Deshalb also das Lob. In dem Bemühen, aufrichtig zu wirken, sah er Bruni offen an. »Ich, Exzellenz?«

»Er behauptet, Ihr wäret ihm nachts gefolgt, lüdet ihm Berge von trivialen Arbeiten auf und hättet an allem, was er tue, zu mäkeln und etwas auszusetzen.«

»Exzellenz«, entgegnete Nicholas, »ich habe nichts getan, um ihn zu drangsalieren. Nur ist er in letzter Zeit recht nachlässig geworden. Wir sind alle überarbeitet.«

»Das verstehe ich. Ehrlich gesagt kann ich mir das von Euch auch gar nicht vorstellen. Dann arbeitet Ugo Eurer Meinung nach nachlässig?«

»Er ist ein Tagträumer«, sagte Nicholas.

»Da geht Ihr aber zu hart mit ihm ins Gericht. Wie Ihr schon sagtet, sind wir in letzter Zeit alle etwas überarbeitet. Außerdem haben wir Halbmond, und da werden viele Menschen streitsüchtig.«

Spontan schüttelte Nicholas den Kopf. »Aber Exzellenz, wir haben Vollmond.«

»Halbmond.«

»Exzellenz, mir ist das aber insbesondere gestern abend auf dem Heimweg aufgefallen.«

»Wir werden sehen.« Bruni griff nach einem ledergebundenen Buch, das links vor ihm auf dem Schreibtisch lag. Dann blätterte er darin herum und legte es aufgeschlagen vor sich hin. »Nein, Ihr habt unrecht, er steht im letzten Viertel.«

»Aber, Exzellenz, ich habe das gestern abend mit eigenen Augen gesehen.«

»Dann seht hierher!« Völlig unbeeindruckt zog Bruni mit dem Fingernagel eine Linie über das Papier. Dann klappte er das Buch entschlossen zu und legte es zurück an seinen alten Platz. »In solchen Dingen irre ich mich nie.«

»Jawohl, Exzellenz.«

»Und was Ugo betrifft – vielleicht sollten wir ihn in ein paar Monaten nach Florenz zurückschicken.«

»Aber, Exzellenz, wir brauchen für alle möglichen Dinge jemanden von seinem Rang.«

»Ach, dann holen wir uns eben einen anderen.« Bruni verschränkte die Finger. »Nach den neuen Wahlen wird in Florenz alles anders aussehen.«

»Jawohl, Exzellenz«, sagte Nicholas erfreut.

*

Beim ersten Kälteeinbruch im Herbst stürzte ein Teil des Kolosseums ein. Mehrere Menschen wurden in ihren Verschlägen unter den Trümmern begraben. Nicholas gesellte sich zu den Gaffern, die zusahen und beteten und stöhnten, während andere Leute den zerbröckelnden Kalkmörtel und die Felsbrocken wegräumten.

Der neben ihm stehende Juan hatte sich der Kälte wegen in ein Umschlagtuch gehüllt. Alle froren. Nicholas zog unter dem Rock die Schultern hoch und schob die Hände in die Ärmel.

»Das hat am Wetter gelegen«, sagte er auf spanisch zu Juan. »Sie haben ihre Feuer zu hoch lodern lassen, und die extreme Hitze auf der einen und die Kälte auf der anderen Seite hat die Mauern gesprengt.«

Juan schickte ein Stoßgebet zur Madonna hinauf. In sein vor dem Mund verknotetes Umschlagtuch murmelnd, trat er von einem Fuß auf den anderen.

Kurz vor Einbruch der Nacht gruben die Helfer mehrere Leichen frei. Von Mitleid erfüllt brachen die Menschen in Wehklagen aus. Kopfschüttelnd wollte Nicholas sich zum Gehen wenden, doch hatte Juan sich auf die Zehenspitzen gestellt und schaute aufmerksam hinüber. Die Helfer bargen die Leiche einer jungen und einer alten Frau sowie die zweier kleiner Kinder und legten sie auf der Straße nebeneinander.

Juan fing an zu weinen. Er kniete nieder und betete schluchzend und ganz von seinen Gefühlen überwältigt. Unentschlossen blieb Nicholas in einiger Entfernung stehen. Der Kummer des alten Mannes verwirrte ihn. Nicholas hielt das für geschmacklos. Das Wehklagen der Menge klang wie mißtönendes Gekreische in seinen Ohren. Viele waren um Juan herum niedergekniet und beteten für die Toten. Über ihnen ragte die Ringmauer des riesigen und halb in Trümmern liegenden Amphitheaters vor dem Abendhimmel auf. Ranken und Strauchwerk hatten sich daran festgesetzt. Hier und da gähnten große Löcher. Keiner vermochte zu sagen, wann sich weitere Trümmer von diesem Filz aus grünen Ranken, Wurzelwerk und antikem Mörtel lösen würden. Nicholas tippte auf die Schulter seines alten Dieners. Doch Juan war unerreichbar in ein fast hysterisches Gebet vertieft.

Nicholas ging nach Hause.

*

»Sie stehen dieser Verbindung so ablehnend gegenüber«, sagte der Papst, »daß ich geneigt bin, das ganze Vorhaben fallenzulassen.«

»Den Plan fallenlassen?« Valentino, der am anderen Ende des Raums stand, wirbelte herum und starrte seinen Vater an. Das Fenster hinter ihm, durch das die Sonne schien, umrahmte seinen golden schimmernden Kopf. Seine Stimme klang vor Erregung schneidend. »Ehe ich zulasse, daß man meine Schwester beleidigt, marschiere ich mit einer Armee nach Ferrara und zwinge ihn, daß er auf den Knien um ihre Hand anhält.«

»Womit du ihr dann die vollkommene eheliche

Glückseligkeit beschert hättest«, bemerkte der Papst sarkastisch.

Nicholas beobachtete sie von der Tür aus. Er wußte, daß sie ihn sahen, obwohl sie so diskutierten, als wären sie allein. Valentino hatte ihn herbestellt; sie würden ihn schon wissen lassen, wenn es soweit war.

Alexander stieß hervor: »Ich übergebe meine Tochter nicht an eine Familie, die sie verachtet.« Er saß auf einem kleinen Stuhl; sein Gesäß quoll zu beiden Seiten über die Sitzfläche. Die in bestickten Pantoffeln steckenden Füße waren züchtig nebeneinandergestellt, die Hände auf dem Schoß gefaltet.

Valentino durchmaß den Raum. »Ich werde nicht zulassen, daß sie sie zurückweisen. Sie, die so voller Freundlichkeit, Liebreiz und Lebenslust ist...«

Für Valentino war es sehr früh am Tag. Für gewöhnlich schlief er tagsüber und ging nachts seinen Geschäften nach, und die Diplomaten in Rom mußten sich ihm anpassen.

Alexander fragte: »Was für ein Leben erwartet sie denn in einer fremden Stadt, deren Bewohner sie verabscheuen?« Er hob die Hände kurz an. »Ich könnte sie zwingen, sie zu akzeptieren, doch wenn ich mal nicht mehr bin, welchen Grund haben sie dann noch, sie gut zu behandeln?«

»Ich werde sie beschützen!« rief Valentino, wanderte vor seinem Vater auf und ab und sah ihn dabei unentwegt an. »Ich werde die Estes keinen Moment in Ruhe lassen.« Dann streckte er den rechten Arm aus und zeigte auf Nicholas. »Messer Maus, wir wünschen – das heißt: ich wünsche –, daß meine Schwester Alfonso d'Este heiratet. Sagt mir, wie ich diese Familie meinem Willen geneigt mache.«

So plötzlich angesprochen, wußte Nicholas nichts zu antworten. Er druckste herum. Zu den Estes aus Ferrara fiel ihm nichts ein. Die Borgias starrten ihn an.

»Nun?« drängte Alexander.

»Sie brauchen Geld«, erklärte Nicholas.

»Heiliger Bimbam!« entfuhr es Valentino, während er zum anderen Ende des Raums schritt. »Wer in Italien braucht das nicht?« Beim Fenster angekommen, machte er kehrt und fixierte Nicholas scharf.

Nachdenklich zog Alexander die Mundwinkel herab und legte den Kopf auf die Seite.

»Jeder Mensch hat seine Schwächen«, sagte Valentino und strebte wieder auf Nicholas zu. Seine Stimme war eiskalt. »Was sind die Schwachpunkte Ferraras?«

Und wieder antwortete Nicholas: »Geld.«

»Bah!« Mit einer heftigen Handbewegung tat Valentino das ab und entfernte sich wieder ruhelos.

»Mit Eurer Erlaubnis«, murmelte Nicholas.

Alexander sagte sanft: »Ach, vielleicht bin ich nur ein armer alter Vater, der nach einem Vorwand sucht, um seine einzige Tochter in seiner Nähe zu behalten. Geht, Nicholas!«

Während Nicholas durch den leeren Gang auf die Treppe zustrebte, trat Angela Borgias kleiner Page Piccolo auf ihn zu und führte ihn zu einem Balkon auf der anderen Seite des Palazzos, wo Lucrezia Borgia und ihre Base im goldenen Sonnenlicht des Oktobers Tarock spielten. Bei Nicholas' Erscheinen legte die Papsttochter ihre Karten auf den zwischen den beiden Frauen stehenden Tisch.

»Angela«, sagte sie, »ich bin hungrig. Sieh doch mal nach, ob sie uns nicht bald das Abendessen bringen.«

Woraufhin Angela sich entsetzt fragte: »Und dich soll ich mit diesem Wüstling allein lassen?«

Verägert schüttelte Nicholas den Kopf, löste den Blick von Angela und schaute über die Balkonbrüstung. Weil der Balkon auf der Südseite lag, war er vor dem Wind geschützt. Ihren Pagen hinter sich, verließ Angela den Raum.

Lucrezia schob den Tisch vor. Ihre Schuhe lagen auf dem Boden, die Beine hatte sie auf den kissenbedeckten Sessel gelegt. Während sie auf Nicholas einredete, nahm sie die nackten Füße herunter und tastete mit den Zehen nach ihren Schuhen. »Mein Bruder hat Euch wegen dieser Heiratspläne rufen lassen?«

»Madonna«, sagte Nicholas.

»Was haltet Ihr davon, Nicholas? Muß ich nach Ferrara?«

Nicholas trat näher an die offene Seite des Balkons heran, wo die klare Luft ihm das Gesicht kühlte. »Madonna, das kann ich nicht beurteilen. Wenn Seine Heiligkeit dem Heiratsersuchen genügend Nachdruck verleiht, willigt der Herzog gewißt ein.«

Mit einem ihrer schmalen weißen Füße schlüpfte sie in ein Seidenpantöffelchen.

»Ferrara«, sagte sie. Mit dem anderen Fuß strich sie tastend auf der Suche nach dem anderen Schuh über den Boden. »Wie ist sie denn so, die Stadt?«

»Ich bin nie dort gewesen, Madonna. Aber man hat mir erzählt, es wäre eine schöne Stadt. Nur – Ferrara ist natürlich nicht Rom.«

Sie warf den Kopf in den Nacken und stieß ein sprödes Lachen aus. »Das sagt eigentlich alles, nicht wahr? Jedenfalls einer Römerin.« Für einen Moment begegnete ihr Blick dem von Nicholas. Ihre Augen glänzten, als hätte sie Fieber. Lucrezia sah unglücklich aus. Sie schaute zu Boden, als gelte es, sich wieder Nicholas' forschendem Blick zu entziehen. »Und mein zukünftiger Ehemann – was redet man so über ihn?«

»Er ist Soldat, Madonna.« Nicholas blickte auf ihren Fuß, der auf der Suche nach dem etwas weiter unter dem Tisch liegenden Schuh tastete. Er ging in die Hocke, nahm den Pantoffel und schob ihn ihr über den Fuß. »Seine große Liebe ist die neue leichte Feldartillerie.« Er erhob sich und legte die Hände auf den Rücken.

»Na ja«, meinte sie, »Eisen als Rivalin.« Wieder lachte sie und senkte den Blick. »Vielen Dank, Nicholas.«

»Madonna?«

»Dafür, daß Ihr mir den Schuh angezogen habt... Grüß dich, Cesare!«

Nicholas warf einen flüchtigen Blick zur Tür hinüber, wo Valentino gerade die Schwelle überschritt. Er streckte die Hände in Richtung auf die Schwester aus, die sich erhob, um ihn in die Arme zu schließen. Ihre Hände fanden sich, dann ihre Münder. Nicholas, der sich schnell zurückzog, sah, wie sie sich küßten und Valentinos Zunge in ihren Mund glitt. Er verneigte sich tief, um die Augen davon abzuwenden, und ließ sie dann allein.

*

Im Spätherbst kam die Nachricht von der Verlobung der Papsttochter mit Alfonso d'Este von Ferrara. Nicholas wurde Zeuge, wie die Prinzessin ihrem Vater Lebewohl sagte und sich zur Reise in den Norden aufmachte. Der Papst führte seine Tochter an der Hand zu ihrem Pferd. Sie küßten sich viele Male. Der alte Mann schlang die Arme um Lucrezia und drückte sie für einen Moment fest an sich. Sie saß auf, ein Trompetenstoß ertönte, und sie ritt davon. Ein Gefolge von Höflingen begleitete sie, darunter Angela Borgia.

Auf dem Petersplatz ließen sie eine Schar von Zuschauern um den alternden Papst herum zurück. Alexander breitete nochmals die Arme aus, drückte dann die Hände auf die Brust und umarmte förmlich die Luft, wo Lucrezia gestanden hatte. Tränen schimmerten in seinen Augen. Mit tief vorgeneigtem Oberkörper wandte er sich dem Eingang zu seinem Palazzo zu. Schlurfend zog er die Füße über das Pflaster.

*

Es war Winter. Drei Tage lang war unentwegt Regen auf die Straßen und Dächer Roms herniedergeprasselt. Nicholas hatte sich in zwei Röcke gehüllt und zitterte immer noch, als er weit vom Feuer entfernt auf dem eisigen Marmorfußboden in der *Sala Publica* der Torre Borgia stand. Die unmittelbare Umgebung des Kamins war der einzige Ort, an dem man sich warm halten konnte, doch hatten bedeutendere Männer als Nicholas sich Plätze dort ergattert. Die Hände in die Ärmel gesteckt, ging Nicholas am anderen Ende des Raums auf und ab.

Durch den Regen drangen Glockenschläge. »Es ist spät«, sagte einer der Männer am Feuer. Die anderen grunzten.

Nicholas schlug den Kragen hoch. Aus den Augenwinkeln heraus beobachtete er die drei Männer am Feuer. Dem Aussehen und ihrem Ruf nach kannte er sie, doch gesprochen hatte er noch mit keinem von ihnen. Es waren drei von Valentinos Condottieri, ein jeder von sich aus ein großer Herr: Oliverotto, der kleine gedrungene Mann, der sich über Valentinos Zuspätkommen ausgelassen hatte, war Oberhaupt der Stadt Fermi, und die anderen beiden gehörten der großen römischen Familie der Orsinis an.

Hager, bleich und nach der letzten römischen Mode gekleidet, was bedeutete, daß ihre Ärmel geschlitzt, reifenbesetzt und mit Goldlitzen besetzt waren, hatten die beiden Orsinis sich so weit wie möglich von Oliverotto hingestellt, ohne den Dunstkreis des Feuers zu verlassen. Nicholas hatte den Tyrannen von Fermi breitbeinig hereinstapfen sehen, sowohl dessen Gang als auch das pockennarbige Gesicht deuteten auf die französische Krankheit hin, die ihn bei lebendigem Leibe zu zerfressen schien. Während Nicholas hinsah, zog Paolo Orsini einen goldenen Kamm aus der Tasche und kämmte das parfümierte Haar in die richtige Fasson.

Die Außentür ging auf. Von eilenden Pagen und Dienern umringt, betrat Valentino den Raum.

Die drei Männer am Feuer wirbelten herum, um ihm entgegenzusehen. Ohne innezuhalten, grüßte er sie. Nicholas nahm er nicht zur Kenntnis. Durch die *Sala Publica* begab er sich in das kleine dahinter gelegene Kabinett, dessen Tür sich hinter ihm schloß. Nach wenigen Augenblicken kam ein Page heraus und bat Oliverotto und die beiden Orsinis zu Valentino hinüber.

Allein in der *Sala Publica* zurückgelassen, trat Nicholas an den Kamin heran. Er schlug die Jacke auf und hielt sie wie Flügel von sich, um die Wärme hereinzulassen. Ein schwer atmender Diener brachte eine Trage

Holz und schürte das Feuer. Nicholas rieb sich die kalten Ohren.

Wieder wurde die Außentür geöffnet, und wieder trat ein von seinem Gefolge umgebener Mann ein. Nicholas wich vom Feuer zurück. Der Neuangekommene – es handelte sich um den Condottiere Gianpaolo Baglione – ging bis zum Kamin.

Er und Nicholas kannten sich. Der Tyrann von Perugia nickte, woraufhin Nicholas sich verneigte. Nicholas zog die Rockschöße wieder fester um sich und ging in dem Bemühen, sich warm zu halten, auf und ab.

Gianpaolo übergab seinen Rock einem Lakaien. Er überragte sein Gefolge bei weitem. Das Gesicht war geschnitten wie das Stefanos; er hatte die weit auseinanderstehenden Augen und das energisch vorgeschobene Kinn eines kämpferischen Menschen. Vielleicht wollte Nicholas die Ähnlichkeit auch bloß sehen. Das Haar der beiden Baglionis hatte jedoch unzweifelhaft die gleiche Farbe. Gianpaolo merkte, daß er beobachtet wurde. Nicholas verneigte sich, woraufhin der Edelmann ihm den Rücken zuwandte.

Ein Page schaute aus dem Kabinett, in dem Valentino hofhielt, in die *Sala Publica* herein, entdeckte Gianpaolo und zog sich wieder zurück. Kurz darauf kam er erneut zum Vorschein, um den Condottiere zum Rat zu bitten. Sein gesamtes Gefolge ging mit Gianpaolo hinein. Wieder allein im Vorraum, eilte Nicholas zurück ans Feuer.

In Gedanken ging er noch einmal seinen Plan durch. Halb hatte er die kleine Ansprache auswendig gelernt, mit der er Valentino die Idee schmackhaft machen wollte. Liebend gern hätte er gewußt, was nebenan besprochen wurde. Urbino schien so ein einleuchtendes Ziel zu sein. Bestimmt schlug jemand diese Stadt vor. Doch galt Urbino als uneinnehmbar, und Valentino hatte sie in den zwei Jahren seiner Feldzüge stets links liegenlassen. Das war wohl eine Gewohnheit, an der nicht so leicht zu rütteln sein würde. Nicholas wandte dem Feuer den Rücken zu und hielt den Rockschoß hoch, um die Wärme heranzulassen. Der Wind trieb den Regen gegen die Fenster mit den vorgelegten Läden.

Urbino war auf einem steil abfallenden Felsen erbaut. Aus den Mauern ragten die Mündungen der großen Kanonen Federigo da Montefeltros hervor. Gebaut hatte die Stadt ein Condottiere, und zwar mit der Absicht, andere seines Ranges abzuschrecken. Nicholas hoffte, daß Federigos Werk seinen Zauber behielt. Mit zusammengebissenen Zähnen ließ er die Warterei über sich ergehen.

Oliverotto war der erste, der murrend und in seinem bärenhaften Schaukelgang die *Sala Publica* wieder durchmaß. Wenig später kamen auch die beiden Orsinis wieder zum Vorschein und setzten, als sie an Nicholas vorüberkamen, die Hüte auf. Kaum hatten sie die Tür zum Korridor hinter sich zugemacht, hörte er sie drauflosreden.

Ein Page steckte den Kopf heraus, sah Nicholas und schloß die Innentür wieder. Nicholas ging im Geiste noch einmal seine Argumente durch. Die Beine taten ihm von der langen Steherei weh, und sein linkes Ohr fing an zu schmerzen. Das lag an der Kälte. Jeden Winter hatte er Schmerzen in diesem Ohr. Gianpaolos Gefolge kam aus dem kleinen Kabinett, verteilte sich um den Kamin und redete. Obwohl sie Nicholas anrempelten, ließ er sich nicht vergraulen.

Flackernd und funkensprühend erlosch eine Kerze in einem der Messingwandleuchter.

Der Augenblick schien sich unerträglich in die Länge zu ziehen. Nicholas konnte nicht ruhig stehen bleiben, ging wieder am Kamin auf und ab und strich dabei um Gianpaolos plaudernde Anhänger herum. Zum hundertsten Mal überdachte er seine Argumente. Die Sache war so einleuchtend, der Plan so simpel, möglicherweise waren sie längst selbst darauf gekommen. Vielleicht hatte das Ganze aber auch einen Haken, den ein kriegserfahrener Soldat sofort erkannte, während er einem Diplomaten verborgen blieb.

Ein Page steckte den Kopf zur Tür herein. »Messer Dawson, bitte, tretet ein!«

Wie benommen folgte er ihm in Valentinos Kabinett.

Nur eine Kerze brannte. In dem kleinen Raum war es also ziemlich dunkel. Das Heulen des Windes und das Rauschen des Regens drangen nur undeutlich durch die Mauern. Valentino saß so, daß die Kerzenflamme nur sein Gesicht, seine schimmernden Raubtieraugen und die Hände beschien. Wieder war er völlig in Schwarz gekleidet, kein Schmuck hellte seine Kleidung auf, und so schienen Gesicht und Hände körperlos im Dunkeln zu schweben. »Was gibt's, Nicholas?« fragte er.

In dem Raum war es warm. Nicholas hüstelte und fing bereits an zu schwitzen. Er wurde sich bewußt, daß dicht hinter ihm zu seiner Linken Gianpaolo Baglione saß. Valentino musterte ihn eindringlich. Er wirkte gereizt. Es war der falsche Augenblick. Nicholas konnte Valentino nur noch mehr aufbringen.

Sein Scharfsinn war ihm abhanden gekommen, er konnte sich nicht auf die Worte besinnen, die er auswendig gelernt hatte. Folglich platzte er damit heraus: »Ich habe einen Plan für Euch, Exzellenz, für die Frühlingskampagne in der Romagna.«

Von dem Bart fast verdeckt, zuckte Valentinos Mund. Er wandte den Blick Gianpaolo zu. »Wer hat das nicht?«

»Signore«, erwiderte Nicholas, »mir scheint alles völlig klar – Ihr habt es bestimmt bereits in Erwägung gezogen. Vielleicht ist es töricht von mir, es vorzuschlagen...«

»Was vorzuschlagen?« unterbrach Valentino ihn.

»Urbino.«

Gianpaolo ließ einen ungebührlichen Laut vernehmen. Die hellen Brauen über Valentinos schimmernden Augen glätteten sich.

»Ihr habt Urbino nie gesehen, kleine Maus. Die Stadt ist uneinnehmbar.«

»All das weiß ich ja.« Nicholas machte einen Schritt vorwärts, streckte die Hände vor. »Die Kanonen, die Mauern – alles. Und doch sage ich Euch, man kann Urbino trotzdem erobern. Und wenn Ihr diese Stadt unter Kontrolle habt, denkt nur einmal darüber nach, wie stark...«

Lächelnd sah Valentino Gianpaolo an. »Und wie läßt sich Urbino nehmen?«

»Die Mauern und die Kanonen, das waren Federigos Waffen«, erklärte Nicholas, »aber Federigo ist tot. Sein Sohn – Guidobaldo – ist ein völlig anderer Mensch. Der hält viel von Ehre und Gerechtigkeit.«

»Nur weiter, Maus.«

»Macht ihn zu Eurem Verbündeten«, schlug Nicholas vor. Er geriet regelrecht in Schwung und verhaspelte sich förmlich bei dem Versuch, seine Argumente darzulegen, bevor sie ihn wegschickten. »Plant gemeinsam mit ihm einen Angriff auf irgendeine andere Stadt – hinter Urbino. Ich habe zum Beispiel an Camerino gedacht. Dann wird er Euch seine Truppen und die Artillerie unterstellen. Ihr sucht um Erlaubnis nach, auf dem Weg nach Camerino durch sein Territorium zu marschieren. Im letzten Moment schwenkt Ihr ab und marschiert auf Urbino zu, die Festung, die sich aller ihrer Verteidungswaffen entblößt hat. Es wird ihm nichts anderes übrigbleiben, als sich zu ergeben.«

»Heiliges Kreuz Christi!« entfuhr es Gianpaolo. »So was kann sich nur der Satan ausdenken.«

Hingerissen sah Valentino Nicholas mit seinen glühenden Augen an. »Messer Maus, an jeden Mann knüpfen sich gewisse Erwartungen, selbst im Krieg.«

»Ist es denn eher annehmbar, Hunderte von Menschen abzuschlachten und Hunderte von den eigenen Leuten zu verlieren?« entgegnete Nicholas. »Auf diese Weise könnte man Urbino in die Hand bekommen, ohne einen einzigen Blutstropfen zu vergießen.«

Wieder fluchte Gianpaolo. Seine Stimme verriet äußerste Empörung.

»Versteht«, sagte Valentino. »Damit würden sich nicht einmal meine eigenen Leute abfinden. Das geht zu weit und ist eines Soldaten unwürdig.«

»Urbino gehört zum Patrimonium Petri, also zum Kirchenstaat«, erwiderte Nicholas. »Und Ihr seid der Bannerträger der Kirche, ihr Gonfaloniere. Ihr könnt Euer Eigentum nachhaltig und ohne rücksichtsloses Abmetzeln von Menschen wiederbekommen. Ich sehe nicht ein, wie ein vernünftiger Mensch dagegen etwas haben kann.«

Valentino lachte und blickte Nicholas kopfschüttelnd an. »Krieg ist kein Handwerk vernünftiger Männer, Messer Maus. Geht nach Hause. Ich werde Euch noch einmal herbitten, bevor ich Rom verlasse. Es gibt da andere Dinge, für die ich Eures Scharfsinnes bedarf.«

»Jawohl, Exzellenz.«

»Überlaßt die Taktik fürderhin solchen, die den Krieg zumindest teilweise aus eigener Erfahrung kennen.«

»Jawohl, Exzellenz.«

Nicholas verneigte sich und verließ den dunklen Raum. Er war erleichtert, es hinter sich gebracht zu haben. Jetzt wurde ihm bewußt, wie wenig durchdacht sein Plan gewesen war. In der Tat hatte er vergessen, daß Gianpaolos Stadt Perugia nominell genauso ein päpstliches Lehen war wie Urbino; folglich hätte man die Reaktion des Baglione vorhersehen können. Nicholas hatte zuviel übersehen. In seine Röcke gehüllt, eilte er durch den strömenden Regen heimwärts.

»Kommt Stebano heute abend?« fragte der alte Juan.

»Nein«, antwortete Nicholas. Daß Juan Stefanos Namen halb spanisch aussprach, gefiel ihm nicht. Der Alte stellte einen Teller Suppe vor ihn hin und streute geriebenen Käse über die dunkle Oberfläche.

»Brot?«

»Ja.« Nicholas nahm seinen Löffel zur Hand.

»Butter?«

»Ich bestreiche mein Brot doch immer mit Butter.« Er tauchte den Löffel in die Suppe und hob ihn an die Lippen. Juan schnitt Scheiben vom Brot ab.

»Per Bacco!« entfuhr es Nicholas, und er legte den Löffel hin. »Die Suppe ist ja kalt.«

Mit großen Augen sah Juan ihn an. »Wirklich?« Er griff nach dem Löffel, um zu kosten.

»Du kannst es mir glauben.« Nicholas schob den Teller von sich. Der Löffel fiel klirrend zu Boden.

»Dann setze ich sie noch mal aufs Feuer«, sagte Juan und schob die Hände unter den Teller.

»Erspar dir das. Ich werde woanders essen.«

»Es dauert nur einen Moment.«

Nicholas stand auf, streifte die pelzverbrämten Hausschuhe ab und stieß sie beiseite. »Bring mir meine Schuhe und den Rock!«

Juan ließ die Suppe auf dem Tisch stehen und eilte hinüber in die Schlafkammer. Nicholas ging durch den Hauptraum zu dem Ständer neben der Tür, an dem sein Spazierstock hing. Der alte Mann kam zurück und kniete sich hin, um Nicholas die Schuhe anzuziehen; dann stand er auf und half ihm in den Rock. Nicholas nahm den Spazierstock von einer Hand in die andere.

»Gib auf die Tür acht! Ich werde wahrscheinlich spät heimkommen.«

Juan bedachte ihn mit einem vielsagenden Blick, sagte jedoch nichts, sondern hielt seinem Herrn die Tür offen.

Quer durch die Stadt, am Kolosseum und den düsteren Mauern der Basilika am Forum vorbei, drang Nicholas in das Gewirr von Gassen ein, das sich vom Kapitol aus hinter der Piazza San Marco erstreckte. Zwar hatte es aufgehört zu regnen, doch waren die Straßen glitschig, und es roch nach Schlamm und Abfällen. Beleuchtung gab es hier nicht. Langsam ging er weiter und spitzte die Ohren. Manchmal schlich nachts Gesindel durch die Straßen und hielt nach leichter Beute Ausschau. Papst Alexander hielt in Rom zwar besser Ordnung als die meisten seiner Vorgänger, doch für unbewaffnete Menschen war die nächtliche Stadt immer noch unsicher. Die Straße endete an einem Hang, auf dem Ziegen grasten. Nicholas suchte und fand einen Pfad, der ihn bis zur Hügelkuppe hinaufbrachte.

Dort oben gab es eine Taverne. Zwei flackernde Fackeln erhellten den Torweg, und vor der Hauswand hatte ein Dutzend junger Männer Aufstellung genommen. Die meisten von ihnen lehnten an der Mauer. Alle trugen Röcke und Hemden trotz der Kälte bis zum Nabel offen. Das war ihre Uniform, ihre Art von Herausforderung. Auf der Straßenseite gegenüber stand ein Myrtenbaum, in dessen Schatten Nicholas ein paar Minuten wartete, da ein paar Leute die Taverne betraten.

Als die Straße wieder leer war und er seine Wahl unter den jungen Männern getroffen hatte, ging er schnurstracks auf jenen Jungen zu, dessen breite Schultern und dessen Blondhaar ihn anzogen.

»Guten Abend«, grüßte Nicholas. »Ein scheußliches Wetter.«

Der junge Mann lächelte ihn an. Er hatte prachtvolle weiße Zähne. »Ja, aber wenigstens regnet es nicht.«

»Ein Glas Wein würde uns beide erwärmen. Willst du mir Gesellschaft leisten?«

»Ich habe keinen Durst«, erwiderte der Junge, und seine Lippen verzogen sich noch beim Sprechen wieder zu einem Lächeln. »Aber ich setze mich zu Euch, wenn Ihr das wünscht. Dann könnt Ihr trinken.«

»Der Wein taugt hier sowieso nichts. Vielleicht gehen wir ein bißchen spazieren?«

»Vierzig Carlini«, sagte der junge Mann lächelnd.

»Gut, einverstanden.«

Sie umrundeten die Taverne. Im Dunkeln an der Mauer, zwischen zwei hohen Weinfässern, verausgabte Nicholas sich und steckte dem Jungen einen Dukaten zu.

»Kauf dir eine Flasche Wein. Aber woanders, nicht hier.«

Der Junge lachte. Er ordnete seine Kleidung und ging dann ohne ein weiteres Wort die Gasse hinunter. Als Nicholas wieder auf die Straße trat, hatte der Junge seinen Platz an der Vorderfront der Taverne bereits wieder eingenommen.

Den Hügel hinunter begab Nicholas sich zu einer anderen Taverne, wo der Wein, wie er wußte, gut war, wenn auch alle Frauen Huren.

An der Tür blieb er stehen. Er war überrascht, daß alle Bänke besetzt waren und einige Gäste sogar auf dem Fußboden saßen. Unter einer Lampe waren einige Männer beim Würfeln. An ihnen vorüber drückte Nicholas sich bis in den Hintergrund des Raums, wo der Wein ausgeschenkt wurde, und erstand von einer angetrunkenen Schlampe ein Glas.

Nicholas drückte sich an die Seite. Der Wein war angenehm würzig. Sein sexuelles Abenteuer hatte ihn entspannt und in beste Laune versetzt. Stefano hatte ihm einmal gesagt, ihm täte jeder Mann leid, der sich Sex kaufen müsse. Und doch war es so eine saubere Sache. Das Gesicht des jungen Mannes hatte Nicholas bereits vergessen. Der Akt hatte nichts Unsauberes. Nichts blieb, nachdem das Feuer gelöscht war.

Erschrocken gestand er sich dann ein, was seine Ohren bereits seit geraumer Zeit wahrgenommen hatten. Von der anderen Seite des Raums her erklang Gitarrenmusik. Zwar hatte er das Lied nie gehört, doch erkannte er den Stil, in dem es gespielt wurde. Durch das Gewühl der Trinkenden und Spielenden hindurch schob er sich vorwärts.

Miguelito da Corella saß in der Ecke und spielte Gitarre. Nicholas blieb stehen. An sich wollte er wieder aufbrechen, aber die schlanken Hände auf dem Instrument fesselten seine Aufmerksamkeit. Bei ihrer letzten Begegnung hatte Miguelito ihm durch Gesten unmißverständlich zu verstehen gegeben, er solle ihn in Ruhe lassen.

Unvermittelt verstummte die Musik. Auf lateinisch sagte Miguelito: »Salve, Nicholas!«

»Hallo!« grüßte Nicholas zurück und trat einen Schritt weiter auf den in der Ecke Sitzenden zu.

»Was treibt Ihr denn hier so spät am Abend?« Miguelito schlug lässig einen Akkord und löste ihn dann in die einzelnen Noten auf.

»Was einer so im Dunkeln treibt.« Nicholas hob das Glas und trank. »Ich bin auf der Suche nach einem Abendimbiß. Kommt und leistet mir Gesellschaft.«

Kopfschüttelnd sagte Miguelito: »Ich bin nicht frei.« Mit dem Kinn deutete er auf die andere Seite des Raums.

Nicholas schaute hinüber. Dort, inmitten der Spieler, entdeckte er Valentino. Er trug eine schwarze Samtmaske, die vom Haar bis zum Kinn sein Gesicht bedeckte; gleichwohl gab es keinen Zweifel, es war Valentino.

Während Nicholas hinsah, gewann der Prinz seinen Wurf und klopfte den Männern um ihn herum mit einem wilden Aufbrüllen auf die Schultern. Er griff nach den Würfeln und schüttelte sie in den übereinandergelegten Händen. Die Männer links und rechts von ihm bewegten sich wie Puppen und ließen die Augen nicht von ihm.

Wieder spielte Miguelito, und so wandte Nicholas sich wieder ihm zu.

»Macht er das oft?«

Miguelito zuckte mit den Schultern. Den Rock hatte er über den Rand seines Hockers gelegt, und das Hemd stand am Hals offen. Sein geöltes Haar hing locker herab. Jetzt entlockte er seiner Gitarre eine schwungvolle Tanzweise.

»Nun«, sagte Nicholas, »man lernt nie aus. Dann will ich mal gehen und sehen, daß ich was zu essen bekomme.«

»Bleibt hier!« Indem er die Handfläche darüberlegte, brachte Miguelito die Saiten seines Instruments zum Schweigen. »Er hat Euch gesehen und wird mit Euch sprechen wollen.«

»Ich habe Hunger.«

»Wartet!«

Miguelito wandte sich wieder der Musik zu. Nicholas blieb unentschlossen stehen. Wenn er jetzt ging, wie mochte Valentino reagieren? Nicholas wandte den Blick wieder den Würfelspielern zu und sah den Borgia-Prinzen mit den Händen auf den Hüften auf den Spieltisch niederschauen. Diesmal hatte er verloren. Sein Hut war fort. Die Bänder der Maske hielten sein schimmerndes Haar fest. Selbst wenn er nur müßig dastand, wirkte er stark, verriet gebändigte Kraft und schien gegen jede Herausforderung gewappnet zu sein. Nicholas trank sein Glas bis zur Neige aus. Er wußte, er würde abwarten, um festzustellen, was Valentino in den Sinn kam.

Viel später stand Miguelito plötzlich auf und lehnte seine Gitarre an die Wand. »Kommt mit!« forderte er Nicholas auf und durchquerte den Raum.

Nicholas folgte ihm durch die Menge. Es war sehr spät, schon nach Mitternacht. Und Valentino gab am Spieltisch immer noch den Ton an, diesmal in Gesellschaft einer fetten Hure, die kichernd an seinem Arm hing.

Miguelito folgend, stieg Nicholas die klapprige Stiege bis zum zweiten Stock der Taverne hinauf, der in wabenförmig nebeneinander gelegene kleine Kammern aufgeteilt war. In einem dieser Räume stand ein weißgedeckter Tisch mit einem Servierteller und einer Auswahl von Messern und Gabeln sowie einem Weinglas darauf. Als die beiden Männer eintraten, war es ziemlich dunkel. Miguelito zündete mit Hilfe seiner Zunderbox die in der Mitte des Tisches stehende Kerze an.

Kurz darauf trat Valentino ein. Die Hure hielt immer noch seinen Arm umklammert und kreischte betrunken. Nicholas zog sich in eine Ecke zurück. Er verabscheute Trunkenheit. Das hennarote Haar und von Rouge verschmierte Gesicht flößten ihm Schrecken ein. Valentino stopfte ihr Geld vorn in den Ausschnitt und schob sie weg.

»Ach, Liebling, laß mich bleiben. Ich werde dich bedienen...« Sie kicherte unkontrolliert, hielt sich eine Hand vor den Mund, sprang auf Valentino zu und fiel ihm in die Arme.

Erbost stieß er sie von sich. Ohne jede Aufforderung stürzte Miguelito sich auf die Hure. Sie war auf die Knie gefallen. Als sie sich hochrappeln wollte, packte Miguelito sie beim Haar und schleifte sie zur Tür. Einmal schrie sie auf. Miguelito gab ihr einen Tritt ins Hinterteil und stieß sie hinaus.

Nicholas hatte das von seiner Ecke aus verfolgt. Er dachte: So kann es auch mir ergehen, wenn ich nicht aufpasse.

Valentino setzte sich und nahm seine Maske ab, legte sie neben den Teller. Miguelito machte die Tür hinter ihnen zu. Lächelnd sah Valentino Nicholas an.

»Nun, meine liebe Maus, was bringt Euch hierher?« Er sprach Spanisch.

»Der Wein«, antwortete Nicholas.

»Ihr habt nicht mich gesucht?«

»Exzellenz, ich hatte keine Ahnung, daß Ihr hier wäret.«

Miguelito kam zurück. Ihm folgten zwei Mägde mit Serviertellern. Sie legten Valentino das Essen vor und schenkten ihm Wein ein. Miguelito bezahlte, woraufhin sie sich zurückzogen.

Der Sohn des Papstes sagte: »Dann kann nur das Schicksal Euch hierhergeführt haben, Maus; denn ich habe in letzter Zeit viel an Euch gedacht.«

»Magnifico, ich lebe, um zu dienen.«

Miguelito aß als Vorkoster vom Fleisch und vom Brot des Prinzen und trank auch von dem Wein. Hungrig betrachtete Nicholas das weiße Kalbfleisch, das nach den Kräutern duftete, mit denen es vor dem Braten gewürzt worden war.

»In Gegenwart von Gianpaolo Baglione hättet Ihr mir von Eurem Plan in bezug auf Urbino nichts sagen dürfen«, meinte Valentino und begann zu essen. Zwischen den einzelnen Bissen redete er. »Das ist ein viel zu konventioneller Mann, als daß ihn so was nicht schockieren würde.«

»Es tut mir unendlich leid, Euch in Verlegenheit gebracht zu haben, Magnifico.«

»Alle meine Condottieri sind solche Männer. Sie sind keine Denker. Sie gehorchen, und deshalb sind sie so nützlich.« Valentino griff nach dem Weinglas. Im Kerzenlicht blinkten die Goldfäden am Ärmel seines Rockes. Miguelito stand zwar hinter seinem Herrn, war aber im Dunkel praktisch unsichtbar.

»Was die Verlegenheit betrifft, Nicholas – es war mir nicht peinlich. Ich habe mit ein paar anderen über Euren Plan gesprochen. Wir sind alle einer Meinung. Die Vorgehensweise bedarf zwar einiger Änderungen, doch im großen und ganzen sind wir geneigt, uns an Euren Plan zu halten.«

Wie ein Blitzschlag durchzuckte es Nicholas. Ihm wurde ganz warm.

Valentino fuhr fort: »Ich muß nur mehr über Guidobaldo erfahren. Erstens behauptet Ihr, er werde die Waffen strecken. Woher wollt Ihr das wissen?«

»Er ist kein Soldat, Magnifico. Außerdem ist er impotent. Infolgedessen wird er von vornherein bereit sein...«

»Impotent? Das habe ich nicht gewußt.«

Nicholas hob die Schultern und ließ sie wieder sinken. »Ich kenne einen Arzt, bei dem er in Behandlung war, Magnifico.«

Valentino kaute einen Moment und schluckte dann. Mit einem Blick auf Miguelito, doch an Nicholas gewandt, sagte er: »Ihr seid sehr gründlich.«

»Das ist aber kein Geheimwissen, Magnifico. Man muß bloß nachfragen.«

»Nachfragen, ja. Er ist verheiratet mit...« Valentino schnippte mit den Fingern.

»...mit Elisabetta Gonzaga«, ergänzte Nicholas. »Genaugenommen ist sie seine Stärke. Aber den Winter über hält sie sich nicht in Urbino auf; sie ist Eurer Schwester zur Hochzeit in Ferrara gefolgt.«

»Wie steht es mit ihren Verwandten? Könnten die ihm helfen?«

»Von Urbino sind sie zu weit entfernt, um ihm zu helfen. Der ganze Plan beruht ja darauf, daß Guidobaldo erst wenige Stunden, bevor Ihr seine Stadttore erreicht, erfährt, was Ihr wirklich vorhabt.«

Unwillkürlich war Nicholas näher an den Tisch herangetreten.

»Ja«, sagte Valentino und betupfte sich mit der Serviette den Mund. »Über die militärischen Vorteile bin ich mir durchaus im klaren, Maus. Was mir Sorge bereitet, sind Guidobaldos Familienbande, zum Beispiel mit den Estes, meinen neuen Verwandten.«

»Der Bruder seiner Frau ist mit Beatrice d'Este vermählt«, erklärte Nicholas, »die sich aber ausschließlich um ihre Sammlung von Skulpturen und Gemälden kümmert. Vielleicht solltet Ihr dafür sorgen, daß sie ein paar Glanzstücke aus Guidobaldos Sammlung bekommt. Soweit ich weiß, besitzt er eine Arbeit von Michelangelo, die sie ihm einmal abzukaufen versucht hat.«

»Sie hat zuwenig geboten.« Valentino lehnte sich, die Hände auf dem Bauch, zurück. Er schaute zu Nicholas hinüber und zog die hellen Brauen zusammen. »Eure Republik gefällt mir nicht, Nicholas.«

»Ja«, murmelte Nicholas, erschrocken über den plötzlichen Themenwechsel.

»Besser, als mir Urbino zu geben, wäre ein Plan, Florenz in die Knie zu zwingen.«

»Ja, Magnifico.«

Valentino runzelte die Stirn. Den Kopf hatte er immer noch so gedreht, daß sein Blick an Nicholas vorbeiging. Er sprach jetzt auch lauter als vorher. Die Hand über seinem Magen ballte sich zur Faust.

»Sie haben mich beleidigt, meine Gutgläubigkeit mißbraucht und einen Vertrag gebrochen, den sie unterzeichnet und besiegelt hatten – und doch kenne ich kaum ihre Namen!« Der Fürst hämmerte mit der Faust auf den Tisch. »Sie kommen an die Macht, sie demütigen mich und meinen Vater, und dann, ehe ich Vergeltung üben kann, sind diese Männer schon wieder in der Versenkung verschwunden und ist ein anderer Haufe an der Macht, der behauptet, keine Ahnung von dem zu haben, was vorher gewesen ist.«

Nicholas' Mund war trocken. Er sagte: »Die Regierung soll mit vollem Bedacht nicht viel ausrichten können, Magnifico.«

»Sie hat aber meine Schande bewirkt.« Valentino hob den steinernen Blick und sah Nicholas an. »Ihr sagt mir, wie ich sie abwaschen kann.«

Nicholas brannten die Augen. Er hätte am liebsten zur Seite geschaut, denn er war sicher, daß Valentino in seinen Augen seine Gedanken las. Er sagte: »Magnifico, Ihr braucht Florenz nur zu bedrohen, und die Republik fällt.«

Er ließ jedoch unerwähnt, daß jede nachfolgende Regierung nur um so unerbittlicher gegen Valentino aufstehen würde als der Staat im jetzigen Zustand. Er drückte seine schwitzenden Hände auf das Tischlinnen und fragte sich, wieso das Gespräch ihn an diesen Abgrund geführt hatte.

»So leicht?« meinte Valentino.

»O ja«, bestätigte Nicholas und zwang sich, dem Blick der schimmernden Raubtieraugen nicht auszuweichen. »Ihr braucht Eure Armee nur in die Toskana zu schicken, und die Republik fällt in ihr Grab.«

Valentino verrenkte sich den Hals, um sich nach dem hinter ihm stehenden Miguelito umzusehen, und richtete sich wieder auf seinem Stuhl auf. »Außerdem wird Florenz als Ablenkungsmanöver dienen – wenn wir Urbino nehmen.«

Nicholas sagte: »Ja, und der König von Frankreich kann Euch keinen Vorwurf machen, daß Ihr seinem Befehl zuwiderhandelt, Florenz direkt anzugreifen.«

Valentino legte die Stirn in Falten. Er rutschte auf dem Stuhl hin und her und rieb sich mit der Hand die Kehle. »Der französische König«, sagte er mit Nachdruck, »der mag tanzen, wie er will. Jetzt, da die Spanier eine Armee in Italien stehen haben...«

Dann mußten die Franzosen Florenz eine Garantie in bezug auf die Borgias gegeben haben. Das war ihm absolut neu. Nicholas ließ den Blick nicht von Valentino. Er hatte das Gefühl, in den aufgesperrten Rachen eines Krokodils zu fliegen und an den Brocken zwischen seinen Zähnen herumzupicken.

»Es gibt in der Toskana eine Reihe von Städten, die die Vorherrschaft von Florenz hassen«, erwiderte Nicholas leise. Er wollte ergeben wirken. »Ihr braucht bloß eine Stadt zu überzeugen, Euren Armeen die Tore zu öffnen...«

»Welche?«

»Ich werde das Problem genau durchdenken. Ihr wißt ja, daß Pisa Florenz nunmehr seit Jahren trotzt. Wenn man den Florentinern unterjubeln könnte, daß Pisa sich von selbst anerboten hat, Euch...«

Valentinos Gesicht bekam einen lauernden Ausdruck. »Wird Pisa zu mir stoßen?«

»Nein, jedenfalls nicht so ohne weiteres.« Nicholas lächelte genauso wie der Prinz vor ihm. »Ob Pisa es tut oder nicht – das Gerücht allein genügt.«

Lachend schlug Valentino sich auf den Oberschenkel. »Meine liebste Maus, wenn man sich vorstellt, daß Eure Talente in der Florentiner Gesandtschaft hätten verkümmern und ungenutzt eingehen können...«

»Er ist hungrig«, bemerkte Miguelito.

Der Borgia stieß seinen Stuhl zurück und stand auf. »Eßt!« sagte er zu Nicholas. »Laßt, wenn Ihr mögt, mehr kommen.« Er sah Nicholas lächend an. Sein schönes Löwenhaupt war beeindruckend. Er nahm die Maske vom Tisch und ging hinaus.

Miguelito folgte ihm bis an die Tür, wo er sich kurz nach Nicholas umdrehte. Routiniert neigte er das Haupt und vollführte mit der Hand eine umständliche Geste. Dann schloß sich die Tür hinter ihm.

Nicholas nahm Valentinos Platz ein und fiel über das wunderbare Essen her, das Valentino ihm übriggelassen hatte.

*

Der Karneval begann. Totenschädelbleich die Gesichter der Feiernden, die den Corso entlangzogen und das Netz der verwinkelten Gassen am Fluß verstopften. Auf jeder Piazza hallte es wider von Tanzmusik und dem Gebrüll Streitender. Nicholas hatte seine Börse sicher unter dem Rock versteckt. Er mied die dichten Menschenansammlungen und hielt sich nicht nur auf der Straße, sondern auch auf den kleinen Plätzen immer an den Hauswänden, bis er nahe dem Fluß auf die Arena für die Stiere stieß.

Verkäufer boten mit Stimmen, die vom vielen Schreien schon ganz heiser geworden waren, Würste und Türkischen Honig feil. Nicholas verweilte dicht an der neuen Schutzwand aus Brettern, hinter der sich die Stiere aufhielten. Er sah zu, wie ein Milchbart aus der Familie der Cattanei auf einem buntgezäunten Fuchs einen schwarzen Stier rund um die Arena trieb. Die Italiener verstanden nichts vom Stierkampf. Von einem Weinverkäufer mit einer rot-weißen Maske vor dem Gesicht und einem falschen Bart kaufte Nicholas einen Becher Wein. Linker Hand von ihm kam singend und tanzend eine Menschenkette auf ihn zu, in der alle wie Glieder eng miteinander verbunden waren.

Der junge Edelmann schaffte es endlich, eine Position vor dem Stier einzunehmen, worauf das Tier ihn zur Arena hinausscheuchte. Die Leute buhten. Als er davonritt, ging ein Schauer von Brotbrocken und kleinen Steinen auf ihn nieder.

»Wie schön, daß wir uns treffen, Nicholas!« Eine dröhnende Stimme. »Was hast du heute vor?«

Es war der prächtig gekleidete Amadeo, der das Gesicht halb hinter einer edelsteinbesetzten Maske verbarg. Auch seine Handschuhe strotzten von Edelsteinen. Ein halbes Dutzend seiner Gefolgsleute stand auf der Straße hinter ihm.

Nicholas klemmte sich den Spazierstock unter den Arm und sagte: »Nun, Amadeo, ich bin auf der Suche nach einem ehrlichen Mann.«

»Am hellichten Tag, Nicholas? Wie dekadent!«

Nicholas lächelte leicht gequält. Der Freund trieb ihn ständig in diese dummen Wortgeplänkel, bei denen jeder versuchte, den anderen mit geistreichen Bemerkungen zu übertreffen. »Aber in Rom ist Ehrlichkeit etwas, das man nur im Dunkeln findet«, entgegnete er. Auf der anderen Seite des Stierkampfrings schwollen die Stimmen zu einem Donnergrollen an. Jemand ritt auf den Stier zu.

»Wenn du ihn gefunden hast – würdest du mir den Gefallen tun, dann zu mir zu kommen?«

»Aber, aber, Amadeo, am hellichten Tag?«

Diesmal war es an Amadeo zu lächeln. Er strich mit zwei Fingern am unteren Rand seiner Maske entlang, um sie der Nase anzupassen, wobei sämtliche Edelsteine funkelten. »Das war eine schwache Leistung, Nicholas. Wie ich feststelle, hast du getrunken. Das wirkt sich auf deinen Witz aus.«

In diesem Moment trat Stefano Baglione zu ihnen. Schon mehr als halbbetrunken, trug er keine Maske, sondern hatte nur seinen breitkrempigen Schlapphut über die Augen gezogen. Zu Nicholas gewandt, fragte er: »Habe ich mich verspätet?«, um dann neugierig Amadeo zu mustern.

Nicholas stellte vor: »Das hier ist Amadeo Risi, Stefano.«

»Ach«, meinte Amadeo und grinste. »Ist er ehrlich?«

»Was?« fragte Stefano, der das natürlich nicht verstand.

Amadeo grinste noch breiter. »Das ist ein alter Witz zwischen mir und meinem Freund Nicholas, den wir immer weitertreiben. Wir kennen uns nicht, stimmt's? Dabei glaubte ich, jeden in Rom zu kennen. Nicholas kommt mit uns zu einer kleinen Party in meinem Haus. Macht doch auch mit.«

»Ich habe bis jetzt vom Karneval noch nicht viel gesehen«, warf Nicholas schnell ein, bevor Stefano zusagen konnte.

Stefano drängte sich zwischen ihnen hindurch, um die Bande der Stierkampfarena zu erreichen. Getreulich folgte Amadeo ihm mit begehrlichem Blick.

»Ach, komm doch«, sagte Amadeo. »Was gibt es hier schon zu sehen? Der Karneval ist heutzutage eine lahme Angelegenheit. Vor hundert Jahren, überleg doch nur, da hätten wir uns daran ergötzen können, wie man hundert Schweine auf den Felsen unterhalb des Testaccio zerschmetterte. Komm in mein Haus. Ich habe ein Fäßchen Wein aus Perugia. Bevor die Nacht zu Ende ist, haben wir es leergetrunken.«

Stefano fragte: »Ist das nicht Valentino?«

Nicholas erreichte mit einem einzigen Schritt die Bretterwand. Es war in der Tat Valentino, jener Mann, der es mit dem Stier aufnahm. Das hätte Nicholas sich nach dem Gejohle der Menge denken können. Sie brüllten noch immer und schwenkten Arme und Hüte.

Auf einem schwarzen Pferd trat Valentino gegen einen schwarzen Stier an. Genau auf der entgegengesetzten Seite von Nicholas wendete er, und der Stier stürmte los. Er hatte Hörner, die länger waren als die eines spanischen Stiers. Valentino ließ seinen Rappen eine kreisförmige Bahn ziehen, entging damit dem Vorwärtsstürmen des Stiers, und als der herumsprang, galoppierte er hinter ihm davon. Verwirrt blieb der Stier stehen und schüttelte schnaubend den Kopf.

Die Menge pfiff und bekundete in Hochrufen ihren Beifall. Grüßend hob Valentino eine Hand und ließ das Pferd zur Seite tänzeln, wobei es ein Bein über das andere hob, was Valentino erneut einen Beifallssturm einbrachte. Daß er einen Stierkampf ausfocht, hatte sich in Windeseile verbreitet. Immer mehr Menschen strömten herbei und drängelten nach vorn, um einen guten Platz zu ergattern. Nicholas war es unbehaglich, so in Bedrängnis zu geraten.

Valentino ließ sich von jemandem am Tor eine Lanze geben, trieb den Stier quer durch die Arena und reizte ihn mit der Lanze zum Angriff. In der Mitte des Platzes umrundeten sie einander, wobei der Stier Roß und Reiter umkreiste. Plötzlich und ohne jede Vorwarnung drehte sich der Stier von der Lanze weg und nahm den Rappen an der Schulter an.

Das Pferd stürzte, und Valentino sprang aus dem Sattel. Dabei rutschte er aus und ging auf ein Knie nieder. Die Schreie um Nicholas herum ließen ihn die Luft anhalten. Von der einen Seite bedrängte Stefano ihn und wurde seinerseits von den Menschen hinter ihm geschoben. Nicholas sah sich gegen die rohen Bretter gedrückt. Auf der anderen Seite, im Sand, fuhr Valentino hoch und riß den Degen aus der Scheide.

Der Stier senkte die Hörner und ging zum Angriff über. Wie ein Fels stand Valentino vor den auf ihn zukommenden Hörnern, bis der Stier nur noch einen Schritt von ihm entfernt war. Behende drehte Valentino sich zur Seite, woraufhin das massige Tier an ihm vorbeischoß. Beidhändig stieß Valentino den Degen in den Stiernacken.

Das Tier ging so schnell zu Boden, daß es sich praktisch überschlug. Blut sprühte in breiter Fontäne über den Staub; ein Horn war am Boden abgebrochen. Während der Stier noch mit den Beinen strampelte, lief Valentino hin, um nochmals zuzustoßen, woraufhin die Bewegungen der Beine langsamer wurden und erstarben. Valentino trat zurück.

Nicholas stieß einen Seufzer aus. Die Bretterwand erbebte unter dem Anbranden der Hochrufe um ihn herum. Er sah Stefano an, der erschrocken den Kopf schüttelte und dabei die Stirn furchte.

»Du bist wohl verliebt in ihn?«

»Pah!« sagte Nicholas, was nicht unbedingt als Leugnen zu deuten war.

Amadeo hatte die Maske abgenommen, hielt sie in der Hand und lächelte Stefano zu. Unvermittelt wandte er sich dann an Nicholas und fragte: »Was hat er denn?«

Verlegen lächelnd sah Nicholas ihn vielsagend an und hoffte, daß Stefano ihn nicht nach diesem Freund beurteilte. »Was er braucht«, antwortete Nicholas.

»Aber wirklich. Eifersucht ist doch etwas für Frauen.« Amadeo legte die Maske wieder an. »Nun, dann wollen wir mal. Kommst du? Ich verspreche dir, heute abend wird jedes Vergnügen ausgekostet.«

Nicholas warf einen Blick auf Stefano, der sich wieder der Arena zugewandt hatte, wo ein paar Männer mit einem Karren den toten Stier zerlegten. Valentino führte sein verletztes Pferd weg. Nicholas machte eine entschuldigende Geste. »Ein andermal, vielleicht, Amadeo.«

»Ich hingegen werde zu Euch kommen«, bemerkte Stefano.

Amadeo strahlte über das ganze Gesicht. »Ach, wunderbar!« rief er und hakte Stefano unter. »Nicholas«, sagte er, »wie schade, daß nicht auch du kommen kannst, aber wir sehen uns – ein andermal, ja?«

Stefano war bemüht, sich nichts anmerken zu lassen. Er sah Nicholas an, doch faßte er offensichtlich hinter dem etwas anderes ins Auge. Amadeo eilte die Straße hinunter. Nicholas starrte eingeschnappt hinter ihnen her.

*

Am Zaun von Nicholas Dawsons Haus hatte der alte Juan einen Küchengarten angelegt. Sobald die Winterregen einsetzten, nicht lange nach der Fastenzeit, holte er Spaten und Rechen hervor und machte sich ans Umgraben.

»Ich kann dich nicht begreifen«, sagte Nicholas. »Du bist zu alt für solche Schwerstarbeit.«

Er wusch sich die Hände im Steinbecken der Küche. Auf dem Tisch links von ihm öffnete Juan einen Beutel Samen, den er auf dem Markt erstanden hatte. Der alte Mann steckte die Nase in den Beutel und schnupperte.

»Du kannst doch ohne weiteres alles kaufen, was du brauchst«, sagte Nicholas und schüttelte das Wasser von den Händen. Juan legte den Beutel mit den Samen beiseite und brachte ihm ein Leinentuch zum Abtrocknen.

»Nichts schmeckt so gut wie frische Kräuter«, sagte Juan. »Außerdem erinnern sie mich an Navarra.«

»Du lebst in Erinnerungen.«

»Ich empfinde sie als angenehm – die Arbeit.«

»Aber wenn du dich überanstrengst, wird das nicht ganz so angenehm für dich sein, da bin ich mir ganz sicher.«

Der alte Mann brachte ihm seinen Rock, und er zog

ihn an. Der Rock war neu, und das steife Leinen unter dem Pelzkragen kratzte am Hals.

»Kommt Stebano heute abend?«

»Ja.«

»Es sind noch ein paar Äpfel da. Soll ich einen Apfelkuchen backen?«

»Wieso machst du um ihn immer so viel Aufhebens? *Per Bacco,* vielleicht sollte ich eifersüchtig sein.«

»Er weiß solche Dinge zu schätzen.«

»Ich etwa nicht?«

Juan steckte schnuppernd wieder die Nase in den Beutel mit den Samen. Strähnen farblosen Haars rutschten ihm hier und da über den sonst kahlen Schädel. Er schüttete sich ein paar Samen auf die Hand.

»Wo immer er herkommt, ich glaube, er stammt aus einer großen Familie. Er sehnt sich danach, und deshalb fühlt er sich hier bei uns wie in einer Familie.«

Überrascht forschte Nicholas im Gesicht seines Dieners, das mit dem Alter etwas besonders Friedfertiges bekommen hatte.

»Seine Familie ist tot«, bemerkte Nicholas leise. »Sie sind alle an der Pest gestorben – bis auf ihn und seinen Vater.«

Juan bekreuzigte sich. »Heilige Mutter Gottes, nimm sie in Gnaden bei dir auf!«

Die goldenen Häkchen seines Rocks fühlten sich kühl unter Nicholas' Fingern an. Er ließ sie in die Ösen gleiten, zog die Ärmel straff und fuhr sich mit einem Finger um die kratzende Innenseite am Hals. Der alte Mann hatte recht; dies hier war für Stefano ein Zuhause, der sonst in einer Taverne lebte und sich an einem Wirtshaustisch von dem ernährte, was eine Hure ihm gab. Es irritierte ihn, daß ihm diese simple Erklärung entgangen war, Juan jedoch nicht.

»Ich werde den Apfelkuchen backen«, entschied Juan und ging hinüber zur Speisekammer.

*

»Da, alter Mann, bring mir noch ein Glas Wein.« Stefano Baglione vollführte die Geste des Einschenkens über dem leeren Glas.

Als Nicholas aus seiner Kammer trat, sah er Stefano bereits in dem Sessel sich räkeln, der mittlerweile von allen als sein Lieblingssessel anerkannt wurde, und Juan herumkommandieren. Verärgert blieb Nicholas stehen. Stefano schenkte ihm ein strahlendes Lächeln, er bekam ganz große Augen.

»Heiliger Strohsack!« sagte Stefano und stand auf. »Du siehst ja aus wie ein Fürst. Wo hast du dir diesen Rock machen lassen?«

»In der Liliengasse.«

»Er sieht teuer aus.«

Juan brachte den Weinkrug und füllte Stefanos Glas, doch Stefano achtete nicht darauf. Er ging um Nicholas herum, befingerte den Rock und murmelte beifällig etwas.

»Nur hättest du dir eine andere Farbe aussuchen sollen als ausgerechnet Braun. Oder zumindest solltest du eine Goldkette dazu tragen. Vielleicht sogar zwei.«

Nicholas blickte auf den Boden. Unter Stefanos kritischem Blick kam er sich vor wie eine Ware. Aber hatte er den Rock nicht deshalb angezogen, damit Stefano ihn bewunderte? Er zog sich vor dessen demütigender Reaktion zurück.

»Juan, würdest du auch noch die anderen Kerzen anstecken? Und ich hätte gern von dem spanischen Wein.«

Stefano stand immer noch hinter ihm und beobachtete ihn. Nicholas wandte Stefano den Rücken zu.

»Wieso kommst du so früh?«

»Ich hatte eine Pechsträhne«, erwiderte Stefano, »und da habe ich das Spiel abgebrochen.«

Das klang amüsiert. Nicholas drehte den Sessel mit der lyraförmigen Rückenlehne herum und nahm darauf Platz, betrachtete Stefano wieder und wurde mit steigendem Ärger gewahr, daß der Mann ihn anlächelte, woraufhin er an dem üppigen Pelzbesatz der Ärmel herumzupfte.

»Freut mich zu hören, daß du weißt, wann du aufzuhören hast.«

»Das ist nicht besonders schwer. Wenn ich weiß, wo ich hin muß.«

Juan brachte Nicholas sein Glas und ging, die Kerzen anzuzünden.

»Wieviel hast du verloren?«

»Zweihundert Carlini. – Wieviel hat dieser Rock gekostet?«

»Weit mehr als das«, antwortete Nicholas.

»Woher hast du das viele Geld? Als wir uns kennenlernten, warst du, wenn ich mich nicht irre, eher arm, hast mit mir um jeden Carlino gefeilscht.«

»Ich habe mein Geld eben klug angelegt.«

Stefano packte seinen Lieblingssessel an der Rückenlehne und trug ihn durch den Raum zu Nicholas hin.

»Darf ich mich zu dir setzen?«

Nicholas stieß einen Grunzlaut aus. Immer noch hatte Stefano ein amüsiertes Lächeln in den Augen.

»Ja, selbstverständlich«, sagte Nicholas. Er hatte plötzlich das Gefühl, daß Stefano ihn zu gut kannte.

»Wann läßt du endlich die Wände zu Ende tünchen?« Stefano sah sich im Raum um.

»Sobald ich weiß, was ich dorthin tun werde.«

»So, wie es früher aussah, das war doch schön.«

»Ich hatte mich daran satt gesehen.«

»Der Raum wirkte dadurch... Man hatte das Gefühl, draußen auf dem Lande zu sein.«

»Ja. Es sah leer und nichtssagend aus. Ich verabscheue das Land.«

Ein Klopfen an der Tür ließ ihn zusammenzucken. Mit drei Schritten hastete er zur Tür, erst dann dachte er daran, Juan aufmachen zu lassen. Mit den Händen berührte er die Pelzverbrämung vorn an seinem Rock. Juan eilte an ihm vorbei.

»Ja?«

Der alte Mann sprach durch die nur einen Spalt weit geöffnete Tür. Die antwortende Stimme klang gedämpft, und Nicholas konnte die Worte nicht verstehen. Juan blickte über die Schulter.

»Er spricht Spanisch und möchte Euch unter vier Augen sprechen.«

Nicholas ging zur Schwelle, legte dem alten Mann kurz eine Hand auf die Schulter und schickte ihn fort. Draußen vor der Tür stand Miguelito da Corella.

»Seid Ihr allein?« fragte Miguelito, der sich bis zu den Ohren in einen Umhang gehüllt hatte. Nicholas fragte sich, wie er am Tor vorbeigekommen war. »Darf ich eintreten?«

Stefano mußte das Tor offengelassen haben. »Es ist jemand hier«, sagte Nicholas. »Er spricht kein Spanisch.«

Miguelito nickte, und Nicholas ließ ihn passieren. Neugierig spähte der vier oder fünf Schritt entfernt stehende Stefano herüber. Nicholas nahm Miguelito beim Ellbogen und drehte ihn so, daß er dem Raum den Rücken zukehrte.

»Mein Gebieter möchte von Euch wissen, wo er in der Toskana zuschlagen soll.«

»In Arezzo«, antwortete Nicholas leise. »Sagt ihm, die Leute dort wären so erbost über die Steuerlast und die Übergriffe von Florenz, daß sie vermutlich jede Armee mit offenen Armen aufnehmen würden, die er hinschickt.«

Miguelito bekam einen sonderbaren Zug um den Mund. Der schmale schwarze Oberlippenbart verbarg die Mundwinkel, doch das Lächeln verlieh seinem Gesicht einen etwas freundlicheren Ausdruck. »Ich habe mir schon gedacht, daß es Arezzo sein sollte. Oder Piombino.«

»Das kann man sich doch an fünf Fingern abzählen.«

»Ihr werdet ihnen die Geschichte mit Pisa beibringen?«

Nicholas nickte. »Wollt Ihr einen Schluck Wein?«

»Nein. Wir reiten jetzt nach Cesena in der Romagna.« Miguelitos Lächeln wurde herzlicher. »Wir sehen uns wieder – nach Urbino.«

»So?«

»Jawohl. Wenn es schiefgeht, wird er wollen, daß Ihr entsprechend unterrichtet werdet.« Miguelito versetzte ihm spielerisch einen Rippenstoß, so als gälte es, über einen Witz zu lachen. Dann eilte er an Nicholas vorbei zur Tür hinaus.

Nicholas warf die Tür zu. Als er sich umdrehte, fragte Stefano: »Wer war das? ... Heiliger Strohsack, du bist ja bleich wie ein Gespenst!«

»Es ist nichts.« Nicholas ging mit weichen Knien zu seinem Sessel. Er war sich nicht einmal darüber im klaren, ob Miguelitos Drohung ihm in die Glieder gefahren war oder die Tatsache, daß seine Pläne nun verwirklicht werden sollten. Nicholas nahm Platz. Juan stand mit todernster Miene, aber stechend blickenden Augen an der Küchentür. Nicholas hob den Kopf.

»Du kannst jetzt auftragen.«

»Wer war dieser Mann?« wollte Stefano wissen. »Meiner Treu, Nicholas, du bist immer noch totenbleich! Was hat er zu dir gesagt?«

»Es war bloß ein Bote.«

»Aber was hat er gesagt?«

Nicholas hob eine Hand vors Gesicht und schützte sich vor Stefanos forschendem Blick. »Nichts. Es war nur der kalte Wind vor der Tür. Das ist der Grund, warum ich so bleich bin.« Er hob die Stimme. »Juan, trage jetzt auf!«

Da er ganz durcheinander war, sprach er Italienisch. Stefano räusperte sich. Er ließ Nicholas keinen Moment aus den Augen. Was diesen daran ärgerte, war weniger dessen Interesse an sich, als vielmehr, daß er ein Recht auf ein solches Interesse hatte. Er besaß einfach kein eigenes Selbst mehr, das sicher war vor diesem Mann. Juan trug das Essen auf einem mit rotem Klatschmohn bemalten Tablett auf. Neben einer Zwiebelsuppe mit feingeriebenem Käse darauf brachte er ihnen Brot, gelbe sahnige Butter und einen mit Apfelscheiben belegten Kuchen.

»Herrlich!« schwärmte Stefano und beugte sich eifrig über die Suppe.

Nicholas brachte kaum etwas hinunter. Den Blick gesenkt, rührte er in der Suppe. Sein ganzer Plan in bezug auf Urbino hing von der Schnelligkeit und dem Überraschungsmoment ab. Die Straßen waren gut, doch überraschend einsetzender Regen, ein Zwischenfall, ein Erdrutsch auf einem Gebirgspaß – jedes unvorhergesehene Mißgeschick konnte Miguelito mit einer zu einer Würgeschlinge aufgeschossenen Bogensehne wieder vor seine Tür bringen.

Stefano lehnte sich zurück. »Alter!« Er schnippte mit den Fingern. »Komm, nimm diesen Teller fort.«

»Verdammt noch mal!« Nicholas warf den Löffel auf den Tisch. »Hör endlich auf, meinen Diener herumzukommandieren!«

Überrascht und mit großen Augen starrte Stefano ihn an. Juan nahm den leeren Suppenteller vom Tisch.

»Ich will nicht, daß du ständig meinen Diener herumscheuchst!« ereiferte Nicholas sich.

»Beruhige dich!« Stefano machte eine entsprechende Handbewegung.

»*Per Bacco,* ich dulde es nicht, daß du so zu mir sprichst! Ich lasse mich nicht derart von oben herab behandeln! Raus aus meinem Haus!«

Stefano sah zu Juan auf und wandte den Blick dann wieder Nicholas zu. Sein Gesichtsausdruck hatte etwas unergründlich Nachdenkliches. Er schien innerlich aufgewühlt zu sein. Nicholas war immer noch erregt und rief nochmals: »Raus mit dir!« Woraufhin Stefano aufstand und ging.

Die Suppenschale in der Hand, stand Juan in der Küchentür. Nicholas konnte dem alten Mann nicht in die Augen sehen. Er schob seinen Stuhl zurück und verschwand in seiner Schlafkammer.

*

Der Überraschungsangriff auf Urbino sollte erst beginnen, nachdem der Frühjahrsfeldzug bereits ein gutes Stück vorangekommen war. Die ersten Monate der wärmeren Jahreszeit brachte Valentino damit zu, sein Heer aufzustellen. Das bereitete weiter keine Schwierigkeiten, denn Soldaten gab es in der Romagna genug. Nicholas las jeden Bericht, unterhielt sich mit jedem Reisenden aus dem Norden, den er finden konnte, und hörte von viel Unruhe und Aufregung, nicht aber von echten Kriegshandlungen.

Bruni stellte einen neuen Schreiber ein, der in jedem dritten Wort einen groben Fehler machte. Anfangs verbesserte Nicholas ihn geduldig; dann behielt er den Jungen nachmittags in der Kanzlei, um mit ihm zu üben. Schließlich fuhr er aus der Haut und prügelte den Gescholtenen mit seinem Spazierstock durch.

Die Schreie des Jungen begleiteten die anderen Schreiber mit brüllendem Gelächter. Bruni kam aus seinem Arbeitskabinett den Korridor herunter, um zu sehen, was los war.

Nicholas' Spazierstock spaltete sich der Länge nach. Er ließ den schluchzenden Jungen los und trat in das Sonnenlicht neben dem Bogen, der auf die Loggia führte, und besah sich den Schaden genauer. Hinter ihm machten die anderen Schreiber sich stichelnd über den Prügelknaben lustig.

»Aber, aber, Messer Nicholas!« tadelte Bruni.

Von der Treppe her waren schwere Schritte zu vernehmen, und ein staubbedeckter Mann kam hereingestürzt. »Arezzo!« rief er. »Arezzo!«

Alle anderen verstummten. Der Kurier zog die Ledertasche über den Kopf. Nicholas' Finger krallten sich um den Stock. Er sah Bruni dastehen, als wäre er dem Marmorboden entwachsen.

»Exzellenz!«

Bruni trat einen Schritt vor. »Gib her!« forderte er in gebieterischem Ton.

»Arezzo!« wiederholte der Bote und drückte Bruni die Tasche in die Hand. »Die schrecklichen Gerüchte...«

»Halt den Mund!« rief Nicholas. »Was immer geschehen ist, behalte es für dich.« Er ließ seinen zerbrochenen Spazierstock fallen und scheuchte die Schreiber und Pagen wieder an ihre Arbeit. Zu dem Jungen, den er verprügelt hatte, sagte er: »Bring den Kurier nach unten, gib ihm einen Becher Wein und hilf ihm, die Stiefel auszuziehen!« Es galt, Grenzen zu ziehen, mehr nicht.

Bruni eilte den Korridor hinunter. Das Gesicht tränenverschmiert, ging der Junge durch den Raum zu dem Kurier hinüber. Nicholas blickte drohend in die Runde, um sich zu vergewissern, daß jeder beschäftigt war, und folgte dem Gesandten dann in dessen Kabinett.

Bruni ließ sich hinter seinem Schreibtisch nieder und zerschnitt das Siegel an der Kuriertasche mit einem Messer. Dann schüttete er die Briefe auf die Tischplatte. Es waren sehr viele, doch die meisten sollten von seinem Büro aus an andere Adressaten weitergeschickt werden; nur drei waren für die Gesandtschaft bestimmt, und von diesen war nur einer mit dem roten Siegelwachs gekennzeichnet, das eine besondere Geheimnachricht verriet.

Nicholas stand am anderen Ende des Kabinetts und verschränkte die Hände hinter dem Rücken.

»Arezzo«, sagte Bruni. »Ich wußte, daß Schlimmes auf uns zukam, denn die Zeichen am Himmel stehen höchst ungünstig.« Er schnitt auch die roten Wachssiegel entzwei.

Nicholas enthielt sich eines Kommentars.

Der Gesandte zog den zusammengefalteten Bogen hervor und ließ ihn bald darauf über den Tisch zu Nicholas hinübergleiten.

»Macht Euch selbst einen Vers darauf.« Bruni rieb sich die Augen.

Die Nachricht war kurz: In den Straßen von Arezzo schwirre es von Gerüchten; in Florenz hätte man seit Tagen nicht direkt von der von Florenz abhängigen Stadt gehört, und so befürchte die Signoria, daß dort etwas Schreckliches passiert sei. Bruni solle versuchen, soviel wie möglich über die dortige Situation in Erfahrung zu bringen.

Nicholas warf einen Blick auf die Unterschrift: Der Gonfaloniere der Stadt. Er empfand nichts, nicht einmal Erleichterung, so als habe er mit alldem nichts zu tun.

»Wo fangen wir an?« fragte Bruni. »Was können wir tun? Arezzo liegt viel näher bei Florenz als bei uns. Warum schicken sie nicht einfach einen Boten hin, der sich umsieht? Wofür halten die mich eigentlich – für einen Hellseher?«

Bestürzt sah Nicholas ihn den seitlich auf dem Schreibtisch liegenden Roman zur Hand nehmen und aufschlagen. Bruni schien in seinem Sessel regelrecht zu versinken und begann zu lesen. Schweigen breitete sich aus. Schließlich blickte der Gesandte auf.

»Tut Ihr das, Nicholas. Darauf versteht Ihr Euch doch trefflich. Erstattet mir Bericht, sobald Ihr dem Ersuchen nachgekommen seid.«

»Ja, Exzellenz!«

Bruni war bereits in seinen Roman vertieft. Nicholas raffte die Depeschen zusammen, steckte sie in die Kuriertasche und kehrte zurück in die Kanzlei.

*

Nachdem er dafür gesorgt hatte, daß die verschiedenen Briefe ihre Adressaten erreichten, ging Nicholas über den Tiber hinaus in die Leoninische Stadt.

Dabei drängte sich ihm unwillkürlich der Gedanke an Stefano auf, den er seit dem Abend des Hinauswurfs nicht mehr gesehen hatte. Natürlich kam Stefano nicht wieder, und Nicholas hatte auch nicht die Absicht, zu ihm zu gehen. Doch er gab die Schuld dafür keineswegs Stefano, sondern sich selbst. Er durfte unmöglich zugeben, ein angstschlotternder Narr zu sein. Er konnte seine Würde nur dadurch retten, daß er vorgab, nichts zu bedauern. Gleichwohl mußte er eigentlich jeden Tag, ja fast stündlich an Stefano denken.

Dort, wo die Gasse sich verengte, weil sie in die Brücke mündete, drängte sich der Verkehr von Wagen und Karren, zu Fuß gehenden und auf Maultieren reitenden Leuten, und so kam Nicholas nur langsam voran. Was immer er tun wollte, ohne Spazierstock hatte er das Gefühl, zwei linke Hände zu haben. Der leichte Modergeruch des Flusses stieg ihm in die Nase. Auf dem steinernen Brückengeländer sah er bald darauf eine große rötlichgelbe Katze. Sie wandte den Kopf, um ihn anzusehen. Ein Auge war von einem intensiv schimmernden Grün, das andere jedoch herausgerissen, so daß nichts weiter als die nässende leere Augenhöhle zu sehen war. Nicholas wurde übel, und er beeilte sich, über die Brücke zu kommen.

Gemeinsam mit einer Gruppe von Mönchen und Fremden eilte er die Straße hinauf, die bis an die Mauer des Vatikans führte. In der Nähe des Palasteingangs priesen Weinhändler und Orangenverkäufer lauthals und in allen möglichen Sprachen ihre Waren an. Nicholas mußte wieder an die Katze denken. Irgendwie war das wie ein böses Omen, als wäre das Tier ein Bote, der an der Brücke auf ihn gewartet hatte. Doch wie die Botschaft lautete, vermochte er nicht zu sagen, dafür war er viel zu durcheinander.

Das Straßenpflaster unter seinen Füßen, hier und da mit dem päpstlichen Siegel versehen, war schlüpfrig von verschüttetem Wein und Orangenschalen. Kurz vor dem Eingang stand ein Mann in fremdländischer Kleidung am Straßenrand und schlug, für alle Vorübergehenden sichtbar, seelenruhig sein Wasser ab. Nicholas ging die Straße hinauf und betrat den Palast. Dabei sagte er sich, daß sein augenblickliches Hochgefühl alles, was er sah, irgendwie verfälschte. All das bedeutete nichts, nicht einmal die Katze.

Der Palast war überfüllt, obwohl der Papst keine Audienzen gab. Nicholas schlenderte von einem Raum zum nächsten. Da Angela Borgia mit nach Ferrara gegangen war, hatte er seine Hauptinformationsquelle sowie eine der Hauptmöglichkeiten, sich Zugang zum inneren Kreis der Borgias zu verschaffen, verloren. Zwar stand er mittlerweile im Sold des Prinzen, doch durfte er das nicht allzu offen zu erkennen geben, weil sonst womöglich die Signoria davon erfuhr.

Daß er die hinterging, kam ihm überhaupt nicht in

den Sinn. Die Signoria hatte Fehler gemacht, und er tat nichts weiter, als das zu nutzen. Damit hatten sie Verrat an sich selber begangen. Im übrigen würde ohnehin nichts bei der ganzen Sache herauskommen; so lief das immer.

In einem langgestreckten Raum stieß er unter anderen Gefolgsleuten der Borgias auf Valentinos Sekretär.

»Ich brauche ein paar Informationen«, sagte Nicholas.

Der Sekretär war gerade dabei, einen Pfirsich zu essen. Mit der freien Hand hielt er eine Serviette, so daß sie den heruntertropfenden Saft auffing. Genüßlich biß er in das Fruchtfleisch, schluckte den Bissen hinunter und fragte: »Welcher Art?«

»Hinsichtlich des Feldzugs gegen Arezzo. Mein Arbeitgeber, die Signoria von Florenz, möchte unbedingt wissen, was dort geschieht.«

Der Sekretär lächelte mit geschlossenen Lippen. Mit der Serviette tupfte er sich die Lippen ab. »Was soll ausgerechnet ich Euch davon erzählen, da Ihr die ganze Sache doch geplant habt? Bis auf dies vielleicht: Piero de' Medici kommt nach Arezzo.«

»Das, zum Beispiel, könntet Ihr mir erzählen«, meinte Nicholas.

Es handelte sich um einen kleinen Punkt des Plans, an den er nicht gedacht hatte – den verbannten Medici-Prinzen beim Aufstand mit ins Spiel zu bringen.

»Und sonst läuft die Kampagne gut?«

»Überaus gut«, antwortete der Sekretär. Suchend schaute er sich um nach irgendeiner Möglichkeit, den Pfirsichkern loszuwerden. Nicholas nahm ihm den Kern ab.

»Ich habe die Ehre.« Er verneigte sich, woraufhin der Sekretär das mit einer überaus eleganten Verneigung erwiderte.

Nicholas verließ den Raum. Als er unterhalb von Sant' Angelo über die Brücke ging, warf er den Pfirsichkern ins Wasser.

*

»Was soll ich ihnen sagen?« fragte Bruni. »Wie soll ich ihnen Hoffnung machen? Es gibt keine.«

Nicholas wandte sich der Tür des Arbeitskabinetts zu und machte sie auf, um in den Korridor blicken und sich vergewissern zu können, daß niemand ihnen nachspionierte und etwa lauschte. Er behielt den Gang im Auge und sagte: »Sie brauchen keine Hoffnung, sondern nur Tatsachen. Arezzo ist in Valentinos Hand, und wie ich gehört habe, tragen die Bürger von Pisa ihm ihre Stadt an...«

»Heilige Mutter Gottes, voll der Gnaden!«

»Aber die Kräfte, die Florenz voriges Jahr ihren Schutz haben angedeihen lassen, sind unverändert geblieben. Die Franzosen tun alles, um die Republik vom Papst unabhängig zu halten. Und daß in Neapel eine spanische Armee steht, kann sie nur in ihrer Entschlossenheit bestärken, uns zu helfen.«

Bruni schüttelte den Kopf. Wegen seiner gedrückten Stimmung zog er ein langes Gesicht und kreuzte die Arme vor der Brust. »Ihr seht die Sache falsch. Die Spanier sind die Beschützer der Borgias und der Medici. Sie, nicht die Franzosen, stellen die Hauptstreitmacht in Italien... schließt die Tür! Wollt Ihr, daß das ganze Viertel uns hört?«

Auf Zehenspitzen kam Nicholas der Aufforderung nach. Niemand schien daran interessiert, sie zu bespitzeln. Wie gewöhnlich waren Brunis Fenster dicht von Vorhängen verschlossen, und im Kabinett war es düster wie in einer Gruft. Nicholas holte seine Zunderbüchse hervor, um zwei Kerzen an der Wand hinter Brunis Schreibtisch anzuzünden. Als das Licht aufglomm, ruckte Brunis Kopf zur Seite.

»Exzellenz, wir brauchen Licht, um den Brief zu verfassen.«

»Ich kann ihn nicht schreiben«, sagte Bruni.

»Valentino versucht der Signoria doch bloß genügend Angst einzujagen, um sie zu Verhandlungen zu zwingen. Wir müssen ihnen helfen...«

Er sprach nicht weiter. Bruni zog eine Schreibtischschublade auf und entnahm ihr einen ledergebundenen Roman – denselben, in dem er gelesen hatte, als Nicholas morgens in die Leoninische Stadt gegangen war.

»Ich kann den Brief nicht schreiben«, wiederholte Bruni. »Macht Ihr das, Nicholas. Ihr verändert ohnehin alles, was ich sage.«

»Exzellenz!«

Bruni schlug den Roman auf. »Das hier ist eine hübsche Geschichte, Nicholas. Die Geliebte unterwirft den Geliebten jeder Prüfung, doch er bleibt reinen Herzens und bewahrt ihr die Treue.«

Plötzlich stand Nicholas da mit offenem Mund wie ein Schuljunge, während Bruni weitersprach. Nicht Ugo, sondern Bruni selbst mußte es demnach gewesen sein, der Valentino gesteckt hatte, was Nicholas machte. Bruni hatte also die ganze Zeit über gewußt, was Nicholas mit den Briefen anstellte. Der Gesandte versenkte sich in seinen Roman und entschwebte in andere Welten.

Nicholas zog sich zurück.

*

Nicholas arbeitete an dem Brief noch lange, nachdem der Rest der Gesandtschaft nach Hause gegangen war. Als er endlich den Arbeitsraum abschloß und sich auf den Heimweg machte, war es bereits dunkel.

Ein Mond war nicht zu sehen, doch war der Himmel von hell blinkenden Sternen übersät, und die Luft war feucht und warm. Morgen würde es wieder sehr heiß werden. Nicholas genoß den Fußmarsch und wünschte nur, er hätte seinen Spazierstock dabei. Um sich darauf zu stützen, hatte er ihn so gut wie nie gebraucht, doch hatten der Knauf und das Geräusch des Stocks auf dem Boden dem Gehen eine besondere Qualität verliehen. Außerdem meinte er, daß ihn das interessanter machte. Er überquerte die Piazza unterhalb des Kapitols, als ihm auffiel, daß ein paar Männer ihm folgten.

Nicholas blieb sofort stehen. Die Straße vor ihm war eng und dunkel. Er hütete sich, dem Gesindel dorthin voranzugehen. Er war sofort von den Männern umringt.

»Macht keine Dummheiten!« sagte Nicholas. »Die Wache muß jeden Moment vorbeikommen.«

Sie waren zu viert. Alle standen ganz dicht um ihn herum. Nicholas spreizte die freie Hand und schloß sie wieder.

»Ich habe kein Geld.«

Von hinten traf ihn ein harter Schlag auf den Arm,

so daß der bis zum Ellbogen gefühllos wurde. »Nimm die Hände hoch!«

Er hob sie an. Sie konnten sehen, daß er keine Waffe bei sich trug.

»Ich habe kein Geld. Ihr verschwendet eure Zeit. Die Wache muß jeden Moment hier vorbeikommen.«

Ein Schlag, der ihn seitlich am Kopf traf, ließ ihn zu Boden gehen. Ihm war klar, daß sie ihn umbringen würden. Und er war so glücklich und so völlig arglos in diese Sache hineingeraten.

»Wartet«, ließ sich eine rohe Stimme vernehmen, »das ist der Honigsauger von Il Bello!«

»Der ist reich. Hol dir seine Börse!«

«Mit Il Bello sollte man sich besser nicht anlegen.«

»Er sagt doch sowieso, er hat kein Geld.«

Sie trollten sich und ließen ihn allein zurück. Ungläubig hob er den Kopf, während der letzte von ihnen ihn mit einem wütenden Blick bedachte und ihm noch einen Tritt verpassen wollte, dem Nicholas nur dadurch entging, daß er sich herumrollte. Dann eilte auch dieser Mann über die leere Piazza hinter den anderen her.

Die Glocke von Aracoeli fing an zu läuten.

Den Rock verschmutzt vom Straßendreck und den linken Arm immer noch ohne Gefühl, stand Nicholas auf. Il Bello: Stefano. Nicholas zog seine Kleidung zurecht. An einem Knie war die Hose zerrissen, einen Schuh hatte er verloren. In diesem Augenblick begannen alle Glocken Roms zu läuten, während sich die Mönche auf der Treppe versammelten, die zum Aracoeli hinter ihm hinaufführte, doch Nicholas drehte sich nicht um.

Stefano: Il Bello – ›Der Schöne‹.

Unter Schmerzen ging Nicholas nach Hause. Im Grunde spielte es keine Rolle. Stefano spielte keine Rolle, und es war eine Schwäche von Nicholas, sich nach ihm zu sehnen, besonders jetzt, da sein eigener Einfluß und seine Arbeit in Rom von Gewicht waren. Das allein zählte, nicht Stefano.

Nicholas ging unter den Bäumen her, die die Straße zum Kolosseum säumten. Die staubige Luft, die sich unter den breiten Baldachinen der Baumkronen gefangen hatte, strich ihm übers Gesicht. Kribbelnd kam wieder Leben in seinen Arm, aber er schmerzte. Sein Leben verdankte er Stefano, den er hinausgeworfen hatte. Unter Schmerzen schlich er sich zurück zu seinem Haus, wo Juan ihn pflegen würde.

*

Wie gewöhnlich ganz darauf konzentriert, Pisa zurückzugewinnen, gab die Florentiner Signoria kaum acht auf die Rebellion in Arezzo. Dabei hatte Nicholas ihnen zwei Briefe geschrieben und erklärt, daß die dortige Lage schnelles Handeln erfordere. Im Hochsommer zog dann Piero de' Medici, das Oberhaupt des verbannten Adelsgeschlechtes, zusammen mit Vitellozzo Citelli, *Capitano* des Herzogs Valentino, in Arezzo ein, wobei letzterer mit der Signoria noch eine Blutschuld für die Ermordung seines Bruders zu begleichen hatte. Dichtgedrängt standen die Bürger von Arezzo in den Straßen und umjubelten sie den ganzen Weg bis zum Palazzo. Die Signoria in Florenz geriet in Panik. Hals über Kopf schickten sie einen Kurier mit der Bitte um Hilfe an den Florentiner Gesandten beim König von Frankreich, woraufhin König Louis pflichtschuldigst seinen Truppen in Mailand befahl, der Stadt gegen Valentino beizustehen.

Dieses Thema beherrschte, wo immer Menschen zusammenkamen, die Gespräche in Italien den ganzen Sommer lang. Niemand fand etwas Besonderes dabei, als Herzog Valentino mit den Kanonen, die er von seinem neuen Verbündeten – Guidobaldo von Urbino – erhalten hatte, durch dessen Territorium marschierte, um Camerino anzugreifen.

*

In der Hitze der Sommernacht wachte Nicholas immer wieder auf; Alpträume ließen ihn keine Ruhe finden. Einmal schreckte er kurz vor Mitternacht hoch und ging hinüber in die Küche, um sich zum besseren Einschlafen ein Glas kühlen Weins zu holen. Juan schlief zwischen Wand und Holztisch auf seiner schmalen Lagerstatt. Nicholas glitt an ihm vorüber. Der alte Mann drehte sich um und fing an zu schnarchen. Nicholas trank Wein und legte sich wieder hin.

Aber er konnte immer noch keine Ruhe finden. Er lag auf dem Rücken und dachte an Stefano.

Irgendwo in der Nähe bellte ein Hund. Nicholas wälzte sich auf die andere Seite. Das Gebell durchdrang seine Ohren wie Dornen. Wieder wälzte er sich herum und bedeckte die Ohren mit dem Kopfkissen. Die leichte Zudecke fiel herunter. Er griff danach und zog sie über die Schultern.

Durch den Lärm des Hundegekläffs drang ein anderer, näherer Laut an sein Ohr. Nicholas setzte sich auf und lauschte. Irgend jemand schlich draußen in seinem Garten herum. Ihm fiel ein, wie Stefano in das Haus eingebrochen war, doch damals war er nicht alleine gewesen. Vielleicht war es Stefano. Nicholas schlüpfte in seinen Hausmantel und stieg in die Pantoffeln. Wenn es Stefano war – wenn es nicht Stefano war... Nicholas machte die Tür so weit auf, um den Kopf hinausstrekken und den Hauptraum überblicken zu können.

Es sah alles noch so aus, wie er es verlassen hatte. Eine Kerze brannte in der eisernen Halterung neben der Haustür. Nicholas ging hin, um nachzusehen, ob sie verriegelt war.

Gerade als er sie erreichte, schwang die Tür auf.

Miguelito stand auf der Schwelle.

Nicholas fragte: »Was wollt Ihr von mir?«

Miguelito trat an ihm vorbei in den Wohnraum. Er war mit einem langen Reiserock bekleidet. Seine schmutzbedeckten Stiefel hinterließen eine Spur auf dem Boden. Mit Schwung warf er den Hut durch den Raum.

»Ich komme geradewegs aus Urbino«, erklärte Miguelito.

»Ah!« Mehr konnte Nicholas nicht herausbringen.

»Es hat geklappt«, berichtete Miguelito. »Guidobaldo ist geflohen; Urbino gehört Cesare Borgia, der Euch mit den besten Grüßen dies hier schickt.«

Er überreichte Nicholas einen Ring.

»Es hat also geklappt«, meinte Nicholas.

Er schloß die Hand um den schweren Stein. Heiß wallte es in ihm auf. Es war der absolute Triumph. Die beiden Männer lächelten sich zu.

»Trinkt ein Glas Wein mit mir«, sagte Nicholas. »Wir müssen auf den Sieg anstoßen.«

An der Küchentür tauchte Juan auf und sah sie verwundert an. Nicholas schickte ihn mit einer Handbewegung weg. Miguelito unterdrückte ein Gähnen, dann sah er sich im dunklen Raum um und lächelte Nicholas müde an.

»Wollt Ihr Euch den Klunker nicht ansehen?« Er knüpfte den Rock auf und ließ ihn von den Schultern zu Boden gleiten.

Nicholas betrachtete den Ring eingehend. Die Farbe des Steins konnte er im Kerzenlicht nicht genau erkennen; er wirkte schwarz. Die massive Fassung bestand aus purem Gold.

»Sehr schön«, sagte er.

Miguelito trat auf den nächststehenden Sessel zu. »Er hat recht. Ihr seid wirklich ein komischer Kauz. Wer kann einem Menschen trauen, der sich nichts aus einem Rubin macht? Mein Pferd steht draußen. Jemand muß es versorgen.« Er ließ sich seufzend nieder, legte die Beine mit den schmutzigen Stiefeln auf den gegenüberstehenden Plüschstuhl und schloß die Augen. Von einer Sekunde zur anderen war er eingeschlafen.

Ein zerrissenes graues Umschlagtuch um die Schultern, war Juan wieder aus der Küche gekommen. Unentschlossen stand Nicholas da. Er hatte Angst vor Pferden. Er spreizte noch einmal die Hand, um sich den Ring genauer anzusehen. Da erkannte er, daß der Stein nicht schwarz war, sondern rot – wahrhaftig ein Rubin.

»Geh zu Bett!« sagte er zu Juan. Dann begab er sich in den Garten, fing Miguelitos erschöpftes Pferd ein und führte es am Zaum zum nächsten Gasthaus mit angeschlossener Stallung.

*

Am Morgen war die Einnahme von Urbino in Rom in aller Munde. Nicholas erreichte die Florentiner Gesandtschaft eine halbe Stunde später als sonst. Alle anderen hatten bereits Platz genommen und redeten miteinander; aber keiner arbeitete. Als Nicholas eintrat, stürmten alle Schreiber und Pagen laut durcheinanderredend auf ihn zu.

Er kämpfte sich bis zum Kleiderständer durch und hängte seinen Rock auf. Wie mit einer Stimme redeten sie auf ihn ein und wiederholten immer und immer wieder die Namen Urbino und Valentino.

»Ruhe jetzt!« rief Nicholas.

Aufmerksam lauschend verstummten sie.

»Kehrt zurück an eure Arbeit! Was immer in Urbino geschehen ist, unsere Arbeit muß weitergehen.«

»Messer Nicholas!« rief ein Schreiber und hob drohend die Faust. »Es gibt keine Bosheit, nichts so Verruchtes...«

»Was immer es gibt«, unterbrach ihn Nicholas, »Genaues werden wir erst in einiger Zeit wissen. Bis dahin müssen wir uns die Arbeit einteilen, um sie zu bewältigen. Und wenn das nicht geschieht, werde ich geeignete Schritte unternehmen...«

Alle machten lange Gesichter, und ihre Mienen drückten Zweifel aus. Nicholas fragte sich, was sie wohl sagen würden, wenn sie erführen, daß er es war, der diese Verruchtheit ersonnen hatte. Sie wandten sich wieder ihren Schreibtischen zu, und Nicholas ging hinunter zu Brunis Kabinett, wo er versuchte, Ordnung in das Memorial des Gesandten zu bringen.

Wo er an diesem Tag auch hinkam, überall redeten

die Leute über Urbino. Als er sich in der Mittagsstunde zwecks Austausches von einigen Geheimnissen mit dem venezianischen Gesandten traf, konnte der sich gar nicht genugtun, über die Eroberung zu reden.

»Wir hätten es von dem Augenblick an wissen müssen, als die Borgias die Verhandlungen mit Guidobaldo begannen. Sich vorzustellen, daß ein Papst in einen solchen unmenschlichen Verrat verstrickt ist...« Kopfschüttelnd trommelte der Venezianer auf die Tischplatte zwischen sich und Nicholas. »Aber was noch schlimmer ist: Die Borgias werden wie immer von ihren Sünden nur profitieren. Vielleicht haben wir den Herrgott von Anfang an falsch verstanden.« Er lächelte Nicholas zu, der dieses Lächeln pflichtschuldigst erwiderte.

Nicholas sonnte sich in seiner Empörung. Es machte einfach Spaß, Zeuge zu sein, es mit anzuhören und feierlich zuzustimmen wie ein Geist, der bei seinem Begräbnis in den Lobhudeleien der anderen schwelgt.

Am Spätnachmittag stieß Nicholas, und das war alles andere als ein Zufall, auf den Kaufmann Amadeo, dem er seit dem Karneval aus dem Weg gegangen war.

Amadeo trank im Schatten eines Traubengangs am Rand der Stadt ein Glas Wein. Er begrüßte Nicholas übertrieben freundlich, woraufhin der fragte, wieso er denn trotz der Sommerhitze immer noch in Rom weile.

»Bis vorige Woche war ich in den Bergen«, berichtete Amadeo und gab dem Schankjungen ein Zeichen, Nicholas ein Glas zu bringen. Die Schatten der Trauben bildeten Kringel auf dem Tischtuch. Überreife Trauben hingen über ihren Köpfen hernieder. »Doch eine Geldangelegenheit hat mich nach Rom zurückgeführt. Wofür ich geradezu dankbar bin, sonst hätte ich schwerlich so schnell und so umfassend über den neuesten Triumph des Prinzen erfahren.«

Nicholas schob die Brauen hoch. »Valentino?« fragte er glattzüngig.

»Ja, natürlich! Von dem Handstreich mit Urbino – brillant! Dieser Borgia ist über sich selbst hinausgewachsen und hat sich von den Fesseln der allgemeinen Meinung freigemacht. Wer hätte das gedacht? Aber es war brillant, ausgesprochen brillant!«

Der Schankjunge stellte ein Glas tiefroten Weins vor Nicholas hin, der mit den Fingern den Stiel berührte. Amadeos Lob tat ihm gut.

Er sagte: »Es gibt aber welche, die der Handstreich schlimmer schockiert hat als alles, was die Borgias sich bislang geleistet haben.«

»Pah! So was Kleingeistiges! Ich muß gestehen, daß meine Hochachtung vor dem Prinzen nur noch größer geworden ist.«

Nicholas mußte an sich halten, um sich nicht zu verraten. Er kam auf andere Dinge zu sprechen, weil er befürchtete, daß Amadeo irgend etwas merken könnte.

Zum erstenmal im Leben empfand er sich nicht als kleiner denn die Menschen im allgemeinen.

Auf dem Heimweg kehrte er an diesem Abend in jenem Gasthof ein, wo er Miguelitos Pferd untergebracht hatte, um die Rechnung dafür zu begleichen. Dabei stellte er fest, daß das Pferd nicht mehr da, die Rechnung jedoch nicht bezahlt war. Während Nicholas darauf wartete, daß der Wirt ihm das Wechselgeld brachte, hörte er im Schankraum nebenan zwei Männer miteinander streiten.

»Valentino ist der Teufel!«

»Er ist der Retter Italiens.«

»Das war die Tat eines Barbaren.«

»Er muß tun, was notwendig ist.«

»Er hat seinen Verbündeten verraten.«

»Urbino gehört ihm. Er hat es ohne einen verlustreichen Krieg genommen. Zählt das denn gar nichts?«

Die eigenen Argumente aus dem Mund eines Fremden zu hören, gab Nicholas wiederum Auftrieb, und er konnte ein Lächeln nicht unterdrücken. Der Wirt zählte ihm das Geld in die Hand.

»Nun«, sagte der Mann, »seid froh, etwas zu haben, worüber Ihr Euch freuen könnt, Messer Dawson. Und habt Mitleid mit der Bevölkerung von Urbino.«

»Gott sei uns allen gnädig«, murmelte Nicholas.

*

Juan war im Garten beschäftigt. Hinter den Bäumen und dem Gesträuch hörte Nicholas ihn singen. Miguelito war fort, das Haus leer. Nicholas ging in seine Schlafkammer, um Rock und Schuhe abzulegen und etwas Bequemeres anzuziehen. Danach suchte er die Küche auf, um sich ein Glas Wein zu holen. Im Kessel brodelte Suppe vor sich hin, ein großer Käse lag auf dem hölzernen Schneidebrett neben dem Spülstein. Das Tuch, mit dem er zugedeckt war, ließ das helle weiche Innere erkennen.

Nicholas schenkte sich Wein ein. Einen ganz gewöhnlichen Landwein. Er wünschte, er hätte feineren, einen Wein aus dem Norden vielleicht, seinen Triumph damit zu feiern. Nie zuvor hatte er einen Sieg errungen. Nicholas hielt das Glas so, daß das Licht der

Lampe darin funkelte. Er war so rot wie der Rubin, den Valentino ihm geschickt hatte.

An der Speisekammertür tauchte Juan auf. »Da ist jemand am Tor.«

»Wer denn?«

»Ich weiß es nicht. Mehrere Berittene.«

Nicholas setzte das Glas ab. Er war unversehens hellwach und sich bewußt, nunmehr ein Mann von Bedeutung zu sein. »Warte! Ich will erst meinen Rock überziehen.« Er kehrte ins Innere des Hauses zurück, kleidete sich korrekt an und ging dann zur Haustür.

Auf der Straße vor dem Tor warteten nebeneinander drei Reiter; ein vierter war abgesessen und stand mit den Zügeln in der Hand da. Als Nicholas das Tor aufmachte, salutierte dieser Mann.

»Señor Dawson?«

»Ja.« Nicholas nickte.

»Ihr sollt mit mir kommen, Señor.«

Nicholas trat instinktiv zurück, doch bevor er das Tor zuwerfen konnte, sprang einer der Reiter hindurch und drückte ihn mit dem Pferd an die Wand. Jener, der bereits vorher abgesessen war, hatte den Säbel gezogen. Nicholas streckte eine Hand aus und versuchte, sich das Pferd vom Leib zu halten, wobei ihm der strenge Geruch des Tieres in die Nase stieg und er gleichzeitig auf die blitzende Säbelklinge starrte.

»Kommt mit, Señor!«

»Ich verlange zu wissen...«

Den Säbel ausgestreckt, sagte der Mann: »Kommt mit, Señor! Pedro...«

Der Reiter, dessen Pferd Nicholas mit seinem Leib an die Wand drückte, langte hinunter, um ihn beim Arm zu packen. Er zuckte zurück, woraufhin er gegen die Wand stieß. Prustend tänzelte das Pferd. Der Säbel streifte seinen Arm. Er glaubte Eisen zu riechen, bitter wie Aloe, und ließ zu, daß der Reiter seinen Arm packte und ihn auf das Pferd zog.

*

Eine halbe Meile ging es in Richtung Lateran. Dort trafen sie sich mit einem Dutzend weiterer Berittener, die ein Extrapferd dabeihatten. Sie fesselten Nicholas Dawson die Hände auf den Rücken, setzten ihn aufs Pferd und führten ihn fort.

Er versuchte herauszufinden, wer sie waren und wohin sie ihn brachten. Seine Stimme bekam vor lauter Empörung etwas Kreischendes. »Wißt ihr, wer ich bin?« Wütend ritt er im Schritt hinter ihnen her auf das Tor zum Lateranpalast zu.

Es war noch früh am Abend. Die Straße war menschenleer, selbst die Katzen waren zum Fressen hineingegangen. Unten passierte der Trupp den Lateranpalast, und wieder protestierte Nicholas in der Hoffnung, jemand auf den uralten zinnenbewehrten Festungsanlagen würde ihn hören. Der Anführer der Männer lenkte sein Pferd neben ihn.

»Señor Dawson, seid jetzt ruhig, oder ich stülpe Euch einen Futtersack über den Kopf!«

Danach sagte Nicholas nichts mehr.

Durch den Zugang zum Lateran kam ein hoch mit Heu beladener Karren, und sie mußten lange warten, während das Gefährt hindurchmanövriert wurde. Nicholas drehte die Hände innerhalb der Fesseln. Die Männer führten ihn aus der Stadt. Bei der Vorstellung, ihnen an einem unbekannten Ort auf Gnade und Ungnade ausgeliefert zu sein, brach ihm der Schweiß aus. Dann betrachtete er die Gesichter der Männer. Es waren die unterschiedlichsten Typen – breit und schmal, dunkel und hell, lebhaft und schweigsam. Ihre Kleidung ließ keinerlei Rückschluß darauf zu, zu wem sie gehörten, und keiner trug die Ordensspange von irgendeinem Fürsten oder irgendeiner Stadt. Es stand nur fest, daß sie Spanier waren. Vielleicht standen sie unter Valentinos Kommando, möglicherweise gehörten sie auch zur spanischen Armee vor Neapel.

Die Ochsen stapften vorüber und zogen den hochbeladenen Heukarren hinter sich her. Der Reitertrupp setzte sich wieder in Bewegung und strebte zur Stadt hinaus.

Nicholas hatte von jeher Angst vor Pferden gehabt und niemals richtig Reiten gelernt, nicht einmal die Grundbegriffe des Reitens. Noch im Schritt rutschte er ungeschickt im Sattel hin und her, doch konnte er Hände und Arme ja nicht benutzen, um sich im Gleichgewicht zu halten. Sobald seine Häscher die Stadt hinter sich hatten, trieben sie die Pferde zu einem flotten Trab an.

Der Ritt schien kein Ende zu nehmen. Es ging durch staubige Weinberge und vorüber an rotgedeckten Villen. Nicholas taten die Beine weh; der Schmerz steigerte sich an der Innenseite der Schenkel und in den Leisten fast unerträglich. Ständig flog er im Schritt auf und ab und wäre ums Haar aus dem Sattel gerutscht, ganz zu schweigen von einer drohenden Ohnmacht. Einer seiner Begleiter fing ihn auf, schob ihn wieder hoch und befahl ihm, sich wieder aufrecht hinzusetzen.

Allmählich dunkelte es. Der nächtliche Himmel

über ihnen glomm in der Fülle der schimmernden Sterne, so daß seine geblendeten Augen sogar im Dunkel noch Schatten zu erkennen glaubten. Die Soldaten bogen in eine beiderseits von Olivenbäumen gesäumte Allee ein, an deren Ende eine Villa stand, deren Seitenflügel einen ziegelgepflasterten Hof umschlossen.

Dort endlich holten die Spanier Nicholas vom Pferd und schleppten ihn fort. Zwei Männer mußten ihn buchstäblich tragen, denn seine Beine zitterten und waren wund und zu nichts zu gebrauchen. In einem kleinen Raum im Hauptgebäude der Villa ließen sie ihn auf einen Sessel fallen und zogen wieder los.

Dort saß Nicholas nun, viel zu erschöpft, um über sein Schicksal nachzudenken, nur erleichtert, daß der Ritt vorbei war. Die Schenkelinnenseiten waren so wundgerieben, daß sie bluteten. Mit den Fingerspitzen zog er den Stoff seines Beinkleids von der gemarterten Haut. Erst in diesem Moment nahm er den Raum um sich herum wahr. Der war klein, und das einzige Fenster von einem lamellenförmig gearbeiteten Laden verschlossen. Die Möbel standen dicht an der Wand: quadratische Tische zwischen den Sesseln, die mit grellfarbenen Stoffen bezogen waren. Neben der Tür brannten in einem Messingständer drei Kerzen.

Ein Mann trat ein und stellte Napf und Becher vor Nicholas hin.

Nachdem die Tür wieder geschlossen worden war, saß Nicholas eine Weile reglos da. Schließlich bückte er sich und zog die Serviette weg, die über den Napf gelegt worden war. Der Duft dampfender Bohnen stieg ihm in die Nase. Plötzlich war er wie von Sinnen vor Hunger, riß Napf und Löffel an sich, schaufelte sich das Essen in den Mund und leerte den Becher mit Wein bis zur Neige.

Nachdem der schlimmste Hunger gestillt war, wanderte Nicholas im Kreis herum. Die gedrungenen Möbel und düsteren Farben erinnerten ihn an die Kammer, in der er jahrelang in Salamanca gelebt hatte. In einem Licht wie diesem hatte er Aristoteles hassen und Theodosius lieben gelernt. Die erste Liebe seines Herzens hatte ihn in einem Raum wie diesem verführt. Geistesabwesend fingerte er an dem geschwärzten Holz der Sessellehne herum, als er hinter sich Schritte vernahm.

Er wandte den Kopf. Ein Mann mit graugesprenkeltem Bart stand in der Tür.

»Ihr also seid jener, der aus dem Borgia-Löwen einen Fuchs gemacht hat«, sagte er lächelnd. Die wettergegerbte Haut um die Augen herum verzog sich zu tausend Fältchen. »Ich bin Gonsalvo.«

Der spanische General!

Schon wollte Nicholas sich verneigen, da fiel ihm gerade noch rechtzeitig ein, auf welche Weise man ihn zu diesem Treffen gezwungen hatte. Also straffte er die Schultern.

»Señor, ich protestiere...«

»Selbstverständlich.« Gonsalvo machte es sich auf dem Sessel Nicholas gegenüber bequem. Über einem schlichten Leinenhemd trug er ein Lederwams, und wäre da nicht der schwere Siegelring an seinem linken Daumen gewesen, man hätte meinen können, einen gewöhnlichen Bauern vor sich zu haben. »Meine Leute haben mir gesagt, daß Euch der Ritt zu schaffen gemacht hat. Das konnte ich nicht ahnen. Ich wäre nie auf den Gedanken gekommen, daß Ihr vielleicht nicht reiten könnt.«

Wieder setzte er ein Lächeln auf, und wieder verengten sich seine Augen. Nicholas unterdrückte die Regung, gegen die Bagatellisierung seiner Entführung heftigst aufzubegehren. Er wollte aber doch mehr als diese lapidare Entschuldigung von dem großen Mann. Er sagte: »Man sollte annehmen, daß die Diener des Königs von Spanien...«

»...tun, was ihrem Herrn dient«, ergänzte Gonsalvo. Seine Stimme klang leise, doch er lächelte nicht mehr. »Ihr seid nicht gekommen, als man Euch dazu aufforderte, also haben wir Euch geholt. Daß sich das als notwendig erwies, bedaure ich. Übrigens bin ich wirklich neugierig auf Euch gewesen, seit ich jene Nacht in Eurem Haus in Rom verbrachte, um mich mit meinem kleinen Löwen Cesare zu unterhalten.«

Nicholas setzte sich. »Ich bin bereit, Rede und Antwort zu stehen.«

»Die Ereignisse der letzten Zeit haben dieses Interesse nur um so stärker wieder wachgerufen. Ihr seid es gewesen, der den Plan faßte, Urbino zu nehmen?«

»Ja.« Nicholas nickte.

»Euer Spanisch ist ausgezeichnet.«

»Ich bin in Navarra geboren«, erklärte Nicholas, »und habe in Salamanca die hohe Schule besucht.«

»Was Ihr nicht sagt. Und Eurem Namen nach zu urteilen, entstammt Ihr einer englischen Familie.«

»Ja.«

Mit der Hand strich Nicholas sich über den Mund, und sein Blick löste sich von Gonsalvo. Die Beine taten ihm weh.

»Sagt mir, was Ihr von Cesare Borgia haltet!«

Nicholas ließ die Hand sinken. Diese Frage schreckte ihn. Darauf konnte er unmöglich antworten, ohne genauer darüber nachgedacht zu haben, und als ihm das aufging, erschrak er wieder. Fast stammelnd sagte er: »Er ist mein Gebieter, Señor Capitan.«

»Doch wie ich ihn kenne, kann ich nicht davon ausgehen, daß er sich Eurer Dienste auf faire Weise versichert hat. Steht Ihr nicht immer noch gleichzeitig in Diensten der Republik Florenz? Ich fürchte, unser lieber Cesare hat Euch mit unlauteren Mitteln erpreßt.«

Widerstreitende Gedanken an Valentino gingen Nicholas durch den Kopf. Genausogut hätte Gonsalvo ihn fragen können, was er von Erdbeben oder Alpträumen hielt. War er zu sehr damit beschäftigt gewesen, mit Valentino zurechtzukommen, als daß er sich ein Urteil über ihn gebildet hätte?

»Es geht mir um folgendes«, fuhr Gonsalvo fort. »Ich würde Euch gern in meine Dienste nehmen, wenn Ihr Euch dazu durchringen könntet.«

»Wozu? Um Spitzeldienste zu leisten?«

»So ist es. Wir haben ein Abkommen, er und ich – er und mein König. Ich möchte erfahren, und zwar in dem Augenblick, da er diesen Entschluß faßt, ob er uns verrät.«

»Ich werde ihn nicht verraten«, entgegnete Nicholas.

»Was? Habt Ihr nicht schon Eure Stadt Florenz verraten? War nicht die Signoria Euer Herr und Gebieter, und zwar lange genug, um einen Knaben zum Mann werden zu lassen? Habt Ihr binnen weniger Monate Cesare gegenüber eine Loyalität entwickelt, die stärker ist als die gegenüber Florenz?«

»Nicht die Zeit hat dazu geführt«, antwortete Nicholas, »sondern Dinge, die geschehen sind – die Einnahme von Urbino.«

Er war entschlossen, Gonsalvo nicht nachzugeben. Der spanische General griff sich mit den Fingern an den Bart und sah Nicholas Dawson forschend an.

»Geld kann Euch nicht dazu bringen, es Euch anders zu überlegen?«

»Valentino bezahlt mich ungemein gut.«

»Und eine hohe Stellung auch nicht – die Gunst Spaniens, das immerhin Eure Heimat ist?«

»Meine Heimat ist Navarra«, konterte Nicholas. »Irgendwann in der Zukunft wird der Aragonese wohl auch dieses Land und seine Bewohner schlucken, wie er noch jedes Stück Land auf der Iberischen Halbinsel geschluckt hat. Doch wie die Dinge im Moment stehen, ist das noch nicht der Fall.«

Vergessen war plötzlich der Schmerz in seinen Beinen. Steif und aufrecht saß er auf seinem Sessel, neigte sich ein wenig vor und bemühte sich, seine Worte auf Gonsalvo wie Schläge niedergehen zu lassen. Der Mann, dem er sich verweigerte, adelte die Verweigerung. Es tat Nicholas im Innersten seiner Seele wohl, sich gegen Gonsalvo zu stellen.

»Dann«, sagte Gonsalvo, »seid Ihr also auch nicht bereit, darüber nachzudenken, daß Cesare Borgia ein grausamer, hinterhältiger und unzuverlässiger Mann ist, für den der eigene ungezügelte Wille einziger Maßstab allen Handelns wurde? Ein Mann ist immer nur so gut wie der, dem er dient, Señor Dawson.«

»Nein.« Nicholas schüttelte den Kopf.

Aber er hatte schon nicht mehr das Gefühl, daß sein Argument ihn adelte.

Gonsalvo machte die Augen zu. »Ich könnte Euch hierbehalten, bis Ihr Euch einverstanden erklärtet.«

»Das könntet Ihr«, räumte Nicholas ein. »Doch Valentino würde sehr bald erfahren, daß man mich entführt hat, und er dürfte recht schnell herausbekommen, wer und wohin, und dann wäre ich Euch nicht mehr von Nutzen.«

»Wie auch immer, ich bin kein Borgia, ich werde Euch nicht hierbehalten. Ihr könnt nach Rom zurückkehren.« Behende sprang der spanische General auf. Sein Lächeln war wie ausgelöscht. Er furchte die Stirn, zog dabei die Brauen zusammen und sah plötzlich älter und sehr zornig aus. Für Nicholas hatte er keinen Blick mehr. Mit der Faust hämmerte er gegen die Tür.

Als sie aufging, rief er in den Nebenraum. »Bringt ihn zurück in sein Haus! Und seid vor Sonnenaufgang dort.« Dann verließ er schweren Schrittes den Raum.

Einige Soldaten kamen durch die Tür auf Nicholas zu und brachten ihn fort. Beim Gang durch die Villa trieben sie ihn zur Eile an und hoben ihn dann in einen Sattel. Als seine wundgeriebenen Schenkel das Leder zu spüren bekamen, stöhnte er schmerzerfüllt. Die Soldaten saßen auf, und im Trab ging es davon.

*

Kurz vor Morgengrauen, als Nicholas Dawson mit den Soldaten durch die Porta Appia in Rom einritt, fiel ein Dutzend Männer zu Fuß über sie her.

Das Appische Tor wurde nur wenig benutzt. Die Soldaten hatten es gerade deshalb gewählt, und die Straße selbst – die Via Appia – wurde von Weiden und verfallenen Mauern gesäumt. Aus diesen Verstecken stürmten weitere Gestalten hervor, woraufhin die Soldaten schrien und über die schmutzige Straße dahinstürmten. Nicholas wurde aus dem Sattel gerissen. Erschöpft und halbtot vor Schmerzen, konnte er sich nicht wehren. Er fühlte nur, wie er durchs Kampfgetümmel getragen wurde. Kurz darauf ließ man ihn auf den Boden fallen.

Auf Händen und Knien, den Mund voller Staub, kroch er blindlings von Geschrei, Kampfgeschehen und Hufgetrappel fort. Er krabbelte in hohes Gras hinein und gelangte an eine Mauer. Sich daran hochziehend, schob er sich die Mauer entlang, bis er an eine Stelle kam, wo die Ziegel heruntergebrochen waren und nur noch ein niedriges Mauerstück stand. Ein Bein über diesen Sockel hinweghebend, kletterte er hinüber und brachte sich in dem Dunkel dahinter in Sicherheit. Er duckte sich, legte die Handflächen an die kühlen Ziegel, senkte den Kopf und atmete tief die staubige Luft ein.

Die Straße weiter hinunter schrie jemand: »Hier entlang!«

Die Pferde sprengten davon, und das Kampfgetümmel wurde nach und nach schwächer.

Unmittelbar hinter Nicholas stand ein Baum. Das erklärte die Dunkelheit. Er legte eine Wange an die Ziegelmauer. Kein Laut; er war allein. Er wischte sich das Gesicht am Ärmel ab. Der Wind flüsterte in den Zweigen des Baums.

Gerade als er im Begriff war, einen Blick durch eine Lücke in der Mauer zu werfen, stapfte draußen auf der Straße jemand vorbei.

Nicholas zuckte zurück und duckte sich weiter in den Schutz der Mauer. Seine Nackenhaare sträubten sich. Als er um sich blickte, entdeckte er einen einzelnen Ziegelstein und packte ihn, um ihn als Waffe zu benutzen. Die schweren Schritte auf der Straße kamen auf ihn zu und knirschten auf dem Straßenpflaster. Sie erreichten die Mauer; der Mann blieb stehen.

»Nicholas?«

Es war Stefano Baglione. Nicholas ließ die Hand sinken und den Ziegelstein zu Boden fallen.

»Hier bin ich«, sagte er und trat durch die Mauerlücke.

*

»Der alte Mann wußte nichts weiter, als daß jemand dich weggebracht hätte«, erklärte Stefano. Er stellte einen Stuhl neben den Zuber und setzte sich darauf. »Was ist passiert?«

»Man hat mich zu einer Unterredung mit einem spanischen Edelmann geholt«, antwortete Nicholas. »Und der meinte, ich brauchte eine Eskorte.«

»Dann bist du gar nicht wirklich in Gefahr gewesen?«

»Doch, das Gefühl hatte ich schon.«

Nicholas tauchte bis zum Hals in das heiße Wasser ein. Die Wärme tat seinen wundgerittenen Schenkeln gut. Er schloß die Augen. Wohlbehagen durchströmte ihn. Alles schien jetzt weniger wichtig und weit unterhaltsamer als zuvor. Juan brachte einen weiteren Eimer heißes Wasser und goß es Nicholas über die Füße.

»Dann habe ich dich gar nicht wirklich gerettet, oder?« fragte Stefano. »Alter, die Gläser! – Die Spanier haben dich von selbst zurückgebracht?«

Mit seifenschaumbedeckter Hand griff Nicholas nach der Stefanos. »Für mich bist du mein Retter.«

Stefano zog den Korken aus der Weinflasche. Juan stand hinter ihm mit den Gläsern bereit. Mit einem *Plop* rutschte der Korken aus dem Flaschenhals.

»Was für ein spanischer Edelmann?« Stefano

schenkte Wein in die Gläser, die Juan ihm hinhielt. »Alter, ein Glas für dich.«

»Kommandiere ihn nicht herum!« sagte Nicholas.

Er war am Einschlafen, wollte Stefano nichts von Gonsalvo erzählen.

»Laß ihn uns beim Trinken Gesellschaft leisten«, sagte Stefano. »Ich kommandiere ihn nicht herum. Was denkst du dir eigentlich – glaubst du, er ist dein Sklave, dein Eigentum?«

Aufmerksam stand Juan da und beobachtete sie. Wieder streckte Nicholas die feuchte Hand aus und nahm das Glas von Stefano entgegen.

»Hol dir auch ein Glas«, sagte er auf spanisch zu Juan.

Der alte Mann verneigte sich und ging quer durch den Raum zur Küche. Stefano hatte es nicht verstanden. Unbeirrt starrte er Nicholas an, lächelte nicht und machte auch kein entspanntes Gesicht – bis Juan mit einem dritten Glas zurückkam. Da lächelte Stefano breit, schenkte auch Juans Glas voll und hob das eigene.

»Worauf – worauf trinken wir? – Auf das Leben! Auf das Leben!«

Nicholas genoß den vertrauten Rotwein.

*

Nachmittags, nachdem er sich gründlich ausgeschlafen hatte, traf Nicholas sich unten am Fluß in der Nähe der in Trümmern liegenden Brücke und nahe der Stelle, wo sie einander das erstemal begegnet waren, mit Stefano. Dort war das Tiberufer dicht von Bäumen bestanden. Liebespaare schlenderten hier entlang oder saßen oder lagen im Schatten unter den Zweigen. Nicholas hielt sich auf dem schmalen, sonnenerhellten Pfad ganz dicht am Wasser. Schweigend gingen er und Stefano wohl hundert Schritt dahin; schließlich blieb Nicholas stehen, nahm den Rubinring, den er von Valentino bekommen hatte, aus der Geldbörse und hielt ihn Stefano hin.

»Hier, der ist für dich.«

Stefano war völlig überrascht. Er nahm den Ring, hielt ihn ins Licht und stieß leise einen bewundernden Pfiff aus.

»Vierhundert Dukaten mindestens. Vielleicht sogar fünfhundert.«

Neben Nicholas einhergehend, probierte Stefano den Ring an den einzelnen Fingern aus, bis er den gefunden hatte, an dem er am besten saß. Dann hielt er die Hand in das Sonnenlicht, so daß der Ring matt blinkte und der Rubin feurig blitzte. Impulsiv wandte er sich Nicholas zu, als wollte er ihn küssen.

Nicholas stieß ihn von sich. »Nicht hier, wo doch so viele Menschen herumlaufen.«

»Du schämst dich«, meinte Stefano.

»Das Gebüsch hier hat tausend Augen.«

Stefano brach in schallendes Gelächter aus. Ungeniert warf er einen Blick in die Runde. »Ich sehe hier niemanden, dem was anderes wichtig wäre außer der eigenen Lust.«

»Sie sind unanständig«, bemerkte Nicholas.

»Ich begreife dich nicht. Du mußt auch die einfachsten Dinge zu etwas so Kompliziertem machen, daß nur Gelehrte es verstehen.« Stefano breitete die Arme aus und legte den Kopf in den Nacken, so daß ihm die Sonne aufs Gesicht schien. »Der Tag ist schön. Wir sind freie Menschen. Wenn du mehr willst, handelst du dir nur Schwierigkeiten ein.«

Da mußte auch Nicholas lachen. Es tat ihm wohl, von Stefano für einen komplizierten Menschen gehalten zu werden. Sie wandten sich vom Fluß ab und folgten einem Pfad durch das Gehölz. Als sie aus dem Schutz der Bäume traten, kam eine grellgeschminkte Hure auf sie zu.

»Signori, gestattet, daß ich euch bediene – beide auf einmal.«

Nicholas und Stefano ignorierten sie und strebten den alten Ruinen auf den Weiden weiter hinten zu. Dort gab es zwei antike Tempel, die nur wenige Schritte voneinander entfernt im Gras standen. Der eine war rund und zierlich, der andere und massigere mit seinen mächtigen Säulen halb in den morastigen Grund eingesunken. Sie drohten unter der eigenen Last zusammenzubrechen. Nicholas verlangsamte den Schritt. Der Boden unter ihm war matschig. Er war schon oft hier heruntergekommen, doch diesmal schlug der Anblick der Ruinen ihm zum erstenmal auf das Gemüt. Es war so einfach, die schwerelos wirkenden Steine zu betrachten und zu denken: ein Vestatempel. Doch das bedeutete ihm nichts, es waren nur Wörter in einem alten Buch. Diejenigen, die davon redeten, die antike Welt wieder lebendig werden zu lassen, konnten daran nur deshalb glauben, weil so wenig von dieser Vergangenheit bekannt war, daß diese jede gewünschte Form annahm.

»Du hast recht«, sagte er. »Ich bin ein Heuchler.«

»Was redest du da?« fragte Stefano, der mit ausgestrecktem Arm gerade wieder den Ring bewunderte.

Nicholas mußte an sein Gespräch mit General Gonsalvo denken. Er hatte sich dem Spanier nicht aus

Treue zu Valentino verweigert. Je mehr er versuchte, sich logisch über seine Gründe klarzuwerden, desto verwirrter wurde er. Während er darüber nachdachte, was geschehen war, veränderte sich seine Erinnerung daran, und er fragte sich, ob er sich wirklich an das erinnerte, was stattgefunden hatte, oder ob er sich zusammenphantasierte, was er eigentlich lieber getan hätte. Nicht die Treue zu Valentino war es, die ihn getrieben hatte, sondern der Wunsch und der Wille, sich selbst zu erhöhen.

»Nun, nun«, sagte er, »es bleibt einem wohl nichts anderes übrig, als es zuzugeben. Kein Mensch macht das anders.«

Stefano bedachte ihn mit einem durchdringenden und unergründlichen Blick, sagte jedoch nichts. Der Rubin an seiner Hand schimmerte im Sonnenlicht. Nicholas rieb sich die Hände. Sie gingen wieder hinunter zu dem Pfad, der durch den Morast führte, wo einst der Circus Maximus gewesen war. Ziegen weideten am Hügel dahinter. Ihre zottige Wolle hing überall in den Zweigen der Dornbüsche. Nicholas kam sich vor wie ein Narr, daß er so lange nicht hatte wahrhaben wollen, daß die Welt sich nach Eigeninteressen ordnete; denn wenn er das einmal akzeptierte, ordnete sich das Chaos menschlicher Antriebe, das sich seiner Analyse immer so heftig widersetzt hatte, zu einem herrlich klaren und harmonischen Muster. Was immer Menschen beteuerten und bekannten, sie taten immer nur das, was ihnen von Nutzen war. Auch konnte er nichts Schlimmes darin sehen, denn schließlich wären sie verrückt, wollten sie sich anders verhalten.

Stefano ging neben ihm her, und so streckte er die Hand aus und ergriff die des jüngeren Mannes.

Stefano griff sofort fest zu. »Woran denkst du?« fragte er.

Nicholas lachte. Sie schlugen den Pfad durch den Morast ein.

*

Nicholas klopfte an die Tür von Brunis Kabinett, was er selten tat. Für gewöhnlich kam er nur hierher, wenn der Gesandte ihn eigens rufen ließ. Daß es diesmal anders lief, wirkte sich auch auf Bruni aus, denn als der große Mann die Tür öffnete, machte er ein erstauntes Gesicht.

»Exzellenz«, sagte Nicholas ohne jede Förmlichkeit, »ich muß Euch bitten, Eure Aufmerksamkeit einer Angelegenheit zuzuwenden, die für mich von sehr persönlicher Bedeutung ist.«

»Ah?« machte Bruni.

Sie standen immer noch an der Tür, nur die Schwelle war zwischen ihnen. Nicholas legte die Hände auf dem Rücken zusammen.

»Exzellenz, die Signoria ist mit der Zahlung meines Gehalts beträchtlich in Verzug.«

»Ah«, wiederholte Bruni, machte eine bekümmerte Miene und gab den Weg frei. »Tretet doch ein.«

Nicholas folgte ihm in das dämmrige, mit allem möglichen Zierat vollgestopfte Kabinett. Bruni setzte sich nicht hinter den Schreibtisch, sondern ging ein paarmal auf und ab, während Nicholas gleich nach dem Eintreten stehengeblieben war und ihn nicht aus den Augen ließ.

»Ich kann Euch versichern, daß das nicht an mir liegt«, beteuerte Bruni. »Tatsächlich ist es so, daß die

Signoria auch bei mir mit der Anweisung des Gehalts nicht nachkommt.«

Nicholas räusperte sich. »Die Familie Eurer Exzellenz lebt in Florenz und kann Euretwegen Druck machen.« Er wußte zufällig, daß Bruni gerade vergangene Woche eine Bankanweisung über das noch ausstehende Gehalt bekommen hatte.

»Für bestimmte Zahlungen, sicher, doch wie Ihr wißt«, Bruni wandte ihm den Rücken zu, sah jedoch über die Schulter hinweg zu Nicholas hinüber, »und das ist Eurer Aufmerksamkeit bestimmt nicht entgangen, habe ich die Löhne der Kuriere und Schreiber aus eigener Tasche bezahlt, und dafür bin ich noch nicht entschädigt worden.«

»Um so mehr Grund, Exzellenz, warum Ihr dafür sorgen solltet, daß wir alle unser Geld bekommen.«

Bruni war am Fenster stehengeblieben und zog mit der einen Hand die Vorhänge auseinander, um hinunterzublicken. Hinter dem Hof gab es eine Gasse, die bedeckt war mit Pferdeäpfeln. »Wenn Ihr Geld braucht, Nicholas – es würde mir ein Vergnügen sein, Euch jede vernünftige Summe vorzustrecken.«

»Ich würde lieber das mir Zustehende von der Signoria bekommen«, erwiderte Nicholas.

»Jeder Diplomat in Rom ist unterbezahlt.«

Das stimmte. Der spanische Gesandte beim Heiligen Stuhl hatte seit seiner Ankunft in Rom vor mehreren Jahren überhaupt noch nichts bekommen. Nicholas enthielt sich eines Kommentars, er war nur gespannt, was Bruni als nächstes sagen würde.

»Nun«, sagte der Gesandte, drehte sich um und musterte ihn, »ich will sehen, was ich tun kann. Aber erwartet nichts, ich kann nichts versprechen.«

»Ich sehe nicht ein«, erklärte Nicholas, »wieso ich arbeiten soll, wenn ich nicht dafür bezahlt werde.«

Brunis Augen weiteten sich, und seine Mundwinkel verzogen sich zu einem finsteren Gesichtsausdruck. »Für die Republik«, sagte er. »Für die Republik, für die Stadt.« Seine Stimme erstarb zu einem ehrfürchtigen Schweigen. Plötzlich warf er den Kopf in den Nacken und sprach wieder mit normaler Stimme. »Ihr dürft Euch zurückziehen. Ich habe versprochen, daß ich tun werde, was in meiner Macht steht, um Euch zu helfen. Mehr Zeit kann ich für diese Sache nicht erübrigen.«

»Ja, Exzellenz«, sagte Nicholas und verließ das Kabinett des Gesandten.

*

Im Park des Kardinals Orsini duftete es nach Orangenbäumen. Überall hellten Laternen das Zwielicht auf. Die Brise brachte sie zum Schaukeln, sie tanzten und schwankten in Schwärmen von Nachtfaltern und Moskitos. Nicholas verweilte am Rand der Terrasse und wünschte, nach Haus gehen, sich seiner Kleidung entledigen und in der Kühle seiner Schlafkammer Ruhe finden zu können. Er hob das Glas und trank den würzigen Wein.

Unterhalb von ihm sagte Bruni gerade: »Ach, mein lieber Kardinal, die Sterne sind unergründlich. Man erkennt, was sie einem sagen wollen, zu spät und kann dann die Katastrophe nicht mehr abwenden.«

Die beiden ergingen sich auf dem Rasen, Bruni mit seiner quadratischen Kopfbedeckung und das Oberhaupt der Familie Orsini in der Soutane, deren Farbe in der Dunkelheit nur als Schwarz zu erkennen war.

»Ihr werdet mir verzeihen, hochgeschätzter *Signor Oratore*«, sagte der Kardinal. Ein Page brachte ihm Wein in einem leicht bauchigen venezianischen Glas. »Aber ich kann Eure Begeisterung dafür, alles und jedes, was uns widerfährt, auf die Bewegungen von ein paar Sternen zurückzuführen, nicht teilen.«

Nicholas folgte ihnen in respektvoller Entfernung. Der Kardinal blieb stehen, um den Rest seines Glases auszutrinken, spreizte dann die Hand und ließ das Glas fallen. Ein Page fischte es aus dem Gras.

»Was ist schon ein Stern?« fuhr der Kardinal mit hoher, femininer Stimme fort. »Eine Kristallkugel mit einem Engel darin, der sie über den Himmel lenkt – mehr nicht. Um den Menschen zu verstehen, studiert die Menschen, nicht die Sterne.«

»Ich kann mir nicht vorstellen, daß Gott so leichtfertig sein sollte«, meinte Bruni. »Nicht«, hastig abwehrend hob er eine Hand«, »daß ich eine Lehrmeinung der Kirche in Zweifel ziehen wollte.«

»Das würde von Euch auch keiner annehmen. Würdet Ihr Euch zu uns gesellen, um zuzuhören, wie der treffliche Messer Berocchi sein jüngstes Werk vorträgt?«

»Gott behüte! Doch nicht schon wieder ein Heldengedicht in Versform?«

Das leise Lachen des Kardinals verhallte. »Ich fürchte, doch. Wenn ich recht verstehe, feiert er darin die jüngsten Triumphe unseres glanzvollen Herzogs Valentino.« Unvermittelt verharrte Orsini und drehte sich um, so daß der Seidensaum seiner Soutane übers Gras strich. »Messer Dawson, wollt Ihr Euch zu uns gesellen?«

Nicholas räusperte sich. Wenn Gerolamo Berocchi vorlas, dauerte das für gewöhnlich Stunden.

»Ausgezeichnet.« Der Kardinal führte sie über den Rasen an eine Stelle, wo junge Männer sich zum Tanz aufstellten. In einem Pavillon neben den Rosen stimmten Musikanten Lauten und Hörner. Nicholas folgte seinem Herrn und dem Kardinal in den weitläufigen Palazzo Orsini.

»Die Sterne«, sagte der Kardinal wieder mit seiner weichen Stimme, »sind, wenn an den Gerüchten etwas dran ist, offenbar dabei, uns einen neuen neapolitanischen Eintopf zu bescheren, mein lieber Bruni.«

»Ah?«

Sie durchquerten die große Eingangshalle, in der Vorbereitungen für die Aufführung der Komödie getroffen wurden, die als Höhepunkt des Abends um Mitternacht aufgeführt werden sollte. Die Bühne füllte eine ganze Wand des Raums aus. Von einem Pappmaché-Bogen hingen Schleifen aus scharlachroter Seide herunter, und scharlachrote Bänder wanden sich um zwei dorische Säulen, die die andere Seite trugen.

»Natürlich würde ich Euch keine Geheimnisse entlokken«, der Kardinal packte Bruni kameradschaftlich am Arm, »und doch sehe ich meine Gutgläubigkeit nicht allzusehr strapaziert, wenn ich höre, daß die Franzosen vorhaben, Spanien bezüglich der Vorgänge in Neapel eine formale Protestnote zukommen zu lassen.«

»Welch ein langweiliges Thema für ein Freundestreffen«, meinte Bruni. »Ihr solltet Nicholas nach Einzelheiten ausfragen, Monsignore. Er hält uns doch alle über diese kleinen Grenzstreitigkeiten auf dem laufenden... Nicholas?«

»Exzellenz«, sagte Nicholas. Bruni hatte keine Ahnung von dem, was sich in Neapel zusammenbraute. Nicholas folgte den beiden eleganten Männern in den

Nebenraum, wo Orpheus und Eurydike an den Wänden zu sehen waren.

Der Dichter hatte mit seinem Vortrag bereits begonnen. Eine Gruppe überaus ernster Männer und Frauen war in aufmerksamer Haltung über den ganzen Raum verteilt. Während manche auf Stühlen saßen, standen andere nur da oder lehnten sich an Gipssäulen, die so wirkten, als trügen sie die Decke. Nicholas hatte immer noch sein leeres Glas in der Hand, doch sah er nirgends eine Gelegenheit, es abzustellen. Er bückte sich hinter einer Herzogin aus dem Hause Orsini, stellte das Glas hinter den Sessel, auf dem die Herzogin von Gravina saß, und schob es mit der Fußspitze in den Schutz ihrer bauschigen Röcke.

Berocchi, der Poet, stand an einem Rednerpult, das dergestalt geschnitzt und bemalt war, daß es aussah wie eine dorische Säule. Er begleitete das Gelesene mit getragenen Gesten. Um die Dramatik seines Tuns noch zu unterstreichen, hatte er sich die Fingernägel rot angemalt. Wie üblich war sein Gedicht auf latein in daktylischen Hexametern verfaßt. Nichts brachte irgendwelche Abwechslung in den eintönigen Rhythmus, der dem eines Betrunkenen glich, der nach Hause wankt.

Keiner der Zuhörer rührte sich. Alle, selbst diejenigen, die standen, schienen sich innerlich dagegen zu wappnen, daß – wenn sie einschliefen – kein herabsinkender Kopf und keine herabfallende Hand sie verriet. Nicholas stand da und kämpfte sich durch etliche erbärmlich schlechte Verse:

Capua secessit caesim a verbis Caesaris...

Vielleicht sollte das ein feiner Witz auf Kosten Valentinos sein, den die Orsinis sich leisteten.

Nicholas schob sich langsam bis zur Tür vor. Zu den wenigen Vorrechten des nicht so Hochgestellten gehörte es, daß er gehen konnte, wohingegen die Herzogin von Gravia zum Beispiel das nicht durfte. Nicholas entschwand durch die Tür in den angrenzenden Raum.

Hier waren die Wände mit wilden Tieren bemalt, die durch Orpheus' Harfenklänge gebändigt worden waren. An den offenen Fenstern standen mehrere Gruppen von Menschen in Gespräche vertieft. Es war heiß. Nicholas blieb stehen, um seinen Rock zu lüften. Ein Mann in Reitkleidung kam durch die Tür hereingestapft.

Er blieb stehen und sah sich um. Seine Stiefel waren schlammverkrustet. Hinter der Staubmaske auf seinem Gesicht erkannte Nicholas in ihm einen von Brunis Kurieren und eilte, ihn abzufangen, ehe er noch mehr Aufmerksamkeit auf sich zog.

»Messer Dawson«, fragte der Kurier laut, »wo finde ich meinen Herrn Bruni?«

»Nicht so laut!« sagte Nicholas. »Nebenan, aber er hat zu tun. Was...«

Der Kurier hatte genug gehört und marschierte direkt auf den Saal zu, in dem die Dichterlesung stattfand. Nicholas eilte hinter ihm her und versuchte, ihn festzuhalten, ehe der Mann mitten in die Versammlung der Lauschenden platzte, doch wich der Kurier ihm aus und stapfte weiter in den Nachbarraum. Rasch blickte Nicholas sich um. Ein paar von den anderen hier Versammelten sahen aufmerksam zu ihm herüber.

Nebenan unterbrach Berocchi seinen Vortrag. Jemand hinter Nicholas fragte: »Stimmt irgend etwas nicht?«

Er wandte sich ihm zu. Die Stimme gehörte einem schlanken jungen Mann in goldbetreßter und von Perlen strotzender Kleidung. Nicholas verneigte sich.

»Ich habe keine Ahnung, Monsignore de' Medici.«

Der junge Mann lächelte und ließ spitze Eckzähne sehen. »Ihr kennt mich?«

Im Nebenraum ließ Bruni sich vernehmen. »Nicholas!«

»Wie Ihr vielleicht wißt«, antwortete Nicholas in dem Versuch, unbekümmert zu klingen, »habe ich meine Arbeit in der Florentiner Gesellschaft begonnen, als Florenz noch Eurem Vater unterstand.«

»Nicholas!«

»Geht nur, Messer Dawson«, sagte der junge Mann immer noch lächelnd. »Ich glaube, Euer augenblicklicher Arbeitgeber ruft.«

Nicholas wollte schon zu Bruni hinüber, doch ehe er die Tür zum Vortragssaal erreichte, kam der Gesandte bereits angerauscht – Kardinal Orsini und die anderen Zuhörer hinter ihm her, der Kurier ganz am Schluß. Er packte Nicholas beim Arm. Mit lauter Stimme sagte er: »Ich werde zurückgerufen nach Florenz. Der Mob errichtet Barrikaden auf den Straßen...«

»Exzellenz«, unterbrach Nicholas, »ich bitte Euch, sprecht nicht so laut.«

»Piero de' Medici soll in Arezzo sein.«

Nicholas versetzte Bruni einen Tritt vors Schienbein. Orsini und dessen Freunde konnten sich vor Aufregung kaum fassen, und der goldstrotzende Jüngling direkt neben ihm flüsterte: »Messer Dawson, könnte durchaus sein, daß Ihr früher wieder für jenen tätig werdet, unter dem Ihr angefangen habt.«

»Mein Gott!« schrie Bruni aufgebracht. »Wie könnt Ihr es wagen, mich zu treten?«

Nicholas wandte den Blick ab. Endlich äußerte Bruni sich lautstark zu einem weniger verfänglichen Thema. Er drängte sich an Nicholas vorbei und rief nach einem Pagen. Sein Gesicht war puterrot angelaufen, er fuhr herum und fixierte wieder Nicholas.

»Ich übergebe Euch die Gesandtschaft zu getreuen Händen. Sorgt für Frieden dort. Ich werde jemanden mit Anweisungen schicken.«

Der Kardinal rief einen Pagen herbei, der mit Bruni enteilte, um den Umhang des Gesandten zu finden. Nicholas fragte sich, ob Bruni gewitzt genug sein würde, in der außer Rand und Band geratenen Republik die eigene Haut zu retten. Bruni entschwand.

Die anderen um Nicholas herum sprachen alle durcheinander.

»Florenz könnte fallen. Nun, viel Lebenskraft hat der Stadtstaat als Republik nicht bewiesen.«

»Welche Republik hat das schon?«

»Manchmal«, sagte der Kardinal mit einer Stimme, die wie ein langgezogener Seufzer klang, »kommt es mir vor, als fiele die ganze Welt um mich herum in Trümmer.«

»In Trümmer mag sie fallen«, bemerkte Giulio de' Medici, »freilich nur, um wiedergeboren zu werden. Wir leben im Zeitalter einer großartigen Wiedergeburt. Wir dürfen nie den Mut verlieren.«

Die Herzogin von Gravina schob sich in den Vordergrund. Ihr Gesicht hatte die Strenge eines Mannes, die Oberlippe war mit feinem weißem Flaum bedeckt, und ihre Augen verrieten grenzenlose Empörung. »Wiedergeburt!« fauchte sie. »Dann ist es ein Ungeheuer, das da zur Welt kommt. Männer wie die Borgias sind ihre Vorläufer, und Ereignisse wie diese...«

»Duchessa!« Der Kardinal verneigte sich vor ihr, woraufhin sie die Lippen zusammenpreßte. Andere Stimmen ließen sich vernehmen.

»Wir erleben das Ende der Dinge.«

»Nein, ein neues Zeitalter bricht an!« rief erneut der junge Medici. »Wir erleben einen Neubeginn!«

»Den Zerfall aller Werte...«

Das war jemand auf der anderen Seite von Nicholas, und noch eine weitere Stimme nahm dieses Stichwort auf.

»Es ist notwendig, zum großen Zeitalter der klassischen Welt zurückzukehren. Wenn wir nur fest zu unserer Überzeugung stehen, schaffen wir es.«

Nicholas hörte sich all das an, enthielt sich aber jeden Kommentars. Was auch gesagt wurde – allein schon, weil es ausgesprochen werden konnte, war es für ihn zu simpel und konnte ihn nicht befriedigen. Vielleicht stimmte alles nicht. Vielleicht geschah weiter nichts, als daß Menschen zu sagen versuchten, was ihnen widerfuhr, und die Auflösung lag nicht in den Dingen selbst, als vielmehr in ihrem Wissen um die Dinge. Er schlug sich mit der Vorstellung von einer Welt herum, in der es nur blinde Anstöße und Gesetzlosigkeit gab und einzig die nicht zu unterdrückende Erwartung von Beständigkeit und Harmonie so etwas wie eine Ordnung darstellte.

»Messer Dawson...«

Es kam Leben in ihn. »Ich muß mich verabschieden. – Durchlaucht.«

Lächelnd streckte der Kardinal ihm zum Kuß den Ring hin.

*

In der Hitze des Spätsommers war in Rom jede Persönlichkeit von Rang der gesunden Luft wegen aufs Land geflohen. Der Papst zog sich auf sein Schloß in den Albaner Bergen zurück. Nicholas suchte jeden Morgen die Gesandtschaft auf, las die Routinedepeschen und verteilte die sonst anfallende Arbeit an die Schreiber und Pagen. War alles erledigt, schickte er sie nach Hause.

Aus Florenz und von Bruni kamen keine Nachrichten. Die Krise dort hatte selbst die Aufregung um Urbino in den Schatten gestellt. Es war allgemein bekannt, daß französische Truppen aus Mailand auf die Stadt zumarschierten, doch mochte kein Mensch sich in Mutmaßungen darüber ergehen, was sie dort ausrichten könnten, schließlich waren nur ein paar hundert Franzosen in Mailand stationiert.

Da die großen Männer Roms die Stadt verlassen hatten, war hier überhaupt nichts los, die Stadt war wie tot. Nicht einmal Gerüchte von einigem Interesse kursierten. Es war, als wäre Rom von einer Mauer des Schweigens umgeben. Gegen Mittag eines jeden Tages gab es nichts mehr zu tun. Nicholas schloß die Gesandtschaft ab und ging nach Hause.

Er speiste im Garten. Stefano Baglione kam fast täglich vorbei, leistete ihm Gesellschaft und verbrachte den Nachmittag mit ihm. Sie saßen unter den Bäumen, und Juan verbrannte feuchte Lappen, um die Moskitos zu vertreiben. Sie plauderten, oder Stefano teilte die Tarockkarten auf dem Tisch aus, der noch übersät war von Brotkrumen.

Nicholas machte sich konzentriert mit den Karten

vertraut. Er saß da und verfolgte, wie sie gleichsam aus den Fingern seines Geliebten hervorschossen. Sehr oft tauchte die Karte mit dem Gehenkten auf, der an einem Fuß kopfüber herunterbaumelte, ein Bein quer über das Knie des anderen gestreckt, und dabei ein trauriges Lächeln zeigte. Als nächster kam der Papst, ihm folgten die Welt und das Liebespaar, natürlich Mann und Frau. Stefano behauptete, die Karten könnten die Zukunft verraten. Nicholas dachte sich groteske bis komische Deutungen über die Reihenfolge aus, in der sie erschienen. Etwas stach ihn in den Hals. Instinktiv schlug er danach, ließ aber die Augen nicht von den Karten.

Auch der Teufel grinste wie der Gehenkte – wütend und gequält zugleich.

Nicholas kratzte sich an den Armen, die von den Insektenstichen mit lauter roten Quaddeln übersät waren. Stefano teilte wieder aus.

»Warum tust du das eigentlich immer und immer wieder?«

»Weil es sonst nichts zu tun gibt.« Stefano blätterte die Karten auf den Tisch, wo ein halbes Dutzend Gesichter bereits zum Himmel aufschauten. »Soll ich dir beibringen, wie das Spiel geht?«

Nicholas schüttelte den Kopf. »Ich schau' lieber zu. Darin bin ich besser.«

In der Hitze und der Grabesruhe, die über der Stadt lagen, die den Mittelpunkt der Welt bildete, nahmen die Karten phantastische Bedeutungen an. Vielleicht waren sie wirklich Schlüssel zu etwas, diese rätselhaften Figuren mit den symbolischen Namen und dem Kranz aus hebräischen und griechischen Buchstaben. Vielleicht hätte ich Platoniker sein sollen, ging es Nicholas durch den Sinn; dann könnte ich jetzt die ›Welt‹ genannte Karte aufnehmen, sie in die Tasche stecken und brauchte mir wegen Herzog Valentino keine Sorgen mehr zu machen.

Der Gedanke brachte ihn zum Lachen. Stefano sah auf.

»Was belustigt dich so?«

»Die Hitze bringt mein Hirn zum Brodeln, als ob es gekocht würde – wie ein Ei, Stefano.«

»Erzähl's mir.«

»Nein, nein. Es ist schon wieder weg.«

Stefano ließ die Karten durch die schlanken Finger gleiten. Am linken Zeigefinger trug er den Rubin. »Sag's mir doch!«

Nicholas schüttelte den Kopf, lächelte und kratzte sich am Hals, der von dem Stich immer noch juckte.

»Wenn du mich fragst, bist du seit deinem kleinen Ausflug vorigen Monat eher ein bißchen weich in der Birne.«

»Wirklich? Wieso das?«

Stefano schlug die Beine übereinander, drehte sich zu ihm um und legte einen Arm über die Stuhllehne. »Ehrlich gesagt, kann ich es nicht beantworten. Frag den alten Juan. Du läßt alle möglichen Dinge auf sich beruhen, über die du dich früher furchtbar aufgeregt hättest. Frag Juan!«

Der alte Diener war bei der Gartenarbeit. Nicholas hörte seinen Singsang über die Buchsbaumhecke herüberdringen. Wieder sirrte ein Moskito in seinem Ohr, woraufhin er die Hand darüber legte. Die Hitze machte ihn schläfrig und lüstern. Lächelnd sah er Stefano an. Erst als er seinen Freund verloren wähnte, hatte er begriffen, wie sehr er ihn liebte. Und nun war er entschlossen, ihn nicht wieder herzugeben. Es überraschte Nicholas, wie sehr dieser elementare Entschluß ihre Beziehung vereinfachte.

»Du und Juan schaltet und waltet hier nach Gutdünken, und nichts, was ich sage, ist von irgendeiner Bedeutung – es sei denn, es diente dazu, euch zu amüsieren.«

»Ich bin nur Gast in deinem Haus«, meinte Stefano und legte die Karten hin. »Du hast mir nie gesagt, wer dich damals entführt hat. War es Valentino?«

Nicholas lachte. Das Gesumm dröhnte ihm im Kopf, und er schlug wieder nach dem Insekt. Das kleine Tier wurde zerquetscht und verspritzte ein wenig Blut.

»Nein. Nicht Valentino, sondern Gonsalvo da Cordoba.«

Stefanos Augenbrauen zogen sich über der sonnenverbrannten Nase zusammen. »Und wer ist das?«

»Der General-Kapitän der spanischen Armee in Neapel.«

»Ein Spanier? Von denen haben wir – Valentino und den Papst mit eingerechnet – mehr als genug. Da verwundert es mich, daß er dich zurückgebracht hat.«

»Wieso?«

»Alle Spanier sind hinterhältig. Denk nur daran, was Valentino in Urbino gemacht hat.«

»Wie beurteilst du denn seine Handlungsweise in Urbino?«

Stefano senkte den Blick. Seine Lider waren schweißfeucht wie Muschelschalen. »Wäre ich ein Mann, ich würde ihm nie den Rücken zukehren. Schlau war es schon, das muß man ihm lassen. Und das einfache Volk kann dankbar sein, denn es hat nicht zu leiden gehabt.«

Eine Serviette lag neben dem schmutzigen Geschirr auf dem Tisch. Nicholas nahm sie und wischte sich damit das Blut von den Fingern. »Urbino – das geht auf mich zurück.«

Die hellen Augen seines Geliebten weiteten sich. So stellte Nicholas sich Löwenaugen vor. Stefano fragte: »Wie bitte?«

»Ich habe ihn auf den Plan gebracht. Ich hatte mir alles genau ausgedacht – alles.«

Stefano schaute wieder auf die Karten, drehte dann eine nach der anderen von den zuoberst liegenden um und deckte sie auf: Schwert acht, das As des Pentagramms, Narr und Gehenkter. Nicholas fragte sich, ob Stefano wohl glaubte, was er ihm gerade eröffnet hatte.

»Daher also das viele Geld«, sagte Stefano.

Der Gehenkte glitt über den Tisch und schoß über den Rand hinüber ins Leere. Nicholas bückte sich, um die Karte vom Boden aufzuheben.

»Warum hast du es mir gesagt?«

»Warum sollte ich es dir vorenthalten?« Nicholas legte die Karte zurück auf den Tisch. »Das ist der Ring, den er mir geschenkt hat, als der Plan klappte und Urbino ihm zufiel.«

Mit weit aufgerissenen Augen starrte Stefano den Rubinring an. Dann sah er Nicholas forschend an. »Nun«, sagte er, »wende ihm niemals den Rücken zu, Nicholas.« Er raffte die Karten zusammen und ordnete sie wieder zu einem Stapel.

»Es ist heiß hier draußen.« Nicholas seufzte.

»Gehen wir hinein. Ich muß sowieso bald aufbrechen.«

»Schon gleich?«

»Wir haben ja noch etwas Zeit.«

*

Viele Tage lang hörte Nicholas nichts von Bruni. Als er einmal in der Nähe der Gesandtschaft über den Pferdemarkt ging, wurde er aus einer Seitengasse leise von jemandem angerufen.

Nicholas blickte hinüber. Im Schatten der Gasse winkte eine Gestalt mit einer Kapuze auf dem Kopf ihm heftig zu. Nicholas zögerte, sich in das Dunkel der engen Gasse hineinzubegeben, da rief der Mann: »Messer Dawson! Ich habe eine Botschaft für Euch!« Und wedelte mit einem zusammengerollten Stück Papier.

Nicholas ging drei oder vier Schritte in die Gasse hinein und wollte nach der Rolle greifen, doch der Kapuzenmann steckte sie blitzschnell in seinen Umhang. Den Handteller nach oben gerichtet, tauchte die leere Hand dann wieder auf.

»Zwei Dukaten.«

Nicholas gab ihm fünfzig Carlini. Der Mann hielt nur einen Moment inne, dann rückte er achselzuckend die Botschaft heraus.

Da die Rolle schwer gewachst und versiegelt war, bedurfte es eines scharfen Messers, sie aufzumachen, und so kehrte Nicholas zurück in die Gesandtschaft. Das Schreiben trug keine Unterschrift, dafür aber eine Anrede.

»Mein lieber Freund«, begann das Schreiben. *»Da Saturn den Brunnen in den Klauen hat, an dem wir beide unseren Durst zu löschen pflegten...«*

Bruni, kein Zweifel. Nicholas lächelte und empfand zu seiner eigenen Überraschung plötzlich so etwas wie eine belustigte Zuneigung zu dem Gesandten.

»Wisset denn, daß Eure reisende Jungfrau ihren Platz

hier besetzt hält, wenn auch für morgen Zweifel angebracht sind. Wie Ihr Euch denken könnt, ändert sich die Situation in der Stadt ständig, denn die Anhänger des Jupiter liegen mit denen des Merkur im Streit. Auch machen gewisse barbarische Einflüsse sich geltend. Ich habe mein Schicksal in die Hände jener gelegt, die den Vater der Planeten unterstützen – und zwar in der Person eines Mannes, der auf Fische und Schütze hört. Ich hoffe, Ihr durchschaut mein Rätsel und laßt mir freundlicherweise Euren Rat angedeihen. Unterschreibt an mich: niemand.«

Nicholas legte den Bogen auf den Tisch. Vielleicht hatte Bruni recht: Durchaus möglich, daß die Krise in Florenz eine solche Tarnung erforderlich machte. Gleichwohl fand Nicholas, daß der Gesandte schon ein wenig mehr Klarheit hätte riskieren können. Er legte die Hände auf den linken und den rechten Rand des Schreibens, um es zu glätten. Die Anhänger *Jupiters* in der Stadt gegen die des *Merkur* – was damit gemeint war, verstand er nicht. Er überlegte, ob mit den Anhängern Jupiters die Aristokraten in Florenz gemeint sein könnten, die sich der auf eine breitere Basis gestellten Signoria stets widersetzt hatten – mit den Anhängern Merkurs dagegen die volkstümliche Republik und der wankelmütige Mob. Was die *barbarischen Einflüsse* betraf, so waren damit zweifellos die Franzosen gemeint, deren Eintreffen in Florenz zwecks Verteidigung der Stadt gegen die Borgias im Interesse Frankreichs lag und die gerade noch rechtzeitig eingetroffen waren. Verhielt es sich so, dann unterstützte Bruni die großen Familien bei ihrem Bemühen, dem Mob die Herrschaft über die Stadt wieder zu entreißen; denn diesem hatte Savonarola sie vor vielen Jahren ausgeliefert. *Fisch* und *Schütze* verwirrten ihn, bis er begriff, daß die Initialien der beiden Tierkreiszeichen mit denen des beherrschenden Florentiner Politikers Piero Soderini übereinstimmten.

Gleichwohl wünschte er, Bruni hätte riskiert, deutlicher zu sagen, was er meinte.

Bruni wollte seinen Rat. Da Nicholas sich, was die Planeten betraf, nicht so gut auskannte, konnte er sich kaum einer ähnlich verschlüsselten Sprache bedienen. Schließlich schrieb er das hin, was er dachte: daß Bruni bei der Auseinandersetzung alle Seiten genau beobachten und versuchen sollte, sich für den Stärksten zu entscheiden und diesen zu unterstützen, weil, je früher die Krise beigelegt wurde, dies gut für die Sicherheit von Florenz sein würde.

Nicholas nahm den Brief und verließ das Gebäude, um einen gewissen Kaufmann aus Siena aufzusuchen, von dem er wußte, daß er sich über Nacht in Rom aufhielt. Als Nicholas durch die Kanzlei ging, bemerkte er, daß der Vorhang vor den Loggiabögen nicht zugezogen war, und während er dies nachholte, fielen ihm die Palmen auf der Loggia dahinter ins Auge.

Sie ließen in der Hitze die Blätter hängen. Die Spitzen der Wedel hatten sich braun und gelb verfärbt. Eine Hand noch am Vorhang, stand Nicholas reglos, den Blick auf die Reihe verdorrender Pflanzen gerichtet. Seine gerade erst erwachte Zuneigung zu Bruni ging daraufhin zum Teufel und schlug in Haß um.

Hätte er die Topfpflanzen doch bloß nicht gesehen. Nun mußte er etwas unternehmen. Irgendwie hatte er das Gefühl, daß Bruni sie mit voller Absicht nicht gepflegt hatte, um ihn zu ärgern. Er wollte sie aber nicht eigenhändig gießen; damit konnte er einen der Pagen beauftragen, doch die Arbeit des Pagen wiederum mußte beaufsichtigt und es mußten ihm seine Fehler vorgehalten werden. Die Pflanzen gleichsam als neue Bürde auf den Schultern, wandte Nicholas sich ab.

Ganz erfüllt von unbegründetem Groll, drehte er sich um, trat auf die Loggia hinaus und warf einen Blick hinunter in den Hof. Kein Mensch hielt sich dort auf, nur ein Hengst war ganz hinten angehalftert. Ein Haufen Pferdeäpfel dampfte unter seinem Schweif. Selbst der Balkon an der gegenüberliegenden Mauer des Gebäudes lag verlassen da. Sonst saß dort immer die alte Dame mit ihrer Frivolitätenhandarbeit. Nicholas schaute auf die Pflanzen hinunter.

Er ging die Reihe der Blumentöpfe entlang und stieß sie nacheinander über die Brüstung. Unten auf dem Pflaster des Hofes zerbarsten sie. Er kehrte zurück in die Kanzlei, nahm seinen Rock und stieg die Treppe hinunter.

Als er auf den Hof hinaustrat, stand ein Pferdeknecht da und starrte stirnrunzelnd auf das Durcheinander von Blumentopferde, zerschmetterten Pflanzen und bunten Scherben, die bis an die gegenüberliegende Wand geflogen waren. Als Nicholas vorüberging, fragte der junge Mann: »Was ist passiert, Signore? Wißt Ihr, warum sie runtergefallen sind?«

»Ich habe nicht die geringste Ahnung«, antwortete Nicholas fröhlich und setzte seinen Weg ungeniert fort.

*

Borgia-Turm.

Im Vorzimmer zu Valentinos Kabinett brütete die spätsommerliche Hitze, war die Luft stickig und herrschte ein dämmriges Licht. Nicholas saß in der

Ecke genau gegenüber vom Kamin. Er war allein in dem kleinen Raum und hatte bereits eine volle Stunde gewartet. Es wurde dunkel. Über sechs Stunden waren vergangen, seit Valentino ihn aufgefordert hatte zu kommen. In dieser Zeit hatte Nicholas die Anweisung nach allen Richtungen hin durchdacht. Der Wortlaut lieferte keinen Hinweis darauf, warum Valentino ihn sehen wollte – eine Leere, die Nicholas mit zahllosen Dämonen bevölkert hatte.

Die Tür zu Valentinos Kabinett befand sich rechter Hand. Nicholas fragte sich, ob Valentino oder überhaupt irgend jemand da war.

Die Zeit zog sich. Immer wieder starrte Nicholas die Tür an. Nicht eine Menschenseele hatte sich bisher blicken lassen. Der Raum war bestimmt leer.

Wenn er nur hätte hineingehen können, um zumindest einen flüchtigen Blick auf Valentinos vertrauliche Unterlagen zu werfen...

Wie gebannt waren seine Augen auf diese Tür gerichtet. Er war sicher, daß der Raum dahinter leer war – aber was, wenn plötzlich jemand hereinkam und ihn ertappte? Er verspürte nicht die geringste Lust, Valentino das erklären zu müssen. Trotzdem, eine solche Gelegenheit, sich Valentinos persönliche Papiere anzusehen, bot sich ihm bestimmt nie wieder. Nicholas konnte die Tür zum Korridor hin offenlassen, um jeden, der sich näherte, zu hören. Sofort verwarf er diese Idee. Jeder, der vorüberkam, würde ihn dort sehen, wo er nicht sein durfte. Er mußte es eben riskieren und die Chance nutzen. Nur wenige Sekunden. Nur ein Blick.

Er ging zur Tür hinüber, streckte eine Hand nach der Klinke aus und nahm allen Mut zusammen. Er atmete kräftig durch und machte die Tür auf.

Der Raum dahinter war fast dunkel. Auf dem Tisch brannte nur eine einzelne Kerze. Und an diesem Tisch saß Valentino.

Ein heftiger Schreck durchzuckte Nicholas. Er sagte: »Verzeihung, Illustrissimo.«

Valentino erhob sich. »Was habt Ihr davon, wenn ich Euch verzeihe?« Gemächlich kam er um den Tisch herum, trat an die Tür und schloß sie. »Welch eine kleinmütige Maus! Ihr habt doch nur eine Stunde und zwanzig Minuten lang gewartet. Ich rate Euch zu Ehrlichkeit, Maus, für das Gegenteil seid Ihr zu feige. Macht was daraus.«

Er zeigte auf einen Stoß Briefe auf dem Tisch. Nicholas trat näher an die Kerze heran. Valentino hatte dagesessen und gewartet, um herauszufinden, ob Nicholas sich heimlich in sein Kabinett schleichen würde oder nicht. Nicholas hatte feuchte Hände bekommen, und am Hals war er feuerrot angelaufen, so peinlich war ihm das. Er erinnerte sich daran, als hätte er alles von oben beobachtet und zugesehen, wie er auf seinem Stuhl hin und her rutschte, während auf der anderen Seite der Wand Valentino saß und auf ihn wartete. Nicholas zog ein Schnupftuch aus dem Ärmel und wischte sich die Hände trocken. Valentino hinter ihm lachte.

Bei den drei Briefen handelte es sich um nahezu identische, kurze und verschlüsselte Mitteilungen. Nicholas durchschaute den Schlüssel sofort und übersetzte sie ohne irgendwelche Hilfsmittel.

»In allen drei Mitteilungen kommt man überein, sich im Oktober in La Magione zu treffen.«

Valentino ging zu seinem Sessel zurück. »Das habe ich auch schon herausbekommen.«

»Sie stammen alle von derselben Hand. Wie kommt Ihr zu ihnen, Illustrissimo?«

Valentino starrte ins Dunkel. »Ein Freund, der in Gianpaolos Diensten steht, hat sie geschickt.«

Nicholas schüttelte den Kopf. Plötzlich stand ihm wieder Gianpaolo Baglione vor dem inneren Auge – genau hier, im selben Raum, hatte er sich von Entsetzen gepackt über Nicholas' Plan gezeigt, Urbino im Handstreich zu nehmen. »Es ist nichts weiter daran«, sagte er, »aber es kann nichts Gutes verheißen.«

»Dann teilt Ihr meine Meinung.« Valentino langte mit beiden Händen über den Tisch nach den Briefen und legte sie zu einem Stoß zusammen. »Nehmt sie!« Er hielt sie Nicholas hin. »Findet heraus, was Ihr könnt.«

»Jawohl, Illustrissimo.«

»Ich will alles wissen, was Ihr in Erfahrung bringen könnt. Und sobald Ihr es erfahrt, nicht erst stundenlang hinterher.«

»Ja, Illustrissimo.«

»Wohin werdet Ihr Euch jetzt wenden?«

Nicholas zog sich mit den Briefen einen Schritt in Richtung Tür zurück. »Mit Eurer Erlaubnis, Illustrissimo...«

»Ich habe Euch noch nicht entlassen.« Valentino lächelte ihn an.

Nicholas ahnte, daß etwas Schlechtes kam. Für einen Moment begegnete sein Blick dem Valentinos.

»Die Stadt Florenz ist mehr gegen mich denn je«, sagte Valentino. »Obwohl, wie Ihr vorausgesagt habt, die Regierung gestürzt wurde. Ihr müßt gewußt haben, daß sie nicht mir zufallen würde.«

»Kein Mensch hat immer recht, Illustrissimo.«

»Ich glaube Euch nicht, meine liebe Maus.«
»Ich versichere Euch, Illustrissimo...«
»Pah!«
Obwohl Valentino nie laut wurde, verstummte Nicholas. Er schob die geheimnisvollen Briefe von einer Hand in die andere. Das gab ihm wieder Auftrieb. Da er Arbeit für ihn hatte, würde Valentino ihn mit einem blauen Auge davonkommen lassen. Nicholas holte tief Luft, war sich halb sicher, wagte den Sprung.
»Illustrissimo, Ihr wißt alles. Ich werfe mich Euch zu Füßen und bitte um Gnade.«
»Fürderhin dient Ihr ausschließlich mir, Maus!«
»Ich wünsche nichts sehnlicher als das, Illustrissimo.«
Seltsam glomm der Widerschein der Kerze in den Augen des Borgiaprinzen auf. Ein Lächeln umspielte seine Lippen. Speichelleckerei und Kratzfüße waren sein täglich Brot, er lebte quasi davon. Nicholas beugte ein Knie ziemlich tief.
»In Eurem Dienst kann ich meine Stellung in der Florentiner Gesandtschaft richtig nutzen. Setzt mich nur Euren Absichten entsprechend ein. Ich bin Euer willfähriges Werkzeug.«
Valentino schwieg. Nicholas fuhr sich mit der Zunge über die Oberlippe. Er hatte übertriebenen Eifer gezeigt; der Prinz würde darin nur Ironie sehen. Stuhlbeine kratzten über den Boden. Valentino stand auf.
»Was meint Ihr?«
Nicholas hob die Handvoll Briefe. »Wenn diese hier eine gegen Euch gerichtete Verschwörung unter Euren *capitani* bedeuten, was ja durchaus möglich wäre, werden Eure Feinde davon weit früher erfahren als Eure Freunde.«

Rasch fragte Valentino: »Ihr meint, darum geht es? Sie schmieden ein Komplott gegen mich?«

Irgend etwas an dessen Stimme brachte Nicholas dazu, ihn verwundert anzusehen. Das klang, als hätte Valentino Angst. Er sah Valentinos Rücken vor sich. Der Borgia stand im Dunkeln und schaute zum Fenster hinaus. Unvermittelt wirbelte er herum, sah Nicholas über den kerzenerhellten Tisch hinweg durchdringend an.

»Dann findet heraus, was sie vorhaben! Bleibt bei den Florentinern! Bezahlen sie Euch gut?«

»Schlecht... und spät.«

Valentino zeigte unerwartet ein strahlendes Lächeln. »Ich bezahle gut. Ihr werdet mich noch lieben lernen. Und jetzt geht und findet etwas, womit ich meinen Vater überzeugen kann.«

»Illustrissimo, ich werde sehen, was ich tun kann.«

»O nein.« Valentino hob die sonnengebleichten Augenbrauen, und er zeigte mit dem Finger auf Nicholas. »Ihr werdet tun, was ich sage. Und jetzt geht!«

Nicholas verneigte sich und verließ das Kabinett. Im Vorraum blieb er einen Moment stehen – im bräunlichen Dunkel, neben der auf den Korridor hinausführenden Tür, ein ganzes Stück vom Kerzenlicht entfernt, und versuchte sich darüber klarzuwerden, was er gerade erkannt und begriffen hatte.

Er verstand Valentino nun besser, genug jedenfalls, um ihn nicht länger zu fürchten. Nicholas wußte jetzt, wie man mit Valentino umspringen mußte, wie man ihn manipulierte. So gewaltig seine Macht war, restlos vertrauen konnte er nicht auf sie. Er fürchtete so sehr um sie, daß, einen niedrigen Menschen wie Nicholas vor sich im Staub sich winden und ihm die Füße küssen zu sehen, ihm ein Labsal war und ihm echten Trost spendete. So ließ man ihn nach der eigenen Pfeife tanzen. Nicholas durchschaute alles klar, als handelte es sich um eine mathematische Aufgabe. Wer immer Valentino zum König machte, würde ihn in der Hand haben.

Ein Geräusch hinter der Tür riß ihn aus seinen Gedanken. Schritte. Jemand kam außerhalb des Vorzimmers die Treppe herauf. Valentino schien aus dem Kabinett zu kommen, und Nicholas wollte ihn nicht sehen – jedenfalls jetzt nicht, da ihm sein neugewonnenes Wissen anzumerken war. Eilends verschwand er durch die Tür.

*

Am nächsten Morgen erreichte ihn aus Florenz ein Brief, mit dem er vorübergehend ermächtigt wurde, im Namen der Republik diplomatische Mitteilungen entgegenzunehmen; und außerdem eine kurze Anweisung betreffs Astorre Manfredis.

»Es ist uns bekannt«, hieß es in dem Schreiben, *»daß die Borgias bei der Einnahme der Stadt Faenza auch den jungen Prinzen Astorre aus dieser Stadt in die Hand bekamen und derselbe Astorre seit der Rückkehr des Unholds nach Rom in den Kerker des Castel Sant' Angelo geworfen wurde. Wir erwarten, daß Ihr alles in Eurer Macht Stehende unternehmt, um seine Entlassung zu erreichen – im Namen der Republik Florenz.«*

Das war, bis auf die Unterschrift, alles. Dennoch verriet die Unterschrift Nicholas viel, denn sie stammte von Niccolo Machiavelli. Der war Piero Soderinis Mann. Nicholas brachte geraume Zeit damit zu, herauszufinden und zu beurteilen, was es bedeutete, daß ein Gefolgsmann Soderinis bereits Briefe an die wichtigste Gesandtschaft unterschrieb, die Florenz unterhielt.

Die Engelsburg ragte ein kurzes Stück flußaufwärts vom Vatikan wie ein gewaltiger Grabhügel am Tiberufer auf. Ihre vielberannten runden Mauern waren so hoch, daß sie die Straße, die darum herum führte, mit ihren Schatten erfüllten. Die beiden neuen Türme, die Papst Alexander darauf hatte bauen lassen, wirkten wie ein nicht ganz passendes Gehörn. Nicholas verabscheute das Bauwerk. Ihm fiel ein, daß er hier Lucrezia Borgia begegnet war, und er hoffte, im Falle des Astorre Manfredi einen ähnlichen Weg zu finden, den Gefangenen freizubekommen. Er meldete sich am Festungstor und wurde eingelassen.

Auf dem beengten freien Raum des uralten Bauwerks drängten sich die Soldaten. Die einzelnen Höfe waren durch Gänge aus massiven Felssteinen miteinander verbunden. Nicholas dachte, daß es in einem Ameisenhaufen ähnlich zugehen müßte. Ein Wachtposten nahm sein Beglaubigungsschreiben sowie den Empfehlungsbrief entgegen und führte ihn durch einen langen gedeckten Gang zu einer Galerie, wo die Begegnung mit Astorre stattfinden sollte.

Der von Fenstern durchbrochene Gang machte einen genauso öden Eindruck wie der Rest des Kastells. Nicht mal ein gewebter Teppich bedeckte die Mauer aus rohem Stein. Die ovalen Fensteröffnungen waren mit schmiedeeisernen Gittern versehen, deren einzelne Stäbe sich drehten wie Rosenranken mit Dornen aus Metall. Astorre tauchte am anderen Ende des Ganges unter den Schatten auf und stand dann zögernd da, bis ein Wachtposten vortrat und ihn zu Nicholas brachte.

Nicholas verneigte sich, kniete nieder und küßte dem jungen Mann die dargereichte Hand. Der Wachtposten las seinen Namen vor und sprach ihn falsch aus, wie nur ein Mann aus der Romagna und noch dazu in so niedriger Stellung ihn aussprechen konnte. Das Schreiben zusammenfaltend, lehnte der Mann sich an die Mauer, um zu beobachten.

»Es ist sehr freundlich von Euch zu kommen, Ser... Doo...«

»Messer Nicholas Dawson, Illustrissimo.«

Astorre lächelte. Er war ein hübscher Junge mit weichem, hellem Haar, das ihm in Ringellocken über die Ohren fiel, und weit auseinanderstehenden unschuldigen Augen. Die glatten Lippen lächelten zu leicht. Bisher hatte der Kerker ihn noch nicht zerbrochen. Er hörte sich Dawsons Mitteilung an, in der von Freundschaft und Sorge die Rede war, und neigte den Kopf dabei ein wenig zur Seite.

»Ihr Florentiner erweist euch mir gegenüber als überaus freundlich. Dieser Besuch war nicht nötig, um mir zu versichern, daß ihr mich nicht im Stich lassen werdet.«

Nicholas bemerkte etwas von einem Lösegeld und fragte, welche Dinge angetan sein könnten, ihm den Gefängnisaufenthalt zu erleichtern. Beim Wort ›Gefängnis‹ kam Leben in Astorre. Er hob abwehrend die Hände und wandte den Blick ab.

»Gefängnis... Ich bin hier nicht in einem Gefängnis.«

Dann wandte er sich dem Fenster zu, durch das man den Tiber sehen konnte.

»Ich bin hier zu Gast. Er – mein Gebieter Cesare – hat mich nie als einen Gefangenen betrachtet, sondern mich immer als Gast behandelt. Das hat er mir oft beteuert.«

»Illustrissimo, Herzog Valentino versteht sich auf die Kunst der sanften Worte...«

»Er würde mich nicht hintergehen.«

Der Junge umfaßte das Gitter, seine Finger schlängelten sich durch die Öffnungen und zwischen den Dornen hindurch ins Freie.

»Ich kann fort von hier, wann immer ich es wünsche.«

Ohne den Kopf zu drehen, warf Nicholas einen Blick auf den Wachtposten, der auf jedes Wort lauschte. Sagte der Junge all dies, weil es für die Ohren der Wache bestimmt war? Oder für seine, Dawsons?

»Trotzdem, Illustrissimo, ich bitte Euch, versucht nicht rauszukommen, bevor wir die Formalitäten ausgehandelt haben.«

»Ach, ihr Diplomaten.« Astorre lächelte wieder und sah über die Schulter hinweg zu Nicholas hinüber. »Er hat recht, ohne eure kleinen Vorschriften seid ihr verloren.«

»Dann, Illustrissimo, gestattet uns, zu unserer eigenen Beruhigung zu glauben, daß unsere kleinen Vorschriften von einigem Wert sind.«

»Wie Ihr wünscht.«

Der Wachtposten näherte sich ihnen. Das Gespräch war beendet. Nicholas kniete nieder. Wieder machte er dem Prinzen die üblichen Komplimente und versicherte ihn seiner Ergebenheit. Er hob die bleichen Finger an die Lippen und hoffte, daß Astorres Vertrauen zu Valentino nicht zu tief ging. Nicholas wagte es kaum, in das schöne, vertrauensselige Antlitz des Jungen zu blicken.

Die Wache führte den Gefangenen ab. Nicholas beeilte sich, die enge Wendeltreppe zum überfüllten Hofzugang hinunterzukommen.

Dort stieg gerade Miguelito da Corella vom Pferd. Unsicher blieb Nicholas stehen und wußte nicht, ob er ihn begrüßen sollte oder nicht, da Miguelitos Stimmung nie vorauszusagen war. Zu seiner Verwunderung sah der Soldat ihn und verzog das Gesicht zu einem herzlichen Lächeln, dann winkte er ihn zu sich heran.

»Messer Nicholas, was führt Euch denn hierher?«

»Ich bin gerade auf dem Weg hinaus«, antwortete Dawson. »Dieses Bauwerk flößt mir einen Heidenschrecken ein.«

Miguelito streifte schwere Reithandschuhe von den Fingern. »Ihr seid ein Phantast.«

»Nein, alles andere, um der Liebe Gottes willen. Mich beflügelt eine solche Einbildungskraft nicht, da könnt Ihr ganz sicher sein.«

Schmunzelnd schob Miguelito die Handschuhe hinter seinen Leibriemen. »Vielleicht ist das so. Und wen habt Ihr hier besucht?«

»Wißt Ihr das nicht?« fragte Nicholas zurück, war sich jedoch ganz sicher, daß Miguelito es wußte.

Da Corella hob eine Schulter an und ließ sie wieder sinken. Sein olivfarbener Teint wirkte der Staubschicht wegen, die darüber lag, noch dunkler als sonst. Nicholas setzte eine höfliche Miene auf, so als wartete er auf eine Antwort.

Schließlich fragte Miguelito: »Was haltet Ihr von ihm?«

»Von wem?«

»Ach, Ihr Hüftschwenker, von Astorre, dem hübschen Jungen natürlich.«

Sehnsüchtig blickte Nicholas zum Tor hinüber. »Hübsch ist er, in der Tat.«

»Ihr findet ihn attraktiv?«

»Das habe ich nicht gesagt. Er ist – weich. Was habt Ihr mit ihm vor?«

Miguelitos Mund verzog sich zu einem lüsternen Grinsen. »Ja, sehr weich. Ihr habt recht.« Er setzte sich in Richtung Tor in Bewegung, brachte Nicholas also ans Ziel seines Wunsches. »Er gibt zu bereitwillig nach. Ich liebe bei einem Mann Stärke – etwas, woran ich meine eigene Kraft messen kann. Sonst könnte man genausogut Frauen lieben. Habe ich nicht recht?«

Nicholas senkte den Blick auf die rohen Pflastersteine. »Was habt Ihr mit ihm vor?«

»So etwas entscheide nicht ich. Fragt jemand anders. Habt Ihr irgend etwas Neues über die verschlüsselten Botschaften in Erfahrung bringen können?«

»Ich weiß, für wen sie bestimmt waren«, erwiderte Nicholas.

Miguelitos Augen weiteten sich. »An wen?«

»Das sollte ich Valentino sagen.«

Der Soldat schaute lauernd nach links und rechts, um festzustellen, ob jemand zusah, trat dann näher und streckte den Kopf vor. »Sagt es mir! Ihr wißt, ich bin die rechte Hand, das rechte Auge und das rechte Ohr meines Gebieters.«

Er stank. Nicholas trat einen Schritt weg von ihm und lächelte. »Ihm jedoch nicht nahe genug, um zu wissen, welches Schicksal er für Astorre ins Auge faßt.«

Miguelito da Corella gab einen Grunzlaut von sich und zog die Mundwinkel herab. Diese Bemerkung hatte ihn geärgert. »Nun«, sagte er, »kommt heute abend in den Palazzo. Leistet ihm beim Abendessen Gesellschaft.«

Beim letzten Wort machte er auf der Stelle kehrt und entfernte sich mit großen Schritten. Nicholas wollte hinter ihm herrufen, doch waren zu viele Fremde im Hof. Zum Frühstück würde halb Rom wissen, daß er Valentino beim Essen Gesellschaft leistete, und er fragte sich, was die Signoria wohl dazu sagen mochte. Miguelito war verschwunden. Nicholas kehrte zurück in die Gesandtschaft.

*

Auf dem Weg in den Vatikan an diesem Abend faßte er neben einem anderen in Valentinos Diensten stehenden Manne Schritt, einem Spanier namens Des Troches, der sich überschwenglich in allerlei Mutmaßungen erging.

»Der Papst ißt heute mit Valentino zu Abend. Wir werden alle sehr elegant aussehen müssen.«

»Warum?« fragte Nicholas.

»Nun, ich zum Beispiel hoffe auf ein bestimmtes Amt im päpstlichen Haushalt, von dem ich weiß, daß es demnächst frei wird. Das ergibt später ein erkleckliches Ruhegeld.«

Nicholas faßte seinen Nebenmann scharf ins Auge. Edelsteine blitzten am Ärmel des Spaniers. Die geölten Schnurbartenden hingen herab. Sein Spitzbart war ebenfalls geölt. Sie gelangten zum Eingang, wo Nicholas beiseite trat, um Des Troches den Vortritt zu lassen.

An der Schwelle zum Speisesaal summte es bereits von einem Dutzend Höflingen. Ganz Aufmerksamkeit, verweilte Des Troches für einen Augenblick. Er zog seine Kleidung zurecht. Ein neues Gefühl von Kraft schien seine Schritte zu beflügeln. Nicholas folgte ihm halb amüsiert und kam sich wenig glanzvoll vor.

Sie betraten einen Raum, der ganz von Lärm erfüllt war. Kein Mensch saß am Tisch beim Fenster, und Nicholas konnte nicht erkennen, wie viele Plätze vorbereitet waren. Es war allgemein bekannt, daß Valentino es vorzog, allein zu speisen. Als Nicholas und Des Troches eintraten, bewegte sich im Raum bereits eine Anzahl anderer Männer und unterhielt sich. Des Troches begrüßte sie, einige ungekünstelt, andere wieder mit der Intensität eines Liebhabers. Nicholas schob sich an der Wand entlang.

Vier goldene Gedecke waren aufgelegt. Nicholas setzte sich etwas von den anderen ab. Es widerstrebte ihm, im Mittelpunkt der Aufmerksamkeit zu stehen.

»Messer Dawson!« Ein Mann in einem roten Rock stellte sich Nicholas in den Weg. »Wir sind uns vor ein paar Jahren beim Weihnachtsfest des Kardinals von Siena begegnet. Ihr werdet Euch erinnern.« Er streckte die rechte Hand hin und nannte einen Namen, an den Nicholas sich undeutlich erinnerte. Er schüttelte die ihm zitternd dargebotene Hand.

»Ich habe aber Weihnachten nie bei Piccolomini verbracht.«

»Ach, gleichviel. Es spielt ja de facto auch keine Rolle, schließlich weiß jeder, wer Ihr seid.« Lächelnd zeigte der Rotberockte seine Zahnlücken und lehnte sich dann vor, um Nicholas zuzulächeln. »Ihr werdet mich bald besser kennen.«

Nicholas stieg die Hitze zu Kopf, und er hoffte, nicht puterrot anzulaufen. »Davon bin ich überzeugt. Mit Eurer Erlaubnis, Signore!«

Dawson schickte sich an, einen Bogen um den Mann zu machen, doch ehe er entkommen konnte, traten Valentinos Pagen ein und kündigten den Herzog an.

Der gesamte Hof versammelte sich, und wenige Augenblicke später knieten alle nieder, denn der Papst kam herein. Neben Alexander gingen sein Sohn Joffre und Joffres Frau Sancia, eine Prinzessin von Neapel, die Schuhe mit viel zu hohen Absätzen trug, so daß sie am Arm des knabenhaften Gatten unsicher wankte.

Quer durch den Raum schlenderte Miguelito auf Dawson zu. »Guten Abend, Nicholas.«

»Den wünsche ich Euch auch«, erwiderte Nicholas.

Der Soldat senkte die Stimme. »Und jetzt sagt mir, was Ihr mir im Castel Sant' Angelo nicht anvertrauen wolltet.«

Sie standen so dicht beieinander, daß ihre Arme sich praktisch berührten. Nicholas fiel auf, daß Des Troches sie beobachtete, und starrte ihn an, bis der den Kopf abwandte und davonging.

»Gianpaolo hat die Briefe schreiben lassen und wollte sie an Oliverotto und zwei von den Orsinis schicken, doch traf er sie dann vorher persönlich, brauchte sie also nicht mehr abzuschicken. Soweit ich weiß, haben sie sich auf ein Geheimtreffen in La Magione verständigt. Mehr ist mir nicht bekannt.«

Miguelito fragte: »Seid Ihr sicher?« und verfluchte die Abtrünnigen dann in breitem Navarresisch: »Diese Satansbraten!«

Nicholas räusperte sich. Miguelitos Leidenschaft interessierte ihn. Diese Empörung hatte etwas geradezu

Inbrünstiges. Miguelito versetzte ihm verstohlen einen Rippenstoß.

»Wie habt Ihr das herausgefunden?«

Nicholas zuckte mit den Schultern, blieb ihm die Antwort schuldig.

Mit blitzenden Augen sah Miguelito ihn an. »Wartet hier!«

Nicholas schaute zum Tisch hinüber, wo der Papst mit seinen Angehörigen saß. Die Günstlinge aus Valentinos Hofstaat servierten den Borgias das Abendessen. »Laßt mich mitkommen«, bat Nicholas.

»Ist das nicht leichtsinnig?« meinte Miguelito. »Was, wenn die Florentiner hören, daß Ihr freundschaftlichen Umgang mit uns pflegt?«

Vor zwei Stunden noch hatte Dawson sich aus demselben Grund Sorgen gemacht, doch nun wollte er unbedingt alles mitbekommen, was bei Tisch besprochen wurde. »Ich bin beim Heiligen Stuhl akkreditiert«, sagte er zu Miguelito. »Es gehört zu meinen Aufgaben, freundlichen Umgang mit euch zu pflegen.« So jedenfalls konnte er den Florentinern gegenüber argumentieren.

Miguelito stieß einen Grunzer aus.

»Dann kommt mit.«

Nicholas mußte unwillkürlich lächeln. Die Hände lässig auf dem Rücken verschränkt, durchquerte er, hinter Miguelito hergehend, den Saal. Er wußte, daß der gesamte Hof sie neiderfüllt beobachtete. Es war wichtig, daß es so aussah, als tue er dies aus freien Stücken und nicht auf Befehl.

Miguelito trat hinter Valentinos Stuhl, und so stand Nicholas für einen Moment vor aller Augen allein da. Nur die Borgias sahen ihn nicht. Deshalb beeilte er sich, um den Tisch herum an die Wand zu treten. Der Papst erzählte seiner Schwiegertochter Sancia eine Zote über den Kardinal d'Este. Valentino aß Fisch.

Der Papst brach in Gelächter aus. Sancia kicherte albern, packte ihn beim Arm und flüsterte ihm etwas ins Ohr. Mit spitzen Fingern pflückte sich Valentino eine kleine Gräte von der Zungenspitze, als wäre es eine Nadel.

»Erzählst du die Geheimnisse von jemand anderem, hübsche Schwägerin?«

Sancia fuhr herum: »Nur deine.«

»Gemach, gemach, meine Kinder«, begütigte der Papst. Ein Diener bot ihm Sauce für seinen Fisch an, weshalb er sich umwandte, um sie in Augenschein zu nehmen.

Sancia starrte mit zurückgeworfenem Kopf immer noch Valentino an. »Was, meinst du, habe ich ihm erzählt, Cesare?«

»Meine Kinder«, mahnte der Papst lächelnd, »nun haltet doch mal Frieden!«

Mit einem Messer mit blattförmiger Klinge zerteilte Valentino den Fisch. Sancia senkte den Kopf.

Die Hände auf dem Rücken, stand Nicholas an der Wand; er konnte den Blick nicht von der um den Tisch herum sitzenden Familie lösen. Er fragte sich, wie viele von den anderen ihres Hofes sie verstehen mochten, denn die Borgias sprachen Spanisch. Wahrscheinlich eine ganze Menge. Früher oder später würde Valentino ihn anerkennen. Das sagte er sich mehrere Male, während die Diener die Teller abräumten, neue brachten und die Borgias sich an den üppigen Speisen gütlich taten. Einmal trat Miguelito vor, um an Valentinos Glas zu nippen. Die Borgias fürchteten offenbar, vergiftet zu werden.

Der Papst erzählte von Lucrezia, von der er gerade einen Brief erhalten hatte, in dem sie ihm mitteilte, im Frühling werde sie ihm ein Enkelkind schenken. Diese Nachricht erfreute ihn über alle Maßen, denn er rieb sich die Hände und sprach immer wieder den Namen seiner Tochter aus.

»Nun, Sancia«, sagte Valentino, »jetzt bist du an der Reihe.«

»Er ist unerträglich«, bemerkte Sancia.

»Cesare«, mahnte Alexander, »nun sei doch ein bißchen verträglicher.«

»Das bin ich ja ständig gewesen«, sagte Valentino. »Aber das hat auch nichts genützt.«

Miguelito feixte vor Vergnügen. Auf der anderen Seite des Tisches hob Joffre für einen Moment sein ausdrucksloses Gesicht und wandte sich dann wieder dem Essen zu. Nicholas Dawson überlegte, ob Valentino mit dieser Bemerkung eine Spitze beabsichtigt hatte, und kam zu dem Schluß, daß dies vermutlich der Fall war. Als Kardinal war er eine Zeitlang Sancias Liebhaber gewesen.

Milde gestimmt sagte der Papst: »Du beleidigst fast jeden, Cesare.«

»Obwohl er es bisher nur zu einer einzigen Tochter gebracht hat«, verkündete Sancia laut. Ihre breite Aussprache verlieh allem, was sie sagte, etwas Komisches. »Und da ich weiß, daß die Braut Französin ist, gehe ich vermutlich nicht fehl in der Annahme, daß es sich um eine jungfräuliche Geburt handelte.«

»Ich weigere mich, die auf der Hand liegende Erwiderung über die Lippen zu bringen«, sagte Valentino, »und zwar deshalb, weil der Gegenstand unseres Rededuells sich nicht verteidigen kann.«

Sein Glas war leer. Ein Diener schenkte ihm nach, und wieder trat Miguelito vor, um den Wein vorzukosten. Nicholas ließ seinen Blick von Valentino zu dem dunkelhäutigen Gefolgsmann wandern. Niemals würde Valentino riskieren, Miguelito zu verlieren. Er sah zu, wie Miguelito wieder seinen Platz an der Wand einnahm.

Sancia sagte: »Wenn ich dich richtig verstanden habe, Cesare, wirst du mich nicht soweit reizen, daß ich etwas sagen würde.«

Der Papst erklärte: »Ich will von eurem Streit nichts mehr hören«, und sah von Sancia zu Valentino.

»Ihr sitzt hier an meinem Tisch«, sagte Valentino, »wenn Eure Heiligkeit sich das vielleicht ins Gedächtnis rufen würden.«

Das Lächeln im Gesicht des Papstes war wie weggewischt. Füllig in seinen reichen Gewändern, saß er zwischen Valentino und Sancia. Zu Sancia sagte er: »Wisse, wo dein Platz ist.« Dann wandt er sich seinem Sohn zu. »Wärest du hier, wenn es mich nicht gäbe?«

Valentino winkte seinen Haushofmeister heran, woraufhin die Diener den Gang mit dem Wild auftrugen. Dabei maßen Vater und Sohn einander mit finsteren Blicken. Valentino war der erste, der die Augen abwandte, doch nun glänzte Schweiß auf der Stirn des Papstes.

Nicholas verfolgte all dies mit größter Aufmerksamkeit. Er wußte – wie im übrigen ganz Rom – seit Jahren, daß Sancia und Valentino sich haßten. Doch diese Rivalität zwischen Alexander und Valentino war Nicholas bisher noch nie deutlich geworden. Jetzt jedoch fiel ihm ein anderer Streit zwischen den beiden Männern ein, bei dem es um Lucrezias Vermählung gegangen war. Damals hatte er nicht den Eindruck gehabt, daß Alexander Angst vor Valentino hatte.

Solche Dinge zu wissen, hatte immer einen gewissen Nutzen. Zwar konnte Nicholas den noch nicht erkennen, doch wie sämtliche anderen Höflinge wog er jedes Wort, das die Borgias sprachen.

Über einem Aprikosenkompott wandte Alexander sich wieder Valentino zu und sagte: »Der Koch ist ausgezeichnet. Doch sehe ich es richtig, daß der Hofnarr für die Dauer des Essens Ausgang hat? Oder bietet ihr beiden, du und Sancia, die einzige Unterhaltung?«

»Ich habe nur auf ein Wort von dir gewartet, Papa.« Dann rief Valentino laut: »Des Troches! Redet honigsüß mit irgendeines anderen Mannes Zunge!«

Des Troches war offensichtlich bereit wie ein aufgestachelter Kampfhahn. Er sprang vor, nahm in der Raummitte genau vor dem Papst Aufstellung und führte einen Kratzfuß aus, daß er mit der Stirn fast den Boden berührte. Dann säuselte er:

»Eure Seligkeit, die gesamte Christenheit küßt Euch die Füße. Die Vergangenheit war nur dazu da, Eurer Regierung voranzugehen, die Zukunft wird nur dazu dasein, sie zu spiegeln. Laßt mich daher unser Gedächtnis auffrischen und uns die Großtaten der ersten Römer vor Augen führen, deren Tugend in Euch ihre Vollendung erfährt.« Einer Statue gleich, streckte er einen Arm aus. »Arma virumque cano...«

Vernehmlich machte sich Entsetzen unter den Höflingen breit. Voller Unbehagen fragte Nicholas sich, ob Des Troches womöglich das ganze Epos auswendig konnte. Nach einem Dutzend Verszeilen wandte Alexander sich wieder seinem Sohn zu.

»Lullst du dich so bei deinen Feldzügen ein, um

Schlaf zu finden? Bitte, erspare mir das. Du weißt doch, Mars ist nicht gerade mein Stern.«

»Würdest du lieber von Frau Venus hören, Papa, oder von Jupiter?« Mit zusammengezogenen Brauen ließ er den Blick über seinen Hofstaat gleiten, als wüßte er noch nicht genau, was er anbieten sollte. Dabei geriet Nicholas in sein Blickfeld.

»Messer Dawson!« Valentino beugte sich wieder vor, und seine Stimme bekam vor lauter Belustigung etwas Lebhaftes. »Kommt heran und tragt uns ein paar Gedichte von Horaz an diese Cynthia vor!«

»Properz«, bemerkte Nicholas automatisch.

Und wünschte im selben Moment, es nicht gesagt zu haben.

Wieder fuhr Valentino auf seinem Stuhl herum.

»Was habt Ihr gesagt?«

Nicholas trat vor den Tisch, so daß der Prinz ihn im Auge behalten konnte, ohne den Kopf wenden zu müssen. Auch Nicholas vollführte einen tiefen Kratzfuß vor dem Papst und wandte sich dann wieder Valentino zu. »Cynthia war die Geliebte des Properz, wie Ihr sicherlich wißt. Illustrissimo, Ihr habt gewiß meine Bildung auf die Probe stellen wollen, wenn die auch noch so oberflächlich ist.«

Valentino schlug mit der flachen Hand auf den Tisch. »Nun denn, Messer Dawson, da Ihr die Damen so gut kennt, laßt hören, wie Ihr Euch mit einer Verführungsrede an eine vom Glück begünstigte Liebhaberin wendet. Auf Sancia! Beglückt Sancia mit einem Zeugnis der höfischen Liebe!«

Nicholas erstarrte. Sein Blick ging hinüber zu der Prinzessin auf der anderen Seite des Tisches, Valentino gegenüber. Sie furchte die Stirn, offensichtlich jedoch, weil sie verwirrt war. Höchstwahrscheinlich hörte sie den Ton einer Beleidigung heraus, ohne zu verstehen, worum es eigentlich ging. Sie ließ den Blick auf ihm ruhen. Alle sahen sie zu ihm hin und erwarteten, daß er gehorchte. Er mußte gehorchen. Zum Glück paßte ihr Name mühelos in das einzige Liebesgedicht, das er gut genug kannte, um es vortragen zu können.

Er verneigte sich vor der Prinzessin. »Vivemus, mea Sancia, atque amemus.« Ohne irgendwelche Gesten und ganz schlicht rezitierte er die bezaubernden Verse.

Nachdem Dawson getan, wie ihm geheißen, klatschte der Papst in seine weißen Hände. »Das gefällt mir ganz ausnehmend gut, besonders das mit den vielen Küssen.« Er lachte überschwenglich, und sein rundes Gesicht strahlte wieder vor guter Laune.

Nicholas verneigte sich noch einmal und zog sich an die Wand zurück. Mochten die Florentiner sich das Maul zerreißen, wenn sie hiervon hörten. Insgeheim beobachteten ihn alle. Er sah, wie es in ihren Augen aufglomm, wie sie sich gegenseitig in die Rippen stießen und tuschelten. Valentino hatte ihn bloßgestellt und zum Narren gemacht. Den Kopf gesenkt, drückte er sich mit dem Rücken an die Wand und bemühte sich, so auszusehen, als machte ihm das alles nichts aus.

*

Ein paar Tage später wurde der Leichnam von Astorre Manfredi vom Schaufelrad einer Mühle auf einer Tiberinsel hochgetragen. Um die Signoria in Florenz aus erster Hand vom Tod des jungen Freundes zu unterrichten, suchte Nicholas den Wachtturm auf, wo man den jungen Adligen hingebracht hatte.

Der Fluß hatte von der Schönheit des Jungen nichts übriggelassen. Nach einem kurzen Blick auf den Kopf wandte Nicholas sich ab. Der alte Kustode brachte ihn zurück an die Tür.

»Vergiftet, wenn Ihr mich fragt.« Der alte Mann grinste. Die Vorderzähne fehlten ihm.

»Spanisches Gift«, sagte Nicholas. Die Zeichen der Garotte waren um Astorres aufgedunsenen Hals herum noch deutlich zu erkennen. Nicholas befühlte seinen Hals. Unschuld war kein Schutz. Man hatte ihn gewarnt. Er fummelte am Riegel der Tür herum, woraufhin der alte Mann hüstelnd um seinen Ellbogen herumgriff, um zu helfen. Nicholas trat hinaus in die süße Herbstluft.

*

Vielleicht hätte er mehr für Astorre tun, behutsam irgendeinen Einfluß zu seinen Gunsten ins Spiel bringen sollen. Möglicherweise aber hatte er allein dadurch, daß er sein Interesse zeigte, Valentino dazu gebracht, eine potentielle Gefahr auszuräumen. Das Leben war ungerecht. Nicholas zog einen absurden Trost aus dieser Binsenweisheit. Nicht er war schuld, sondern das Leben selbst.

An der anderen Seite des Raums saß Stefano Baglione und verzehrte den Rest seines Abendessens. Juan trat ein und trug die leeren Gläser hinaus.

Nicholas sah zu, wie Stefano sich die Finger an der Serviette abwischte und den Stuhl zurückschob. Er hatte doppelt soviel gegessen wie Nicholas. Sein Appetit war immer gewaltig. Das zeichnete ihn aus, machte in gewisser Weise seine Tatkraft und Vitalität deutlich.

In anderer Hinsicht aber war es Stefanos Ruin. Er wurde ziemlich fett. Die Hände über dem Bauch gefaltet, saß er da. Es hätte Nicholas nicht verwundert, wenn Stefano einen Holzspan von der Feuerstelle genommen und als Zahnstocher benutzt hätte. In ein paar Jahren würde sein gutes Aussehen dahin sein, Stefano sich zu einem durchschnittlichen grobschlächtigen Mann in mittleren Jahren entwickelt haben. Und auch dieser Gedanke war Nicholas auf eine absurde Weise tröstlich.

Plötzlich wandte Stefano den Kopf und fixierte Nicholas.

»Warum starrst du mich so an? Du bist schlimmer als eine Frau – manchmal, wenn du mich mit Blicken verschlingst.«

Nicholas setzte den Ellbogen auf die Armlehne seines Sessels und stützte das Kinn auf die Faust. »Ich genieße es, dich anzusehen.«

Es kam Bewegung in den jüngeren Mann. Er rutschte auf seinem Stuhl hin und her und sah woandershin. »Manchmal denke ich, ich mochte dich lieber, als ich dir nicht halb so gut gefiel wie jetzt.«

Das erforderte keine Antwort, und Nicholas gab auch keine.

»Dies Haus ist wie eine Kirche. Es gibt hier überhaupt nichts zu tun.«

»Was möchtest du denn tun?«

»Du nimmst mich nie mehr mit in den Vatikan. Warum? Hast du Angst, daß ich dich vor all diesen Schreiberlingen in Verlegenheit bringe?«

»Keineswegs«, erwiderte Nicholas voller Unbehagen. Er wußte, was Stefano wollte. Nervös zupfte er an seinem Kinn herum. »Du bist mir nie peinlich.«

»Himmelherrgott, nichtmal richtig streiten kann ich mehr mit dir!«

»Möchtest du gern in den Vatikan? Warum?«

»Dort gibt es jede Menge Geld, und vom Kartenspielen verstehen sie nicht viel.«

Juan brachte neuen Wein, woraufhin Stefano aufsprang, auf ihn zuschoß, ihm ein Glas abnahm und damit im Raum auf und ab ging.

»Hier gibt es nichts zu tun. Selbst das einzige, was sich hier anzuschauen lohnte, hast du überstreichen lassen – die Bilder an der Wand.«

Nicholas meinte: »Wenn du gern möchtest, können wir ja in den Vatikan gehen. Nicht heute abend, weil der Papst anderweitig beschäftigt ist, aber bald.«

»Vielen Dank«, sagte Stefano, doch der Blick, mit dem er Nicholas dabei ansah, verriet immer noch eine gewisse Verstimmung. Er hob sein Glas und trank den edlen Wein, wie er allen Wein trank – indem er ihn einfach hinunterstürzte. Nicholas wandte sich von ihm ab. Je mehr er versuchte, Stefano zu gefallen, desto weniger gefiel er ihm. Das Ganze hatte eine gewisse Symmetrie. Er erinnerte sich, wie Stefano ihn zu Anfang verfolgt und er sich gesträubt hatte. Er wollte nicht daran denken, wie es noch einmal enden möge. Auch Nicholas hob sein Glas und trank mit geschlossenen Augen.

*

Nach Krawallen und Volksaufständen, nachdem sogar versucht worden war, hohe Würdenträger der Republik zu ermorden, bildete die Stadt Florenz eine neue Regierungsform und stellte einen auf Lebenszeit gewählten Gonfaloniere an die Spitze des Staates. Der erste, dem dieses Amt zufiel, war Piero Soderini, der Sproß einer altehrwürdigen Familie, dessen Bruder – Kardinal Soderini – der führende Kirchenmann in ganz Italien war. Die Großen von Florenz hatten über die kleinen Leute triumphiert. Savonarola war endgültig tot.

»Keiner mit klarem Verstand hier«, schrieb Bruni, *»hält es für möglich, daß Seine Exzellenz, der Gonfaloniere, unsere Republik zu dem Glanz und der Bedeutung zurückführen wird, die sie in der Vergangenheit einmal gehabt hat. Er ist ein Mann mit den besten Vorsätzen, sehr entschlossen und unaussprechlich gegen das reißende Tier Borgia eingestellt.«*

Nicholas hob das durch einen kleinen Punkt mit seiner eigenen Tinte hervor.

Dieser Aussage ließ Bruni einen langatmigen Absatz über die ungünstige Konstellation am Sternenhimmel zur Zeit der Wahl Soderinis folgen und setzte sie in Beziehung zu der Stellung der Gestirne zur Zeit von Soderinis Geburt. Dann fügte er noch hinzu:

»Ich habe an ungezählten privaten Zusammenkünften mit Seiner Exzellenz teilgenommen und konnte mit Hilfe meiner früheren Depeschen ins Feld führen, daß mein Rat zwar selten gehört wurde, dieser und mein Verständnis der Ereignisse sich jedoch als realistisch erwiesen haben. Mein lieber Dawson, seid versichert, daß ich die Signoria unermüdlich auf die getreuen Dienste hingewiesen habe, die Ihr der Republik geleistet habt.«

Dann folgte eine detaillierte Aufzählung der anderen im Rahmen der Reform entstandenen und mit neuen Amtsinhabern besetzten Regierungsämter. Nicholas ließ den Blick über eine Liste von Namen wandern, die er kaum kannte. Am Schluß des Schreibens erging Bruni sich wieder in astrologischen Ratschlägen.

Nicholas legte das Blatt hin.

Dem Ruf nach kannte er Soderini gut: ein kluger Kopf, ehrlich, gerissen, jedoch nicht von visionärer Kraft erfüllt. Da die Republik in den vergangenen Jahren sehr unter Höhenflügen des Geistes gelitten hatte, konnte ein solch solider Mann, der mit beiden Beinen auf der Erde stand, dem Staat nur guttun. Auf jeden Fall mußte der Kontrast erfrischend sein. Nicholas faltete den Bogen zusammen und verstaute ihn in seinem Schreibtisch.

Im selben Moment klopfte es an der Tür. Er ging hin, machte auf und wurde von einem jungen Mann mit modisch flacher Kopfbedeckung in die Kanzlei gebeten, wo der Herr dieses Mannes wartete.

Es handelte sich um einen Bankier aus Florenz, Mitinhaber der Albizzi Bank. Nicholas schüttelte ihm die Hand. Sie tauschten die üblichen Höflichkeitsfloskeln aus, dann geleitete er den Bankier hinunter in Brunis Privatkabinett, wo genügend Platz vorhanden war. Nicholas stellte sich als eine Art Stellvertreter vor Brunis Schreibtisch, während der Besucher sich auf einen Stuhl setzte.

»Womit kann ich Euch hier in Rom dienlich sein?«

Der Bankier nahm den Hut ab und übergab ihn dem jungen Mann. »Messer Dawson, ich bin in Neapel gewesen und aus Gründen, die uns allen bekannt sind, interessiert daran, so schnell wie möglich nach Florenz zurückzukehren. Ich bin im Besitz gewisser Briefe, die hier in Rom und andernorts ihre Adressaten erreichen müssen. Wenn Ihr mir den Gefallen erweisen würdet, dafür zu sorgen, daß sie ihr Ziel erreichen, kann ich um so schneller nach Florenz weiterreisen.«

»Es wird mir eine Ehre sein, Eurem Wunsch nachzukommen, Exzellenz.«

Der Bankier zog einen Stoß Papiere aus dem Rock und gab sie dem jungen Mann, der sie an Nicholas weiterreichte. Der Bankier verschränkte die Arme vor der Brust.

»Es handelt sich um fünf Briefe. Bei vieren davon geht es um nichts weiter, als sie dem zu bringen, dessen Name darauf verzeichnet ist. Beim fünften geht es um etwas ein wenig Delikateres.«

Nicholas gab einen kehligen Laut von sich und legte den Stapel hinter sich auf den Schreibtisch.

Der Bankier starrte ihn für einen Moment an.

»Die Orsinis sind, wie Ihr wohl wißt, erbitterte Feinde des Staates Florenz.«

Nicholas nickte und deutete mit einem Murmeln an, daß er verstanden habe. Er sagte: »Ich stehe in Verbindung mit den Orsinis.«

»Das wissen wir«, erwiderte der Bankier verächtlich, »und das ist der Grund, warum ich Euch vertraue. Doch ist die Sache nicht so einfach. Wenn Florenz die Orsinis haßt, sind die Orsinis auch nicht gerade gut auf Florenz zu sprechen. Es könnte den Empfänger meines Briefes in eine peinliche Situation bringen, wenn die Familie von dieser Korrespondenz erführe.«

»Ich verstehe.«

»Ich weiß zufällig, daß Gravina sich binnen Monatsfrist in der San Leo-Feste von Urbino aufhalten wird. Ihr werdet dafür sorgen, daß ihn dieser Brief dort erreicht.«

»Gravina?« wiederholte Nicholas verständnislos.

»Jawohl, der Brief ist für den Herzog von Gravina bestimmt.«

»Ich werde dafür sorgen, daß er den Brief erhält«, versprach Nicholas.

»Sehr gut.« Der Bankier erhob sich. Wieder schüttelten Nicholas und er sich die Hand, und diesmal reichte Nicholas sie auch dem jungen Mann, der sich als Sohn des Bankiers zu erkennen gab. Die beiden gingen. Nicholas schloß die Tür hinter ihnen und stieß einen langen Seufzer aus.

*

»Hat Gravina Grund, nächsten Monat San Leo aufzusuchen?« fragte Nicholas. »Irgendeinen guten Grund?«

Miguelito sah ihn stirnruzelnd an. »San Leo, die Feste von Urbino?«

Nicholas nickte. Sie standen etwas abseits im Salon des Papstes, wo die Borgias, von ihren Getreuen umgeben, beim Kartenspiel saßen. Direkt unter einem Kandelaber mit vielen gleißenden Kerzen war Stefanos rotbrauner Schopf zu erkennen. Er spielte Tarock mit dem Papst höchstpersönlich. Offensichtlich hatte er eine Glückssträhne, denn er lächelte. Miguelito zupfte an seinem Schnurrbart. Oberhalb einer durchgescheuerten Manschette wies sein Handgelenk eine Menge Flohbisse auf.

»Er ist nicht dorthin versetzt worden, wenn Ihr das meint.«

»Man hat mich beauftragt, ihm einen Brief zu schikken. Von einem Florentiner mit Verbindungen zu den Orsinis.«

»Und Ihr meint, das könnte etwas mit dem Treffen in La Magione zu tun haben?«

»Ich halte das für möglich, ja. San Leo ist eine Schlüsselfestung. Ich denke, sie schmieden ein Komplott, um Valentino aus der Romagna zu werfen.«

»Sie? Wer sind sie?«

Nicholas zuckte mit den Schultern. »Irgendwie scheinen alle Vasallen Valentinos etwas damit zu tun zu haben. Wer immer ihr Wortführer ist, muß ihnen den Vorschlag unterbreitet haben; und kein einziger von ihnen ist zu Valentino gekommen, ihm Meldung davon zu machen. Oder sollte ich mich da irren?«

»Nein.« Das Gesicht verzerrt, kratzte Miguelito sich wütend am Handgelenk. »Und wer ist der Wortführer – Gianpaolo?«

»Ich kenne den Mann nicht – wie übrigens keinen einzigen von Valentinos *Capitani*.«

»Das Treffen findet am Montag statt«, bemerkte Miguelito.

Nicholas warf einen Blick quer durch den Raum zu Stefano hinüber, gerade rechtzeitig, um mitzubekommen, wie Valentino es sich auf einem Sessel am Tisch bequem machte. Er holte tief Luft. Hoffentlich besaß Stefano so viel Anstand, zu verlieren. Am liebsten wäre Nicholas hingegangen und hätte beim Spiel zugeschaut.

Miguelito betrachtete ihn auf sehr unangenehme Weise.

»An Eurer Logik ist wie immer nichts auszusetzen«, erwiderte Miguelito. »Doch sie beruht auf vier Briefen ohne und einem Brief mit der falschen Adresse.«

Nicholas bemühte sich, von ihm wegzukommen. »Mit Eurer gütigen Erlaubnis.« Er schickte sich an, durch den überfüllten Raum auf den Spieltisch zuzugehen, doch Miguelito heftete sich unbefangen an seine Fersen.

Stefano saß zusammen mit dem Papst, Valentino, Adriano Corneto, einem Freund des Papstes, und einem bereits ziemlich betrunkenen spanischen Kardinal am Tisch. Valentino teilte aus. Nicholas stellte sich hinter Stefano, so daß er das Spiel gleichsam aus Stefanos Perspektive verfolgen konnte.

Nicholas hatte kaum eine Ahnung vom Tarock. Die bunten Spielkarten sagten ihm nichts. Andere Elemente des Spiels hingegen faszinierten ihn: die unverhohlene Sparsamkeit der Gesten bei den Spielern, das ständige Sich-Wiederholen von Lauten, von Spielkarten, die aufeinanderklatschten, von Münzen, die klirrten. Die Spieler verständigten sich in einer Art Code. Nicholas genoß die Reinheit der Form, an sich schon ein Ritual wie die Mathematik. Er konnte verstehen, warum viele Leute glaubten, aus den Karten die Zukunft lesen zu können. Es fiel schon schwer zu glauben, daß eine solch verzwickte Welt im Kleinformat keinen anderen Zweck haben sollte, als eine bestimmte Summe Geldes neu zu verteilen.

Valentino gab mehrere Male. Nicholas fiel auf, daß Stefano nur wenig setzte und kaum etwas verlor. Beim fünften Spiel verlor Valentino endlich, und das Kartenspiel ging an den betrunkenen Kardinal zu seiner Rechten weiter.

»Ihr habt sehr feine Hände, wenn ich das sagen darf«, bemerkte Stefano zu seiner Linken.

Valentino und der Papst, links und rechts von ihm, wandten sich ihm zu. Der Papst verlangte zu wissen: »Wollt Ihr damit behaupten, daß mein Sohn betrügt?«

»Ich habe nichts verloren.« Stefanos Miene verriet nichts als Heiterkeit, eine Maske, die er beim Kartenspiel immer aufsetzte. »Selbstverständlich genieße ich die Kunstfertigkeit.«

Ein kurzes Schweigen schloß sich an, und alle beobachteten den Papst, um zu sehen, wie er darauf reagierte. Da brach Valentino unversehens in schallendes Gelächter aus, lehnte sich vor und schlug Stefano auf die Schulter.

»Von Künstler zu Künstler – ich nehme das Kompliment an.«

Auch der Papst lachte, und bald darauf stimmten alle im Raum mit ein. Erfreut entspannte Nicholas sich. Er war froh, daß Stefano Valentinos Achtung gewonnen hatte, wenn auch nur für das Schummeln beim Kartenspiel.

Während das Gelächter ringsum allmählich abklang, lehnte Miguelito sich vor und flüsterte Valentino etwas ins Ohr. Kurz darauf verließen der Papst und sein Sohn den Spieltisch und begaben sich mit Nicholas und Miguelito in einen angrenzenden kleinen Raum.

Dort wiederholte Nicholas, was er erfahren hatte, und gab kund, welche Schlüsse er daraus zog, wobei er wie ein Schuljunge die Hände auf dem Rücken zusammennahm und alles herunterleierte wie auswendig gelernt.

Ungerührt hörte Valentino sich das an, der Papst jedoch ließ kein gutes Haar an den Orsinis und verfluchte sie.

»Diesmal sorge ich dafür, daß auch noch der letzte, der diesen Namen trägt, zur Hölle fährt.«

Valentino erhob sich von seinem Stuhl und ging, die Hände auf den Hüften, im Raum auf und ab. Er hatte den Kopf gesenkt und wirkte verärgert. Nicholas ließ ihn nicht aus den Augen. Dabei fiel ihm eine kleine Pustel an der Oberlippe des Prinzen auf. Offenbar hatte Valentino sich die Syphilis geholt.

»Nun«, meinte Valentino, »dann werde ich also erfahren, wer meine wahren Freunde sind, nicht wahr?«

Alexander legte die feisten Hände auf die Knie. »Und wer, meinst du, hat außer den Orsinis noch mit dieser Sache zu tun?«

»Meine anderen *Capitani*«, antwortete Valentino. »Die Nachricht, die Nicholas uns gebracht hat, beweist, daß die Verschwörung über diesen Kreis hinausgeht.«

»Bist du fest davon überzeugt?« Alexander wandte sich Nicholas zu. »Eure Stadt – unterstützt sie diese Blasphemie?«

»Das weiß ich nicht, wenn Ihr gestattet, Eure Heiligkeit. Vitelli ist ein Erzfeind der Republik. Ich bezweifle, daß sie mit ihm verhandeln würden – nicht mal, wenn es gegen meinen Gebieter Valentino geht.«

»Wenn die Revolte ausbricht, werden wir feststellen, wer damit zu tun hat«, meinte Valentino und ging zurück zu seinem Stuhl. »San Leo fällt natürlich an sie. Das kann ich nicht verhindern, dafür hassen sie mich dort zu sehr, und ich habe auch kein Heer in der Nähe stehen, um Urbino zu halten.«

»Wenn die *Capitani* rebellieren, hast du überhaupt keine Armee, auf die du dich stützen kannst«, warf der Papst ein.

»Ich kann aber immer noch die anderen Festungen in der Romagna halten, vorausgesetzt, ich handle schnell genug. Ich werde nach Cesena reiten. Damit bin ich allem nahe genug.«

»Du hast aber keine Männer«, erinnerte der Papst.

»Dann gib mir etwas Geld, um mehr Soldaten anzuwerben. Miguelito begleitet mich.«

»Illustrissimo«, sagte Nicholas, »bitte, bedenkt, daß Eure Verbündeten – die Franzosen – hundert Lanzenträger in Florenz stehen haben, in Mailand zweihundert.«

Valentino stieß einen kehligen Laut der Belustigung aus. »Die Franzosen stehen in Florenz, um die Stadt vor mir zu schützen. Hoffen wir, daß sie flexibel sind.«

»Es wird Zeit, daß sie lernen, wie wir die Dinge in Italien handhaben«, erwiderte Nicholas, woraufhin der Papst den Kopf hob und lachte.

Nicholas verbrachte noch eine weitere halbe Stunde in dem kleinen Raum und hörte zu, wie Valentino und sein Vater über Geldbeträge feilschten, die ausgegeben werden sollten – und wie man sie wann auftrieb und wohin sie gebracht werden sollten. Die Mittel des Papstes waren gewaltig. Nicholas war vorher nicht bewußt gewesen, wie mühelos Alexander Geld hinauswerfen konnte, so als teilte er Spielkarten aus, ein paar hierhin und einige dorthin, und das aus einem Vorrat, dessen Umfang nur wenige kannten. Dagegen konnten die rebellierenden *Capitani,* die sich in La Magione trafen, nur ihre Privatarmeen aufbieten.

Dawsons Haut kribbelte, so erregt war er plötzlich. Zum erstenmal erkannte er, wie töricht die Verschwörung war. Valentino hatte selbst gesagt, daß er bald alle seine Feinde kennen würde – und sie mußten sich zu einem Zeitpunkt zu erkennen geben, wo er die Macht besaß, sie zu überwältigen.

Nicholas erkannte aber auch noch etwas anderes: daß nämlich auf einen Streich ein ganzer Schwarm von Valentinos Ratgebern fallen und er, Nicholas, in um so größere Nähe zum Prinzen rücken würde.

Sie entließen ihn. Er ging wieder hinüber in den großen Raum, wo die Höflinge sich unterhielten und spielten. Nicholas blieb stehen, um Stefano beim Spiel zuzusehen. Der spanische Kardinal schlief, nur Corneto blieb Stefano gegenüber sitzen. Das Austeilen der

Karten erinnerte ihn wieder daran, wie der Papst das Geld hin und her schob. Das Kartenspiel war ein Symbol für das Ränkeschmieden, für Aufstieg und Fall der Menschen und den launischen Atem des Glücks. Ein Mann, der seine Sache verstand, konnte bei diesem Spiel auch ohne Glück gewinnen – und zwar jemand, der dieses Kunststück beherrschte, jemand wie Valentino. Nicholas war überzeugt, daß der das größere Spiel gewinnen würde.

Im Dunkel vor Morgengrauen kehrte er zusammen mit Stefano zurück zu seinem Haus. Nicholas sagte: »Du hast Glück gehabt, daß Valentino dir das, was du gesagt hast, nicht krummgenommen hat. Was hast du eigentlich gemeint?«

Stefano lachte. Er war mehr als nur ein wenig betrunken, hatte gewonnen und tat großspurig wie ein Pirat. »Himmelherrgott, er hat nun mal ab und zu gern einen Mann von echtem Schrot und Korn um sich, dieser Valentino, nach all euch kleinen Kriechern und Speichelleckern.«

Das fuchste Nicholas. Er war müde und äußerst empfindlich. »Aber sieh dich vor, daß seine gute Laune nicht ins Gegenteil umschlägt.«

Stefano stieß ein obszönes schmatzendes Geräusch aus.

*

Der alte Juan fragte: »Was hat es eigentlich mit dieser Rebellion gegen die Borgias auf sich?«

Nicholas wickelte sich aus einem Wollschal und reichte ihn seinem Diener. Es war erst Mittag, doch die Luft war schon kalt und ließ ihn bereits jetzt, im Oktober, frösteln. Die Wangen brannten ihm noch von dem Weg von der Gesandtschaft nach Hause. Er knöpfte seinen Rock auf. »Woher weißt du denn davon?«

»Ich habe einiges auf dem Markt mitbekommen.« Juan half ihm aus dem Rock. »Es herrschte große Aufregung, und da war es nicht schwierig zu erkennen, worum es ging. Valentinos gesamte Armee hat sich gegen ihn erhoben – ist das so?« Er legte den Rock über den Arm zusammen und dann den Wollschal säuberlich darüber.

»Ja«, antwortete Nicholas. »Sämtliche *Condottieri* von Valentino sind wortbrüchig geworden.«

»Kommt und nehmt Platz! Ich werde Euch Wein bringen.«

Nicholas begab sich in die Mitte des Raums. Die Holzscheite waren zwar schon gestapelt, aber noch nicht angezündet worden, und ohne die Hitze vom Kamin war es im Haus klamm wie in einem Grab. Der Wind drang durch alle Fenster, und der Marmorfußboden strömte Kälte aus. Nicholas nahm auf seinem Sessel Platz. Das Holz knarrte bei dem plötzlichen Wetterwechsel.

Juan trug auf. »Vielleicht ist das dann das Ende von Valentino«, sagte er, während Nicholas an dem dampfenden Glühwein nippte und sich die Hände am Becher wärmte.

»Ohne Valentino ist seine Armee nichts. Warum hast du das Feuer nicht angemacht?«

»Das Holz reicht nur noch für den Abend.«

»Und wann kommt der Holzhändler?«

Juan schüttelte den Kopf und stellte ein Linsen-und-Wurst-Gericht auf den Tisch. »Wer weiß, ob er überhaupt hierherkommt?«

»In der Gesandtschaft haben wir Holz liegen. Wir werden uns etwas leihen.«

Das Linsengericht roch appetitanregend nach Knoblauch und Zwiebeln, so daß ihm das Wasser im Mund zusammenlief und er nach dem Löffel griff. »Superb!«

»Was ist Valentino ohne seine Armee?« fragte Juan.

»Der Sohn des Papstes.«

»Der Papst ist alt.«

»Richtig, und genau aus diesem Grund hätten Valentinos Feinde warten sollen. Nun haben sie ihm gegenüber Verrat begangen, obwohl die Chance, ihn zu stürzen, noch gering ist. Und jetzt laß mich bitte in Ruhe speisen.«

Juan trat ein paar Schritte zurück und sah, die Hände vor sich zusammengelegt, seinem Herrn beim Essen zu. Nicholas genoß den derben Eintopf, behielt aber Juan weiterhin im Auge. Der alte Mann wollte reden. Es fiel ihm zusehends schwerer, das ihm auferlegte Schweigen einzuhalten, bis er schließlich damit herausplatzte: »Kommt Messer Stebano heute abend?«

»Wir haben heute Mittwoch – das heißt, daß der Tarock in der elenden Taverne bis in die Puppen gehen kann.«

»Das hatte ich vergessen.«

»Du vergißt das immer«, sagte Nicholas. »Die Wurst ist ganz vorzüglich. Und jetzt gib mir bitte Gelegenheit, sie in Ruhe zu essen.«

Lächelnd, aber widerwillig ergab Juan sich in sein Schweigen und verfolgte jede Bewegung von Nicholas. Obwohl Juan am Vormittag zum Markt gegangen war, konnte er dort kaum mehr als zwei, drei Wörter gesprochen haben. Sobald Nicholas ihn ließ, würde er munter weiter darauflosplappern.

Nicholas griff nach dem Wein. Am Tor klopfte jemand.

»Sieh nach, wer es ist!« sagte Nicholas.

»Stebano.« So schnell er konnte, kam Juan der Aufforderung nach.

Nicholas schob den Teller von sich. Das Linsengericht hatte ihn erwärmt, oder aber er hatte sich an die Kühle im Haus gewöhnt. Behaglich streckte er sich ein wenig. Dabei schaute er auf die leeren Wände des Raums und überlegte, wie er sie füllen sollte, sobald er das Geld dafür hatte. Das führte ihn zu dem Problem seiner Finanzen, und in ihm regte sich der häßliche Verdacht, daß die neue Regierung in Florenz sich vielleicht weigerte, für die Schulden der alten, zu denen auch sein Gehalt gehörte, aufzukommen. Mit der Zunge polkte er an einem Essensrest herum, der sich zwischen den Zähnen festgesetzt hatte. Ich hätte von dem Geld, das Valentino mir bezahlt hat, etwas auf die hohe Kante legen sollen, überlegte Nicholas.

Mit großen Schritten, das Reisecape schwungvoll hinter sich herziehend, ein breites Lächeln im Gesicht und die Arme ausgestreckt, als wäre Nicholas sein Sohn, kam Ercole Bruni durch die Haustür gestürmt. Nicholas erhob sich und ließ die überschwengliche Umarmung über sich ergehen. Der mit schwarzem Pelz gefütterte Umhang des Gesandten verströmte noch die Kälte von draußen.

»Exzellenz!« sagte Nicholas. »Welch eine Überraschung! Ich hatte ja keine Ahnung, daß Ihr so bald nach Rom zurückkommen würdet ... Juan, mach das Feuer an! – Exzellenz, gestattet, daß ich Euch den Umhang abnehme.«

Bruni entschuldigte sich wegen seiner Kleidung.

»Wir dachten, das aktuelle Problem würde meine Anwesenheit hier, in der Nähe des Papstes, erforderlich machen.« Er senkte die Stimme und rollte die Augen in Richtung Juan, der sich am Kamin zu schaffen machte. »Dieser Bursche, ist er vertrauenswürdig?«

»Er spricht kein Italienisch«, erklärte Nicholas und legte die Reisekleider des Gesandten über seinen Arm. »Bitte, nehmt Platz! Er wird Euch ein Glas Glühwein bringen. Entschuldigt mich einen Moment.«

Er nahm Brunis Umhang, Hut und Handschuhe und trug sie hinüber zu dem Schrank in seiner Schlafkammer. Als er zurückkam, reichte Juan dem Gesandten gerade einen dampfenden Becher Wein, wofür Bruni ihm in Worten und ausladenden Gesten überschwenglich dankte.

Nicholas trat neben seinen Sessel.

»Du kannst gehen, Juan.«

Der alte Mann zog sich zurück. Bruni labte sich am Glühwein und hob dabei das strahlende Gesicht über den Becherrand.

»So. Und was haltet Ihr von der neuesten Wendung, die die Ereignisse genommen haben?« Bruni hielt einen Finger in die Höhe, um Nicholas daran zu hindern, sofort zu antworten. »Die Rebellen von La Magione haben Florenz ersucht, sie bei ihrer Revolte gegen Valentino zu unterstützen. Ha! Was sagt Ihr dazu?«

»Das stand zu erwarten«, antwortete Nicholas. »Darf ich mich setzen?«

Brunis freudig erregtes Gesicht bekundete eine gewisse Ernüchterung. »Ihr habt das erwartet? – Ja, natürlich, setzt Euch!«

»Ich nehme an, sie haben auch Venedig um Unterstützung gebeten«, sagte Nicholas. »Und es kann ja wohl kaum ein Zweifel bestehen, daß die Serenissima diesem Wunsch nachkommen wird.«

»So gut wie kein Zweifel, natürlich«, beeilte sich Bruni zu bemerken.

Dawsons Glas stand leer auf dem kleinen Tisch neben den Resten seines Abendessens. »Mit Eurer Erlaubnis, Exzellenz«, sagte er und stand auf, um den Löffel, die Schüssel samt Deckel und das Glas zusammenzustellen und in die Küche zu tragen.

Juan saß mit einer Kerze zum Wärmen in der Speisekammer und flickte irgendwelche Kleidung. Nicholas schenkte sich Wein aus dem Krug nach und trug Glas und Krug in den Hauptraum.

»Was kann der neue Gonfaloniere den Rebellen antworten?« fragte Nicholas.

»Bis jetzt hat er noch nicht reagiert«, erwiderte Bruni. »Ich bin hier, um Neuigkeiten und Klatsch für ihn zusammenzutragen, damit er die richtige Antwort geben kann. Uhhh – und was, meint Ihr, wird Venedig sagen?«

Nicholas hob kurz die Brauen und setzte eine Miene auf, die mildes Erstaunen zum Ausdruck brachte. »Aber keine fest im Sattel sitzende Regierung wird sich einem so unsinnigen Unternehmen anschließen, das sich letztlich gegen den Papst richtet.«

»Ah!« Brunis Lächeln war wie weggewischt, zurück blieb ein rundes Babygesicht. »Ihr seid wie gewöhnlich meiner Meinung. Ich schätze mich glücklich, daß ein so kluger Ratgeber mir recht gibt.«

Nicholas beugte sich leicht über den kleinen Tisch vor, um dem Gesandten Wein nachzuschenken. Das Feuer drohte auszugehen, deshalb stocherte Nicholas darin herum, bis es wieder aufflackerte. »Hat Soderini eine persönliche Meinung, was den Aufstand betrifft?«

»Er hat Machiavelli nach Cesena geschickt«, sagte Bruni. »Der soll dort Valentino beobachten. Ich hielt das für einen klugen Schachzug.« Geräuschvoll nippte er an dem Wein. »Um zu sehen, wie Valentino sich verhält.«

»In der Tat.«

»Die Sterne sind zweideutig«, meinte Bruni, »doch ist Mars im Abtreten begriffen. Für eine Seite sehe ich eine Katastrophe voraus, entweder für die Rebellen oder die Borgias. Einer von beiden wird schwer angeschlagen aus der Sache herauskommen. Wie denkt Ihr darüber?«

»Stehen die französischen Truppen noch in Florenz?«

»Ja, sie fressen der Republik die Haare vom Kopf, wenn ich das so sagen darf. Sie verhalten sich wie die Schweine.«

Nicholas nickte. »Ihr müßt hungrig sein. Verzeiht, ich bin ein schlechter Gastgeber.« Mit lauter Stimme rief er nach Juan.

Die Hände auf den Armlehnen, schickte auch Bruni sich an, sich zu erheben. »Ich kann in ein Wirtshaus gehen.«

»Aber nicht doch! Laßt Euch von meinem Diener versorgen. Das Essen ist einfach, aber es schmeckt köstlich, da könnt Ihr ganz sicher sein. Juan...« Er ratterte auf spanisch Anweisungen für seinen Diener herunter, woraufhin der alte Mann eilends in der Küche verschwand. Nicholas setzte sich wieder und griff nach dem Weinkrug. »Exzellenz?« Er schenkte das Glas des Gesandten wieder voll.

Im Übermaß gesättigt an Linsen, Wurst und Wein und müde von der Reise, schlief Bruni auf seinem Sessel ein. Nicholas hüllte sich wieder in Rock und Wollschal und eilte zur Tür.

Bis an das Gartentor begleitete Juan ihn. Nicholas sagte: »Wenn er aufwacht, bevor ich wieder da bin, gib ihm den Zettel, den ich auf dem Tisch zurückgelassen habe.«

»Jetzt, da Ihr seinetwegen den Rest verfeuert habt, brauchen wir unbedingt Holz.«

»Ich werde einen Kärrner dingen, uns von der Gesandtschaft einen Vorrat herzubringen.« Nicholas trat auf die Pforte zu.

Juan streckte eine Hand aus, um das Tor für ihn offenzuhalten. Dabei sah er mit seinem langen, runzeligen Gesicht zu Nicholas auf und fragte: »Wenn Valentino fällt, was wird dann aus uns?«

Nicholas glaubte sich verhört zuhaben. Er wäre nie darauf gekommen, daß Juan Bescheid wußte. Er mußte längst von selbst darauf gekommen sein – nur durch beobachten und träumen, so wie er immer auf alles kam.

»Valentino fällt nicht«, antwortete Nicholas. »Du brauchst keine Angst ...«

Er schaute hinaus auf die Straße. Zwar hatte er vorgehabt, den alten Mann zu warnen, das Geheimnis für sich zu behalten, doch das war sinnlos. Juan stieß die Pforte weiter auf.

»Wegen des Holzes mach dir keine Sorgen«, sagte Nicholas und ging hinaus. Auf der Straße fiel ihn der erste böige Oktoberwind an. Nicholas zog die Schultern hoch und ging quer durch Rom zum Vatikan hinüber, um dem Papst zu berichten, was er von Bruni erfahren hatte.

*

Erschrocken fuhr Nicholas aus dem Schlaf hoch. Er saß immer noch auf seinem Sessel im Hauptraum. Dort, neben dem Fenster, war er eingeschlafen. Er hatte einem schlechten Geschmack im Mund.

Und sofort dachte er daran, daß Stefano nicht gekommen war.

Nicholas streckte sich, doch die steif gewordenen Glieder protestierten. Juan war zu Bett gegangen, und in der Küche herrschte Dunkelheit zu dieser späten Stunde. Vielleicht war Stefano am Spieltisch hängengeblieben, doch für gewöhnlich kam er am Donnerstag immer her. Auf Strümpfen schlich Nicholas durch den Raum – seine Schuhe lagen unter dem Sessel, in dem er geschlafen hatte –, um sich ein Glas Wein einzuschenken und wieder wach zu werden. Wenn das Spiel beendet war, würde Stefano schon kommen, egal, zu welcher Tageszeit.

Das Feuer war fast ausgegangen. Nicholas streute Reisig über die Asche, blies auf die halberloschene Glut und blieb dabei, bis die ersten zaghaften Flämmchen zu einem flackernden Feuer geworden waren. Er kniete in dem Lichtschein des Feuers und ließ genüßlich sein Gesicht wärmen.

Wenn Stefano kam, hatte er bestimmt Hunger. Sie konnten das Abendessen im Kamin für ihn warm machen.

Nicholas durchquerte noch einmal den Raum und zog diesmal die Schuhe an. Stefano kam oft spät. Er besaß kein Zeitgefühl, und jedes Verständnis für Pünktlichkeit ging ihm ab. Aber donnerstags kam er immer.

Nicholas fiel der erste Donnerstag ein, an dem Stefano sehr spät erschienen war. Damals hatte man ihm nach dem Spiel aufgelauert. Nicholas ging wieder zum Kamin hinüber und stocherte in der Glut herum.

Stefano war ein großer Mann und hart im Nehmen. Und er geriet immer wieder in Raufereien. Nicholas hätte sich eigentlich immer Sorgen machen müssen. Also fragte er sich erst gar nicht, was Stefano diesmal widerfahren sein mochte. Das würde er schon erfahren, wenn der Freund kam.

Nicholas trank noch ein Glas Wein und zwang sich dann, ein paar Seiten in einem Buch zu lesen. Das Feuer ging aus, und wieder mußte er sich umständlich bemühen, es anzufachen.

So sehr spät konnte es eigentlich nicht sein, schließlich hatte er weder die Mitternachtsglocken gehört noch die Wache bei ihrem Rundgang. Als er darüber nachdachte, glaubte er das Krähen eines Hahns zu vernehmen, und zwar vom Ende der Straße her. Es war ein Märchen, daß sie nur im Morgengrauen krähten. Hähne krähten die ganze Nacht hindurch. Die Sforza in Mailand leiteten sogar einen traditionellen Vornamen davon ab. *Galeazzo* von *Gallo*, dem Hahn; denn als der erste Galeazzo geboren wurde, hatten die Hähne die ganze Nacht über gekräht.

Nicholas ging zu seinem Sessel und dem Buch zurück.

Er trank den letzten Wein im Krug aus und nahm sich vor, diesen aus dem Fäßchen in der Küche neu zu füllen, wenn Stefano kam.

Nicholas konnte nicht lesen, er war zu müde und hätte sich am liebsten zurückgelehnt, um noch ein Nikkerchen zu machen. Doch statt dessen stand er auf und machte wieder die Runde durch den Raum, legte Holz nach und ging mit dem Krug in die Küche, um ihn zu füllen.

Dazu mußte er eine Kerze anzünden, und während er dastand und mit seinem Messer über den Feuerstein seiner Zunderbüchse strich, wurde die Speisekammer geöffnet, und der alte Juan kam gähnend mit einem Nachtlicht in die Küche gepatscht.

Die Brauen des Dieners wölbten sich wie Bogen über den Augen. »Ihr seid ja früh auf heute morgen.«

Nicholas schüttelte den Kopf. »Nein, es ist doch noch mitten in der Nacht.«

»Oh, der Morgen graut«, erwiderte Juan. »Seht Ihr nicht – das Fenster?« Er zeigte auf den fahlen Schimmer vor dem Speisekammerfenster an der Außenwand. Das Kerzenflämmchen tanzte als Widerschein in seinen Augen. Mit völlig veränderter Stimme fragte er: »Ist er nicht gekommen?«

Nicholas ließ den Deckel seiner Zunderbüchse mit dem Daumen zuschnappen und ging wieder hinaus, ohne Juan eine Antwort gegeben zu haben.

*

Fast wäre er, um herauszufinden, was Stefano zugestoßen war, nach Trastevere gegangen statt zu seiner Arbeit, doch sah er dann ein, wie töricht das gewesen wäre. Junge Leute ließen sich von ihren Sehnsüchten vielleicht den Verstand benebeln, nicht jedoch Männer wie er, Nicholas. Vor allem wollte er nicht zulassen, daß er sich eines Mannes wegen jemals zum Narren machte – nicht einmal, wenn es um Stefano ging.

Als Nicholas sein Arbeitskabinett betrat, lag ein Zettel auf dem Schreibtisch.

Er griff sofort danach. Die Nachricht lautete: *»Kommt in der zweiten Stunde nach der None in die Gasse hinter dem Kerzenziehermarkt bei der Piazza Novona und wartet dort neben dem Olivenbaum auf einen Mann mit rotem Hut.«*

Er las die Nachricht immer wieder, zerbrach sich den Kopf darüber, was sie wohl bedeuten mochte, setzte sich schließlich an seinen Schreibtisch, glättete den Zettel mit beiden Händen und las nochmals nachdenklich, was darauf stand. Es war absurd. Ob die Nachricht von Stefano stammte? Sie mußte von Stefano kommen oder ihn zumindest betreffen. Eine Lösegeldforderung, ein Stelldichein? Nicholas faltete den Zettel zusammen und steckte ihn in die Brieftasche.

Als die Gesandtschaft für den Nachmittag geschlossen wurde, machte er sich, statt zum Essen nach Hause zu gehen, quer durch das Herz der Stadt zur Piazza Novona auf. Die Straßen waren voll von Menschen, viele hatten einen Brotlaib unter den Arm geklemmt. Die Läden waren geschlossen oder wurden gerade zugemacht. Nicholas kam bei einem Hutmacher vorbei, der verspätet seine Tür abschloß. In der Gasse hinter dem nach Talg stinkenden Kerzenziehermarkt war von einem Mann mit roter Kopfbedeckung nichts zu sehen.

Nicholas verweilte in der Nähe des einzigen hier wachsenden Olivenbaums und schaute immer wieder nach links und rechts, um beide Gassen im Auge zu haben. Er war sich nun sicher, es mit einem von Stefanos Streichen zu tun zu haben.

Etwas Rotes tauchte auf und kam von der Piazza her auf ihn zugehüpft. Kurz darauf entpuppte es sich als ein roter Hut auf dem Kopf eines sehr großen Mannes, der Nicholas jedoch völlig unbekannt war. Lächelnd und mit einer witzigen Bemerkung trat er dem Burschen entgegen, doch die säuerliche Miene des Fremden ließ ihn das sofort bedauern.

»Kommt bitte mit!«

Nicholas fluchte unhörbar. Das hier hatte mit Stefano nichts zu tun. Gleichwohl war er so neugierig, daß er dem roten Hut die Gasse hinunter folgte. An der Ecke nahm der Mann das Erkennungszeichen vom Kopf und stopfte es unter seinen Rock.

Dann begann ein aberwitziger Zickzackweg durch menschenleere Straßen; alle Augenblicke bog der Mann in eine andere Gasse oder Straße ab, so daß sie manche Strecke doppelt zurücklegten, bis Nicholas schließlich der Geduldsfaden riß. »Was soll das Ganze? Wollt Ihr mich vielleicht auf den Arm nehmen?«

Mit zusammengebissenen Zähnen entgegnete der Unbekannte: »Ich habe dafür zu sorgen, daß niemand Euch folgt.«

»Na schön«, sagte Nicholas. »Vergewissert Euch.« Ihm knurrte der Magen. Nicholas war durch diese Heimlichtuerei dennoch nicht wirklich beunruhigt. Letzten Endes war es doch nichts weiter als ein Scherz, den Stefano sich mit ihm erlaubte, oder irgend etwas Unwichtiges. Sie überquerten eine zu Füßen einer halbverfallenen Mauer gelegene Piazza, auf der ein Brunnen grünes Wasser aus einer Bronzemuschel herunterplätschern ließ und ganze Taubenschwärme die Marktabfälle aus den Pflastersteinfugen pickten.

Eine Straße weiter stand das Pantheon. Der Fremde führte Nicholas bis an die Treppe zu diesem Relikt des römischen Altertums.

»Geht hinein! Ein Mann wird zu Euch kommen und um einen Carlino bitten. Sagt ihm, Ihr hättet nur Dukaten. Dann wird er Euch weiter führen.«

»Das ist einfach absurd!« ereiferte Nicholas sich.

Doch das letzte Wort erreichte den Mann, als der ihm bereits den Rücken zugekehrt hatte und eilends davonging. Nicholas zögerte. Einen Fuß hatte er auf dem Boden, den anderen bereits auf einer ausgetretenen Marmorstufe. Er blickte zu den verwitterten Säulen hinauf. Schließlich betrat er das Bauwerk.

Von außen sah es wuchtig, heruntergekommen und alles andere als edel aus, doch im Innern löste sich das gesamte Bauvolumen in dem weiten, sich nach oben verjüngenden Raum unter der Kuppel auf. Die Kassettierung der Kuppel verstärkte noch den Eindruck von luftiger Höhe. Unter dem freien Rund in der Kuppelmitte standen auf dem Marmorfußboden immer noch Wasserlachen, die von dem Regen der vergangenen Nacht stammten. Langsam umrundete Nicholas das freie Mittelfeld. Einst hatten hier in Mauernischen die Standbilder sämtlicher Götter gestanden, doch waren die Mauern mittlerweile völlig ohne jeden Schmuck und die Nischen leer. Nichts hielt das Auge ab, bis zu der schwindelnden Höhe in der Mitte hinaufzusehen, und wie jeder Ortsfremde konnte er gar nicht anders als hinaufsehen und fassungslos durch das Loch in der Kuppelmitte in den Himmel starren.

Nicholas fragte sich, ob irgendein Bauwerk, das zu seinen Lebzeiten entstanden war, so lange und so gut erhalten bleiben würde wie dieses hier. Der Gedanke war so banal, daß er darüber lächeln mußte, was ihn wiederum zu der Überlegung führte, wie unschuldig die Alten gewesen sein mußten, die es sich nicht anders hatten vorstellen können, als daß die Zukunft genauso aussehen würde wie ihre Gegenwart. Es war schwer, sich ins Bewußtsein zu rufen, daß in der Geschichte alt jung war und daß das Pantheon aus der Kindheit der Welt stammte.

»Habt Ihr einen Carlino?«

Nicholas senkte den Blick und sah einen unscheinbaren, sehr kleinen schmächtigen Mann vor sich stehen. »Ich habe nur Dukaten bei mir.«

»Folgt mir, bitte!«

Sie verließen das Pantheon, und wieder ging es durch die Straßen, als befänden sie sich in einem Irrgarten. Nicholas beschloß, sich nicht noch einmal aus der Fassung bringen zu lassen. Sobald sie den Endpunkt dieser Wanderung erreicht hatten, wollte er fragen, was eigentlich gespielt wurde, und gegebenenfalls nach Hause gehen, sollte man Schabernack mit ihm getrieben haben.

Wieder dachte er daran, daß Stefano sich vermutlich einen Spaß daraus machte, ihn an der Nase herumzuführen. Oder jemand anders wollte, daß er sich nicht in seinem Haus aufhielt.

Dem schmächtigen Männchen folgend, versetzte diese Überlegung ihm plötzlich einen Stich. Genau das war es: Sie hielten ihn von seinem Haus fern. Ums Haar hätte er auf der Stelle kehrtgemacht und den Heimweg angetreten, um Unheil möglicherweise zu verhüten. Noch während er mit dem Entschluß rang, das zu tun, blieb das schmächtige Männchen stehen.

Sie standen vor einer Toreinfahrt zwischen den Außenwänden zweier Gebäude. Nicholas streckte eine Hand aus und bekam einen Rockzipfel des kleinen Mannes zu fassen.

»Wer seid Ihr? Was hat das alles zu bedeuten? Bei Gott, ich werde Euch nicht wieder loslassen, bevor ich nicht alles verstehe.«

»Geht hier hinein, bis zu der Tür dort, und klopft.«

»Ihr werdet mich bis zur Wache begleiten.«

Der kleine Mann zeigte durch die Toreinfahrt. »Geht nur hin!«

Die Hand immer noch im Rocktuch des Mannes verkrallt, schaute Nicholas hinüber. Die Toreinfahrt führte zu einem schmalen Gang zwischen zwei hohen Mauern aus gelbem Travertin. Irgendwo plätscherte Wasser. Am Ende des Ganges befand sich eine Tür mit einer darüber hängenden Lampe. Mit gerunzelter Stirn sah Nicholas den Mann an, den er gepackt hatte.

»Kommt mit!«

Achselzuckend führte der Mann Nicholas bis an die Tür und klopfte mit den Knöcheln dagegen.

Nichts geschah. Eine Minute standen die beiden Männer erwartungsvoll vor der geschlossenen Pforte. Unvermittelt sagte Nicholas: *»No, per Bacco!«*, drehte sich um und wollte endgültig den Heimweg antreten.

»Wartet!«

Er verharrte. Das schmächtige Männchen pochte noch einmal hart an die Tür, und diesmal wurde aufgemacht.

»Geht hinein!« forderte das Männchen Nicholas auf.

Nicholas trat hinter ihn, schob ihn vorwärts und sagte: »Ihr zuerst.«

Der Zwerg trat ein, und Nicholas folgte ihm. Sie standen in einem düsteren, fensterlosen Kellerraum, der nur mit einem Tisch und ein paar Holzstühlen ausgestattet war. Auf dem Tisch brannte eine Kerze. Der Schmächtige schob sich seitlich an Nicholas vorbei zur Tür. Auf dem großen Sessel hinter dem Tisch saß ein Mann mit einer schwarzen Samtmaske vor dem Gesicht. Er musterte Nicholas, und seine Pupillen glitzerten hinter den Augenlöchern der Maske. Er hatte die breiten Schultern und die schmalen Hüften eines Reiters. Mit einer Handbewegung entließ er das schmächtige Männchen.

Wie vom Donner gerührt stand Nicholas da und begriff nicht, was überhaupt gespielt wurde. Der großgewachsene Mann nahm die Maske ab.

Gianpaolo Baglione! Der Tyrann von Perugia.

»Illustrissimo!« entfuhr es dem entgeisterten Nicholas.

Der Baglione ließ die Maske auf den Tisch fallen. »Ich entbiete Euch einen guten Tag, Messer Dawson.«

Nicholas sah sich rasch um. Sie waren zwar allein im Raum, doch gab es auch andere Türen als nur jene, durch die er eingetreten war. Wer wußte, ob nicht irgendwelche Bewaffneten dahinter nur auf ein Zeichen von ihrem Herrn warteten. Er wandte sich wieder Gianpaolo zu, den er immer verdächtigt hatte, die Verschwörung gegen Valentino anzuführen.

»Illustrissimo«, sagte Nicholas noch einmal. »Dürfte ich mich nach dem Zweck dieses Verwirrspiels erkundigen?«

»Ein Spiel?« Gianpaolo lächelte verkrampft. »Ich wünschte, es wäre nur ein Spiel, Messer Dawson. Aber es ist mehr als nur das. Ich möchte eine Botschaft überbracht wissen … Nein, das stimmt nicht.«

Er versetzte dem Tisch einen Tritt und machte ein verdrießliches Gesicht.

»Wir haben geschworen, ihn zu vernichten«, fuhr er fort. »All seine *Capitani* zusammen, mit einer Stimme haben wir geschworen, Italien von ihm zu befreien. Nun, Messer Dawson, es tut mir leid, diesen Schwur geleistet zu haben. Ich möchte wieder sein Freund sein wie früher.«

Nicholas ließ seine Zunge im Mund kreisen und gab sich überrascht. »Das zu arrangieren dürfte schwierig sein. Wieso kommt Ihr gerade auf mich?«

»Pah, ich habe gehört, daß Ihr mit ihm sprachet, damals, als Ihr ihm sagtet, wie man Urbino in die Hand bekommen könnte. Er wird auch diesmal auf Euch hören.« Urplötzlich von Leben erfüllt, stand Gianpaolo auf und ging in die Schatten am Ende des Raums. »Der Valentino, den ich kannte – ich bin schließlich mit ihm aufgewachsen, verdammt noch mal! –, der war wie ich, liebte Pferde und Degen und hatte nichts lieber, als seine Gegner durchzuprügeln. Das versteht Ihr nicht, nicht wahr? Kleiner Schreiberling, Stadtmensch, Ihr habt ja keine Ahnung, was ein Krieg eigentlich sein soll. Eine Stadt durch eine List einzunehmen – das ist kein Krieg!« Gianpaolo nahm wieder Platz, diesmal allerdings auf dem Tisch, die Kerze hinter sich, so daß er wie ein schwarzes Ungeheuer vor Nicholas aufragte.

»Der Adel des Krieges beruht darauf, Kraft anzuwenden und seine Feinde in die Knie zu zwingen. Nicht ihnen etwas wegzunehmen, wenn sie grade mal nicht hinsehen.«

Nicholas trat einen Schritt zurück, weg von Gianpaolo. »Entschieden hat all das Valentino, nicht ich.«

»Er hat immer was für Lug und Betrug übrig gehabt«, erwiderte Gianpaolo, »aber nicht so wie diesmal. Geht zu ihm und sagt ihm, es täte mir leid.«

»Ich will sehen, was ich tun kann.«

»Das Ganze war sowieso ein dummer Einfall. Ich weiß nicht, wieso wir uns eingebildet haben, Venedig oder Florenz würden uns helfen. Und die Franzosen in Mailand ... Geht und sagt ihm, daß ich wieder zu ihm überwechsle.«

»Das werde ich tun. Und wie finde ich Euch?«

»Ich melde mich wieder bei Euch.« Gianpaolo bewegte sich im Dunkeln, und plötzlich fühlte Nicholas sich beim Arm gepackt. »Ich weiß schon, wie ich Euch finde. Ich werde mich wieder bei Euch melden.« Der große Mann rutschte vom Tisch, nahm die Maske, ging hinaus und ließ die Tür hinter sich offen.

Gedankenverloren stand Nicholas da. Bevor er ging, löschte er mit zwei Fingern die Kerze.

*

Als Nicholas am Abend vor seiner Gartenpforte stand, traf er Stefano dort.

Murmelnd begrüßten sie sich. Nicholas wich Stefanos Blick aus und konzentrierte sich ganz darauf, den Schlüssel zu finden und aufzuschließen. Sie traten unter die Bäume. Vor ihnen zeigte sich ein Licht; Juan hatte die Haustür aufgemacht. Um ihn nicht ansehen zu müssen, ging Nicholas vor Stefano her. Der war bestimmt nur gekommen, um eine Schlafgelegenheit und ein Essen zu schnorren. Mit jedem Schritt nahm Nicholas sich vor, sich nicht ausnutzen zu lassen und Stefano fortzuschicken, doch wußte er genau, daß er ihn dabehalten würde, so lange er konnte, und viel auf sich nehmen würde, bloß, um ihn nicht zu verlieren.

Juan stand an der Tür und hatte das Gesicht zu

einer Grimasse verzogen. Er fragte: »Soll ich das Abendessen auftragen?«

»Für uns beide«, antwortete Nicholas.

Stefano war an den Kamin getreten. »Es ist hier ja kalt wie in einem Verlies. Warum hat Juan das Feuer ausgehen lassen?«

»Der Holzhändler ist noch nicht gekommen. Und wir sind knapp mit dem Brennholz.«

Für einen Moment begegneten sich bei diesem unverfänglichen Wortwechsel beider Blicke, und Stefano wandte sich ab. Nicholas setzte sich. Also spürte auch Stefano, daß es mit ihrer Freundschaft aus war.

»Wo warst du gestern nacht?« fragte Nicholas.

»Im Vatikan.«

Überrascht ruckte Dawsons Kopf hoch. Er stellte sich Stefano in einem goldbetreßten Anzug vor, wie er mit dem Papst Karten spielte. »Wirklich? Hast du gewonnen?«

»Nein, ehrlich gesagt, nicht. Gewonnen hat Seine Heiligkeit. Und Corneto. Das gehört bei diesem Spiel dazu – man läßt immer erst den anderen gewinnen. Hast du auf mich gewartet?«

»Ja.«

»Das tut mir leid. In der Nachricht hieß es, sofort zu kommen. Mir blieb keine Zeit, jemanden mit einer Nachricht zu dir zu schicken.«

»Und wer hat nach dir geschickt?« wollte Nicholas wissen und erwartete den Namen von jemandem aus dem Haushalt des Papstes. Alexander lud im eigenen Namen nur Fürsten ein, ihn aufzusuchen.

»Ein Mann namens Des Troches«, sagte Stefano.

»Des Troches.«

Valentinos Kreatur. Nicholas fuhr sich mit der Hand

über den Mund. Juan brachte dampfende Suppe herein, und der Raum war plötzlich erfüllt von Gemüseduft. Er stellte die Teller vor die beiden Männer am Feuer hin, und sie begannen zu essen.

Das Schweigen wurde immer drückender. Nicholas suchte angestrengt nach einem unverfänglichen Gesprächsthema, doch konnte er nur an die lange Nacht denken, die er damit verbracht hatte, auf Stefano zu warten, und in deren Verlauf er auf seinem Sessel eingeschlafen war.

»Du solltest dem Papst gegenüber weiter verlieren«, entfuhr es ihm, »dann wirst du oft im Vatikan spielen.«

Stefano wischte sich mit der Serviette den Mund ab. »Ich habe aber nicht absichtlich verloren.«

»Das wollte ich nicht behaupten.«

»Er ist gerissen und spielt gut. Sehr interessant. Freitag nachmittag soll ich wieder hin. Ist es das, was du gern wissen wolltest?«

»Ich ...«

»Bildest du dir ein, ich wäre dein Eigentum? Ich bin mein eigener Herr, Nicholas, und führe mein eigenes Leben. Und wenn sich die Gelegenheit bietet, es zu verbessern – eine Chance wie diese ...«

Nicholas stand auf und entfernte sich vom Tisch. Als er den Raum halb durchmessen hatte, blieb er stehen, strich sich mit der Hand über das Gesicht und überlegte, was er als nächstes sagen könnte. Rauh scharrte hinter ihm der Stuhl über den harten Boden.

»Schau«, begann Stefano einlenkend. »Das hier ist nicht gut. Es tut mir leid. Ich verdanke dir eine Menge. Ohne dich wäre ich niemals in den Vatikan reingekommen.«

Die Teller in der Hand, eilte Juan hinaus.

Nicholas schwieg.

»Ich gehe«, sagte Stefano.

»Nein, bleib!« Nicholas wandte sich ihm wieder zu.

Den Rock schon in der Hand, zögerte Stefano einen Moment. Seine Mundwinkel zuckten. Er war sichtlich unentschlossen. Doch schließlich ging er auf die Tür zu.

»Leb wohl!«

»Bitte!«

Stefano trat nach draußen. Als hätte er keinen eigenen Willen mehr, starrte Nicholas hinter ihm her, während er sich wie ausgepumpt vorkam. Sein Kopf war leer. Durch die offene Tür drang das Klappen, als die Pforte zugeworfen wurde. Wie benommen ging Nicholas zu seinem Stuhl, setzte sich wieder und barg das Gesicht in den Händen.

*

Valentino verweilte in Cesena und zog an Truppen zusammen, was er bekommen konnte, um sich der Armee seiner aufrührerischen *Capitani* entgegenzustellen. In den ersten Wochen des Aufstands war viel vom Urbino-Territorium auf die Rebellen übergegangen, doch war von der Romagna nichts weiter von Valentino abgefallen. Und die großen Mächte Italiens unterstützten ihn, einen Fürsten, gegen die Rebellen. Nicholas meldete Valentino Gianpaolos Angebot, sich wieder an seine Seite zu stellen.

Ein paar Tage später bestellte der Papst ihn in die Leoninische Stadt.

»Man hat mir eine Nachricht für Euch übergeben«, sagte Alexander. »Ich habe sie zerrissen. Ich bin nicht der Kurier meines Sohnes.«

Einen Fuß hinter den anderen gestellt, verneigte Nicholas sich, wie man es in Spanien machte. Nie zuvor war er mit dem Pontifex allein gewesen. Sie hielten sich in Alexanders Lesezimmer auf. Die Wände waren mit grasenden Stieren bemalt. Der Stier war das Wappentier der Borgias. Und im Marmorfußboden war die päpstliche Tiara über gekreuzten Schlüsseln eingearbeitet. Irgendwo in der Nähe übte jemand Laute, die gleiche Weise immer und immer wieder mit den gleichen Fehlern.

»Euer junger Freund ist ein brillanter Kartenspieler«, bemerkte Alexander. »Seid Ihr immer noch mit ihm zusammen?«

»Nein, Eure Heiligkeit.«

Eindringlich sah Alexander ihn an. »Das tut mir leid. Mir ist aufgefallen, daß Ihr nie mehr zusammen mit ihm gekommen seid.«

Nicholas nickte.

»Nun.« Alexander rieb sich die Nase. Sein Tonfall bekam etwas Frisches. »Vielleicht ist das gut so, mein englischer Freund. Was Ihr miteinander treibt, ist eine Sünde, und Ihr setzt Euer Seelenheil aufs Spiel. Der Herr verabscheut die Sodomie.«

»Leider!«

»Der Herr liebt die Vermehrung.« Der Papst lachte, seine überschwengliche Laune strafte sein Alter Lügen und ließ ihn in Nicholas' Augen nicht älter wirken, als er selber war. »Jawohl, Eure Heiligkeit.«

»Nur, daß Cesare nicht mein Ebenbild ist.« Lächelnd bohrte Alexander mit dem Zeigefinger in der Nase. Seine Finger strotzten von goldenen und edelsteinbesetzten Ringen. »Die Nachricht war nur kurz.«

»War sie das, Eure Heiligkeit?«

»Es hörte sich ziemlich blasiert an, was mein Sohn schrieb. Ihr solltet wissen, daß Euer Vogel nicht der einzige Ganter wäre, der sich vom Geschnatter entfernte; doch bald würden sie sich alle vereint wiederfinden – gebraten und in einer feinen Sauce schwimmend.«

Nachdem ihm das letzte Wort über die Lippen gekommen war, lachte Alexander wieder dröhnend. Nicholas, der – das Haupt geziemend ehrfürchtig geneigt – lauschte und beobachtete, überlegte, ob das Bild, das der Papst gebraucht hatte, von Valentino oder dessen Vater stammte.

»Ihr werdet Eurer Gans ausrichten, sie sollte ihm weiterhin vertrauen, wie auch er es tue, und abwarten, bis sie gerufen wird. Das ist alles.« Alexanders Lächeln schwand. Von einem Augenblick auf den anderen war er mürrisch. »Ein Mann wird an seinen Feinden gemessen. Ich hoffe – und bete –, daß mein Sohn seinen wahren Feind noch nicht gefunden hat und dieses Gezücht, diese Flöhe und Ratten, nicht das Maß meines Sohnes sind.«

»Eure Heiligkeit, er leuchtet über ihnen wie ein Stern.«

Der Papst blickte an Nicholas Dawson vorbei und machte einen Schmollmund. Er bekam Schmeicheleien im Übermaß zu hören. Wie sollte er irgend etwas glauben, das jemand ihm sagte? Nicholas verabschiedete sich mit einer ganzen Reihe von zeremoniellen Floskeln und ging hinaus.

*

Die Huren waren alle nackt. Einige Männer, die schon betrunkener waren als die anderen, hatten sich Frauen auf die Schultern gehoben, rannten in der Mitte des großen Raums auf und ab und spielten Turnier, bei dem die Frauen auf ihrem Rücken kreischend lachten und mit der flachen Hand nacheinander schlugen. Grade als Nicholas hereinkam, lief ein Page einer Hure und ihrem »Reittier« in den Weg und wurde umgerissen. Alle fielen hin, die übrige Menge johlte vor Vergnügen und warf mit Zuckerwerk nach den stöhnend am Boden Liegenden.

Nicholas hielt sich in der Nähe der Wand. Der Hofstaat der Borgias hatte ihm schon immer das Gefühl eingeflößt, ein tumber Tor zu sein; und jetzt kam er sich zusätzlich auch noch furchtbar alt vor.

Am anderen Ende des Raums sah er Stefano beim Kartenspiel sitzen. Nicholas das Profil zuwendend, war er ganz auf das Spiel konzentriert. Er merkte bestimmt nicht, daß Nicholas ihn beobachtete. Stefano trug einen roten, silberdurchwirkten Rock. In Valentinos Dienst zu stehen, hatte seine Kleidung nicht verbessert. Nicholas wandte den Blick ab.

Der spanische Höfling Des Troches kam auf ihn zu. »Euer Freund macht sich gut, Messer Dawson. Das habt Ihr sehr klug gemacht.«

»Sehr klug«, murmelte Nicholas. Zwei Paare schlenderten an ihm vorbei; er folgte ihnen mit den Augen. Der Kontrast zwischen der nackten Frau und der glanzvollen Hofkleidung nahm ihn ganz gefangen.

»Spielt Ihr?« fragte Des Troches.

»Was soll ich spielen?«

»Tarock.« Die Miene des Spaniers drückte gelindes

Erstaunen über Nicholas' Ahnungslosigkeit aus. »Das zu können, ist äußerst nützlich. Der Papst tut beim Kartenspiel so manches gute Werk.« Das längliche weiße Gesicht des Höflings verzog sich für einen Moment zu einem höhnischen Grinsen.

»So, tut er das?«

Von der anderen Seite des Raums her kam Valentinos Zwerg auf ihn zu; wie eine Ratte im Gras teilte er beim Hindurchgehen den Hofstaat. Er steuerte direkt Nicholas an, der einen Schritt von Des Troches wegrückte.

Immer noch bemüht, die hohe Bedeutung des Tarockspiels herauszustreichen, trat Des Troches wieder an Nicholas' Seite. »Ihr solltet es Euch von Eurem Freund beibringen lassen.«

»Soviel ich weiß, dauert es Jahre, es zu erlernen«, entgegnete Nicholas. Der Zwerg zupfte ihn am Ärmel. »Wie bitte?«

»Kommt mit!« sagte der Zwerg, und Nicholas folgte ihm.

Sie verließen den lärmerfüllten Saal und fanden sich bald darauf in einem kleinen, von zwei Kerzen nur schwach erhellten Nebenraum wieder. In einer Ecke saß Miguelito auf einem kissenbelegten Stuhl. Nicholas rieb sich die Hände. Hier war es – im Gegensatz zu der Hitze, die im Sala Grande herrschte – kalt.

»Habt Ihr wieder mit Gianpaolo gesprochen?« wollte Miguelito wissen.

Nicholas schüttelte den Kopf. »Ich habe noch nicht einmal die Antwort auf seine erste Nachricht überbracht.«

Miguelitos Augen weiteten sich. »Es ist aber schon einen Monat her. Warum nicht?«

»Ich wüßte nicht, wie ich ihn erreichen sollte. Er hat gesagt, er würde wieder Kontakt mit mir aufnehmen.«

Die Türen gingen auf, Valentino trat ein und streifte die Handschuhe ab. »Hier stinkt es nach Weihrauch. Zündet ein paar Kerzen an! Und einer von euch möge das Feuer anzünden, mein Vater wird gleich zu uns stoßen.«

*

Nicholas ging mit einer brennenden Kerze im Raum herum und hielt das Flämmchen an die Dochte der in den Wandleuchtern steckenden Kerzen, woraufhin es zunehmend heller wurde und der Raum scheinbar größer. Miguelito stand neben seinem Stuhl und rührte sich nicht. Vielleicht betrachtete er derlei Handreichungen als unter seiner Würde.

»Was wißt Ihr von Niccolo Machiavelli?« fragte Valentino.

Über die Schulter blickte Nicholas zurück, um festzustellen, für wen die Worte des Prinzen bestimmt waren. Dabei stellte er fest, daß beide Männer ihn erwartungsvoll ansahen. Er trat an den Kamin, kniete nieder und setzte das dort aufgeschichtete Holz in Brand.

»Ein äußerst interessanter Mann, eine Kreatur Soderinis, des Gonfaloniere. Er arbeitet bereits seit Jahren in der *Cancelleria*.« Das Flämmchen brachte einen Holzspan im Kamin zum Brennen. Nicholas legte ihn unter das Reisig und blies hinein, um das Feuer anzufachen.

»Seid Ihr ihm je begegnet?« fragte Valentino.

»Nein, nie. Aber ich habe Tausende von seinen Briefen gelesen.« Nicholas hockte sich auf die Fersen und legte Holz nach.

»Er hat in vielem eine eigenwillige Meinung und Ideen in bezug auf die Geschichte und die Staatskunst allgemein.«

»Ja.« Nicholas nickte.

»Was haltet Ihr von ihm?«

Von kleinen Pagen umringt, die ihm das Kissen, sein Glas und ein Umschlagtuch vorantrugen, kam der Papst herein. Die Knaben waren vollauf damit beschäftigt, ihn im größten Sessel Platz nehmen zu lassen. Über die Köpfe der Kleinen hinweg schaute Nicholas zu Valentino hinüber.

»Soviel ich weiß, ist er recht leichtgläubig.«

Valentino lachte, woraufhin der Papst neugierig aufblickte. »Wer ist leichtgläubig? – Hier herrscht ja eine feuchte Kühle wie in einem Brunnenschacht … Messer Dawson, ich bitte Euch, raubt mir nicht die ganze Hitze des Feuers.«

Nicholas trat etwas zurück, damit der Papst in den vollen Genuß der Wärme kam. Valentino stellte sich neben ihn.

»Wir haben über einen gewissen Florentiner Diplomaten gesprochen, den ich umworben habe wie den Knappen eines anderen Ritters. Ich bin bei Lucrezia gewesen, von der ich dir alles Liebe ausrichten soll.«

Eine Weile redeten sie über Lucrezia. Nicholas kümmerte sich um das Feuer.

»So«, sagte der Papst, »du findest also inmitten dieser Komplotte und Gegenkomplotte Zeit, deine Schwester zu besuchen. Das macht mich überglücklich. Und wie sieht die Lage in der Romagna aus?«

»Ich bin privat mit jedem einzelnen von den Männern in Verbindung gewesen, die in La Magione den Vertrag gegen mich unterzeichnet haben«, erklärte Valentino. »Dabei habe ich jedem von ihnen versichert, Frieden mit ihm zu schließen. Vitelli und die Orsinis greifen Urbino für mich an, um die Festung, die gegen mich rebelliert hat, wieder für mich zurückzuerobern.«

Der Papst knurrte: »Gottes heilige Liebe – verräterische Hunde, die sie sind. Und wenn du Frieden mit ihnen geschlossen hast, was dann?«

Valentino lachte und sah quer durch den Raum zu Miguelito hinüber. »Dann werde ich sie umbringen – einen nach dem anderen.«

»Die Orsinis auch? Du kannst keine zwei von diesen schwarzen Seelen umbringen, ohne daß der Rest des Gezüchts über dich herfällt.« Die schwarzen Augen voller Glut, beugte der Papst sich vor. »Ergreife sie alle! Die Zeit ist gekommen, die Orsinis ein für allemal zu ruinieren.«

Valentino sah Nicholas an. »Was meint Ihr?«

Nicholas hüstelte kurz hinter vorgehaltener Hand. »Seine Heiligkeit sind natürlich unfehlbar. Doch genaugenommen ist es nach derselben Logik eine Katastrophe, die Orsinis anzugreifen und möglicherweise einen Fehlschlag zu riskieren.«

Der auf dem Stuhl sitzende Papst packte Valentino, der neben ihm stand, am Arm. Das Umschlagtuch um sich geschlagen, wie ein Vogel seine Flügel, hatte der Papst etwas Höllisches. Er sagte: »Worauf Ihr Euch verlassen könnt. Auf diese Rache habe ich jetzt jahrelang gewartet, seit Juans Tod habe ich darauf gewartet, ihn zu rächen. Die Orsinis haben ihn ermordet. Ich will sie alle tot sehen!«

Eine Bewegung am Rande seines Blickfelds ließ Nicholas den Kopf wenden. Miguelito hatte die Augen geschlossen und die Arme vor der Brust gekreuzt.

Valentino erwiderte: »Lebte mein Bruder noch, wäre ich nur Kardinal und Juan Herzog von Valentinois. Ich habe keine Rache zu nehmen.«

»Sprich nicht so!« Der Papst verkrallte sich im Arm seines Sohnes, daß es schmerzen mußte.

Wieder blickte Nicholas zu Miguelito hinüber, der immer noch mit geschlossenen Augen und vor der Brust verschränkten Armen in der Ecke stand, als wäre er im Stehen eingeschlafen. Schrill wetterte der Papst gegen die Orsinis und verfluchte sie wegen der Ermordnung seines Sohnes. Dieser junge Mann war vor zehn Jahren ums Leben gekommen. Nicholas erinnerte sich kaum noch an die Umstände der Ermordung, die – wie so viele andere – des Nachts vor sich gegangen war. Den Leichnam hatte man in den Fluß geworfen. Ungerührt betrachtete Valentino seinen Vater. Der Tod des Bruders hatte sein ganzes Leben verändert. Ob er die Achse, um die sein Schicksal sich drehte, dem Zufall überlassen hatte? Nicholas fragte sich, ob der Papst die Orsinis mehr haßte, weil er fürchtete, sie könnten seinen Sohn womöglich doch nicht umgebracht haben, und weniger deshalb, weil er wußte, daß diese Tat auf ihr Konto gegangen war.

»Wir werden sehen, was getan werden muß«, sagte Valentino schließlich.

Der Papst schien müde zu sein. In sich zusammengesunken saß er auf seinem Stuhl, zog das Umschlagtuch fester um sich und strich mit den Fingern über die Fransen. »Na ja«, meinte er, »mehr kann ich wohl nicht erwarten.«

Valentino wandte sich wieder Nicholas zu. »Ich möchte wissen, was Machiavelli Eurem Gonfaloniere über mich sagt. Findet das heraus!«

»Das brauche ich nicht, Exzellenz. Er rät der Regierung, Euch zu unterstützen. Das gilt als *der* Skandal in der *Cancelleria,* der Staatskanzlei.«

Ein Lächeln umspielte Valentinos Mund. »Ausgezeichnet! Wußte ich doch, daß ich ihn richtig eingeschätzt habe.«

Der Papst klagte wieder über die Kälte und stand auf. Erschrocken bemerkte Nicholas, daß das Feuer erloschen war. Doch die Besprechung ging ohnehin zu Ende. Valentino brachte seinen Vater noch zur Tür und erzählte dabei wieder von Lucrezia. Miguelito in der Ecke schlug die Augen auf.

Hinter dem Papst und seinem Sohn kehrte Nicholas zurück in die *Sala Grande,* wo die Huren unter unzähligen flammenden Kerzen mit einer Reihe von goldstrotzenden Herren tanzten. Die Laune des Papstes besserte sich zusehends. In einer Geste, die man als übertriebene Segnung sehen konnte, breitete er die Arme aus und sprach auf latein einen obszönen Vers. Er schlug Valentino auf die Schulter, und als er sich dann aufmachte, die andere Seite des Saals zu erreichen, schien neues Leben in ihn zu kommen.

Nicholas verfolgte, wie er durch die Reihen der Höflinge schritt, die, sobald sie seiner ansichtig wurden, die Knie beugten. Noch von der anderen Seite des Raums her konnte Nicholas ihn an dem Tisch sehen, wo Stefano beim Kartenspielen war. Selbstverständlich kniete auch Stefano nieder. Der Papst nahm seinen Platz am Tisch ein, und die anderen Spieler erhoben sich.

Stefano entdeckte Nicholas und wandte sich hastig

seinem Stuhl zu, so daß er seinem einstigen Freund den Rücken zukehrte.

Valentino fragte: »Vermißt Ihr ihn? Welch ein Esel Ihr doch seid.«

Erschrocken zuckte Nicholas zusammen; flammende Röte überzog seinen Hals und die Ohren. Valentino stand unmittelbar hinter ihm. Mit dem Zeigefinger bohrte er Nicholas in die Rippen.

»Vergeßt ihn! Ich habe ihn Eurem Einflußbereich entzogen, weil ich nicht möchte, daß Euch irgend etwas von den Diensten, die Ihr mir leistet, ablenkt.«

Wieder drückte er Nicholas den Finger in die Seite und ging dann mit weit ausgreifenden Schritten durch die *Sala,* um gleich darauf flott wie nur irgendein Höfling mit einer Hure den Mittelgang entlangzutanzen. Nicholas' Gesicht war vor Verlegenheit und Scham immer noch tiefrot. Unter gesenkten Lidern hervor schaute er von einer Seite zur anderen, um herauszufinden, wer Valentinos Bemerkung mitbekommen haben mochte. Dutzende mußten sie gehört haben, Dutzende anderer Männer. Seitlich schob er sich zur nächstgelegenen Tür.

*

Anfang Dezember fand Nicholas erneut eine Nachricht auf seinem Schreibtisch. Diesmal wurde er aufgefordert, am nächsten Morgen der Messe in der Kirche Santa Maria in Aracoeli beizuwohnen.

Widerstrebend folgte er dem Ansinnen. Die steilen Stufen, die den Hügel zu der alten Kirche hinaufführten, waren schon beschwerlich genug, außerdem hatte er für Gianpaolo nichts weiter als Lügen bereit. Alle

Welt wußte inzwischen, daß Valentino einen Waffenstillstand mit seinen rebellischen *Capitani* geschlossen hatte, Gianpaolo allemal, und so fand Nicholas es müßig und unproduktiv, dieses Treffen überhaupt arrangiert zu haben – überflüssig und teuflisch.

Als er die Pesttreppe zur Hälfte geschafft hatte, beschloß er, Gianpaolo nicht anzulügen.

Die Beine taten ihm vom Oberschenkel bis zum Fußknöchel weh, doch waren immer noch viele Stufen zu bewältigen. Er versuchte, an etwas anderes zu denken, doch die schmerzenden Muskeln ließen es nicht zu und brachten ihn immer wieder zurück zu dem, was ihm unmittelbar bevorstand. Nicholas blieb stehen, um zu verschnaufen. Unter ihm lag die ausgedehnte Piazza. Nicht einmal Straßenverkäufer waren zu dieser frühen Stunde auf dem länglichen Geviert zu sehen. Es fing gerade an, hell zu werden. Noch verhüllte Dunkelheit den größten Teil des Palazzo Barbi auf der gegenüberliegenden Seite, obwohl das Sonnenlicht jeden einzelnen Ziegelstein an der Fassade von Aracoeli deutlich erkennen ließ.

Nicholas mühte sich weiter nach oben. Er dachte über die herzlichen Gefühle nach, die er Gianpaolo Baglione – Stefanos Vetter – entgegenbrachte, und überlegte, ob er wohl versucht gewesen sein könnte, Valentino irgendeinem anderen von den Rebellen zu verraten.

Die Kirchenglocke fing an zu läuten. Von einer Stufe zur nächsten hob Nicholas schwerfällig die Füße. Die Glockenschläge erzitterten in der Luft über seinem Kopf. Er hörte den Gesang der Franziskaner im Kircheninnern.

Das weite, mit trübem Licht erfüllte Schiff umfing ihn. Zu beiden Seiten ragte eine Säulenreihe bis zur hohen Decke hinauf. Die Säulen paßten nicht zueinander und waren vor Jahrhunderten überall aus der Stadt hierhergebracht worden. Manche waren kanneliert, andere glatt, einige trugen noch Inschriften aus der klassischen Zeit auf den gedrehten ionischen Kapitellen. Sogar die Stufen der Pesttreppe hatte man von irgendwo anders hierhergebracht, woher genau, war ihm entfallen. Jedenfalls war dies alles Plünderungsgut eines früheren Roms.

Die Glocke hörte auf zu schlagen, und am anderen Ende der Kirche, irgendwo zwischen den Säulen, begann die Messe.

»*Oremus.*«

Hinter Nicholas waren Schritte zu hören. Da er es erwartet hatte, erschrak Nicholas nicht, als eine Stimme murmelte: »Draußen.«

Dankbar verließ er die Kirche. Neben dem Gebäude erstreckte sich eine weinüberwucherte Pergola, die sich bis zum Senatorenpalast auf dem kapitolinischen Hügel hinzog. Die Rebranken – so geschnitten, daß sie ein Geflecht aus Zweigen bildeten – ließen ein diffuses, wäßriges Licht hindurch. Nicholas nahm die Kopfbedeckung ab und trat in das Schattengewirr darunter. Ein Mann mit einer Maske vor dem Gesicht trat aus dem Schutz der Kirchenmauer.

»Nun?«

Nicholas warf kurz einen Blick zurück. Auf dem Weg bis zur Kirche befand sich keine Menschenseele. Offen sah er Gianpaolo in die Augen.

»Ich habe Eure Botschaft an Valentino übermittelt, Illustrissimo. Er hat gesagt, Ihr solltet Euer Wort genauso halten wie er seines – und zu ihm kommen, wenn er Euch rufen ließe.«

»Ist das alles?« kam es zischend hinter der Maske hervor.

«Jawohl, mehr nicht.«

»Ihr wißt, daß er einen Waffenstillstand mit uns unterschrieben hat? Daß wir alle uns in Senigallia treffen sollten, um über ein neues Bündnis miteinander zu reden?«

Nicholas Dawson nickte. »Höchst passend, würde ich sagen – Ihr nicht auch? Senigallia – *das Lager der Gallier.*«

Gianpaolo stieß einen saftigen Fluch aus – einen, den Stefano einmal benutzt hatte. Er nahm die Maske ab. »Was wollt Ihr damit sagen?«

»Ihr habt einen jungen Vetter namens Stefano.«

Gianpaolo legte den Kopf auf die Seite. »Soviel ich weiß, habt Ihr meinen Vetter, Messer Sekretär.«

»Jetzt nicht mehr. Dafür hat Valentino gesorgt.« Nicholas machte eine kleine Pause und bemerkte, daß Gianpaolo ihn voller Abscheu musterte. »Die Gallier waren große Kopfabschneider, Messer Rebell. Und in Senigallia werden Köpfe rollen.«

Mit diesen Worten machte er kehrt und ging in der Erwartung, zurückgerufen zu werden, den leicht abschüssigen Pfad unter der Pergola hinab. Für seine Begriffe mangelte es Gianpaolo an Fingerspitzengefühl. Nicholas wurde nicht zurückgerufen. Als er die Treppe erreichte, blieb er stehen, um die Kopfbedeckung wieder aufzusetzen und flüchtig einen Blick über die Schulter zu werfen. Gianpaolo war verschwunden.

Nicholas atmete einmal kräftig durch. Einerseits wünschte er, nicht hierhergekommen zu sein, andererseits freute er sich über alle Maßen darüber. Er wußte, daß es unklug von ihm war, Valentino zu hintergehen, zumal Gianpaolo dafür bekannt war, kein Geheimnis bewahren zu können. Valentino würde also bald davon erfahren. Doch noch während ihm das klarwurde und er sich innerlich versteifte, als er über die Konsequenzen nachdachte, wünschte er sich nichts sehnlicher, als daß Valentino es herausfand und seiner Rache damit die Krone aufgesetzt wurde.

Nicholas eilte die Pesttreppe hinunter und sprang unten auf das Pflaster des Corso. Schon zu diesem Zeitpunkt stand fest, daß er nicht pünktlich an seinem Schreibtisch sitzen würde.

*

Im Januar 1503 traf Cesare Borgia sich in Senigallia mit seinen aufrührerischen *Capitani.* Ihm ergebene Männer kreisten die Rebellen ein und nahmen sie gefangen. Oliverotto da Fermi und Vitellozzo Vitelli wurden auf der Stelle erdrosselt. Don Miguel da Corella war es, der ihnen die Schlinge um den Hals legte. Die beiden Orsinis – Paolo und der Herzog von Gravina – blieben so lange gefangen, bis man auch mit dem Rest ihrer Familie fertig werden konnte. Gianpaolo Baglione kam nicht nach Senigallia.

Alle erwarteten, daß Kardinal Orsini entweder aus Rom fliehen oder zusammen mit seinen Angehörigen verhaftet werden würde. Doch Bruni erreichte mitten im Winter eine Einladung zu einem Abendessen im Palazzo Orsini.

»Das ist heller Wahnsinn«, stieß Bruni hervor. »Der Mann ist von allen guten Geistern verlassen.«

Nicholas nahm die Einladung an der obersten Ecke mit spitzen Fingern hoch, um sie nochmals zu überfliegen. »Hoffentlich schlachten sie nicht das gemästete Kalb«, sagte er. »Er muß ja halb Rom einladen, um links wie rechts von sich jemanden sitzen zu haben.«

»Ich kann auf keinen Fall hingehen«, sagte Bruni. »Unsere Haltung dem Papst gegenüber ist schon fragwürdig genug. Ich kann unmöglich riskieren, das Mißfallen Seiner Heiligkeit zu erregen.«

Nicholas legte die Einladung wieder hin. Alexander hatte für die Aufgabe, die Orsinis in die Hand zu bekommen, die Energie eines jungen Mannes aufgebracht. Seine Männer nahmen jedes Mitglied der Familie in Rom fest, Frauen und Kinder nicht ausgenommen. Hinterher hieß es, Alexander habe eigenhändig die Verhaftungsbefehle für jeden einzelnen unterschrieben und, nachdem sie zusammengetrieben worden waren, persönlich einen Stapel von Begründungen für die Hinrichtung eines jeden einzelnen Orsini bereitgehalten.

Bruni sagte: »Ihr müßt hingehen.«

«Ich?« entfuhr es Nicholas überrascht.

»Kardinal Orsini hat sich mir gegenüber immer äußerst freundlich gezeigt. Ich möchte seine Einladung nicht rundheraus ablehnen.«

»Und wie sieht es damit aus, daß wir den Papst damit beleidigen?« fragte Nicholas. »Wieso soll ich meinen Kopf dafür hinhalten?«

»Ihr kennt in Rom jeden«, erwiderte Bruni, wobei es in seiner Hand leicht zuckte. »Selbst die Borgias werden den Besuch bei einem Freund verzeihen.«

Nicholas schüttelte des Kopf. »Ich werde krank sein. Viel zu krank, um zu einem Abendessen zu gehen.«

Bruni auf der anderen Seite des Schreibtisches stützte die Ellbogen auf die Tischplatte und hob die

Schultern. Feundlich und offen sah er Nicholas an. Dann sagte er: »Ich habe vor, demnächst einen Brief an den Gonfaloniere zu schreiben. Vielleicht erwähne ich, daß Euer Gehalt immer noch aussteht – eine beträchtliche Summe – habe ich nicht recht? Ein paar tausend Dukaten?«

Nicholas preßte die Lippen zusammen. Wenn er sich auch sträubte, nachzugeben, wußte er im selben Augenblick, daß er der Einladung des Kardinals zum Abendessen Folge leisten würde. Und Bruni wußte es auch. Mit einem nachsichtigen Lächeln nahm er die Einladung, faltete sie zusammen und ließ sie in einer Schreibtischschublade verschwinden.

»Ihr könnt gehen, Nicholas.«

*

Der große Palazzo Orsini wirkte menschenleer. Der Haupteingang war unbewacht, und Nicholas fand keinen Türhüter, der ihn einließ, obwohl er durch das Torgitter in den Hof hineinrief und laut den Klopfer betätigte. Als er sich an das Gitterwerk lehnte, um in die andere Hofecke hinüberzuspähen, schwang das Tor auf. Er trat ein und überquerte den ziegelgepflasterten Innenhof.

In den Ecken türmten sich die Abfälle. Eine räudig aussehende Katze lag auf dem Marmorbalkon hoch an der linken Mauer des Palastes. Selbst der rechte Flügel, der für gewöhnlich vermietet war, wirkte verlassen. Viele Fenster standen offen; die Fensterläden waren verschwunden. Nicholas trat auf die Tür des eigentlichen Kardinalspalastes zu.

»Messer Dawson!«

Die Tür ging weit genug auf, um einen drinnen Stehenden einen Blick hinaus werfen zu lassen und jemanden, der Einlaß begehrte, zu identifizieren. Nicholas erklärte laut: »Ich komme im Namen Seiner Exzellenz, des Gesandten von Florenz.«

Der betagte Türhüter ließ ihn eintreten. Viele Jahre hindurch war er Nicholas eine Quelle für Neuigkeiten und Klatsch gewesen. Genaugenommen kannte er den Diener besser als Kardinal Orsini selbst. Nicholas reichte dem alten Mann seine Kopfbedeckung.

»Was ist hier los? Hat man ihn verhaftet?«

»Sprecht das nicht aus.« Der Alte rieb sich die Nase und führte Nicholas durch die Eingangshalle. Der abwechselnd mit schwarzen und weißen Marmorquadraten ausgelegte Boden trug schmutzige Fußabdrücke, die alle auf die Doppeltür linker Hand zuführten. Der Diener geleitete auch ihn dorthin. Nicholas nahm einen neuen Anlauf.

»Warum verließ er die Stadt nicht? Er ist an dem Komplott beteiligt, ich weiß das. Der Papst hat doch bestimmt ...«

Der alte Mann räusperte sich und brachte Nicholas damit mitten im Satz zum Schweigen. Mit dramatischer Geste stieß er die Doppeltür auf.

»Messer Nicholas Dawson von der Republik Florenz!«

Dawson betrat den dahinter liegenden Raum. Im ersten Moment gewahrte er in der Weite des Saales, der mit Bildteppichen behängt und mit Szenen aus der römischen Mythologie ausgemalt war, die wenigen Menschen, die sich darin aufhielten, gar nicht. Die Bankettafeln, die zu beiden Seiten über die gesamte Länge des Raums gingen, waren für Gäste gedeckt, nur waren Bänke und Stühle leer; niemand bewegte sich oder sprach. Es war wie in einem Geisterzimmer oder einem Raum, in dem die Pest gewütet hatte. Dann bemerkte Nicholas einige Männer, die am Kopfende der Tafel Platz genommen hatten, und er entspannte sich. Plötzlich kam ihm der ganze Raum wärmer vor.

Kardinal Orsini in seiner roten Soutane erhob sich, um Nicholas zu begrüßen.

»Ich hätte mir denken können, daß Ihr kommt. Fünfhundert Einladungen sind hinausgegangen, und seht, wie viele ihnen gefolgt sind.«

»Euer Exzellenz, Ihr solltet längst fern von Rom weilen.«

Der Kardinal lachte. Seine Stimme klang sanft und leise wie gewöhnlich. »Ihr seid nicht sonderlich orginell, Messer Dawson. Jeder von denen, die vor Euch gekommen sind, hat mehr oder weniger das gleiche gesagt. Würdet Ihr Euch zu uns gesellen und Platz nehmen?«

Nicholas verneigte sich und begrüßte die um den Tisch herum Sitzenden mit angemessenen Worten. Er kannte so gut wie keinen von ihnen. Es waren Privatpersonen von geringerem Stand als die meisten der Freunde des Kardinals, jedenfalls nieder genug, um der Sense zu entgehen. Ein Diener in der Livree der Orsinis geleitete Dawson an seinen Platz und brachte ihm Wein.

»Worüber hatten wir gesprochen?« fragte der Kardinal, raffte den Seidenrock der Soutane und setzte sich wieder. »Ach ja, Raimondo, du hast die Muse in Versuchung gebracht. Mit Erfolg, wie ich bemerken darf.«

Raimondo war der weniger prominente Angehörige eines anderen alten römischen Hauses. Er stand auf und rezitierte auf lateinisch. Nicholas musterte die anderen Gäste eindringlich. Sollte es zum Schlimmsten kommen, konnte er immer noch behaupten, er wäre hier, um für die Borgias über dieses völlig aberwitzige Ereignis Bericht zu erstatten. Sobald sich dieser Gedanke in seinem Kopf festsetzte, schämte er sich.

Während er solchen Gedanken nachhing, trugen die Diener die Speisen auf. Nicholas kostete kaum von dem Fisch, der Suppe und den gebratenen Tauben in einer Wein-Pilz-Sauce. Es waren nur wenige Diener anwesend. Die Mahlzeit zog sich in die Länge. Der Mann zu seiner Rechten schnitt Fleisch von einer Taube, während der knusprig gebratene Fisch auf Dawsons Teller allmählich kalt wurde. Raimondo war mit seinem Latein am Ende, woraufhin ein anderer Mann aufstand und aus einem kleinen ledergebundenen Buch ein Sonett von Petrarca vortrug.

Den Gedanken an ein Pest-Essen konnte Nicholas einfach nicht abschütteln. Jedesmal, wenn die Tür für die Dienerschaft aufging, erwartete man die Meldung, eine tote Ratte gefunden zu haben. Es roch ja auch so schon wie in einem Totenhaus. Alles in ihm verlangte danach, hinaus an die frische Luft zu kommen.

Unangerührt wurde ein Kompott aus Früchten und Honig wieder fortgetragen. Die Gäste erhoben sich nacheinander, um etwas vorzutragen. Bald würde Nicholas an der Reihe sein. Von Panik erfüllt saß er auf seinem Platz und wagte sich nicht zu rühren: Er wußte einfach nicht, was er aufsagen sollte.

Sein Nebenmann erhob sich, rezitierte ein belangloses Sonett und setzte sich wieder. Unversehens ertappte Nicholas sich dabei, wie er aufstand. Er richtete den Blick auf den Kardinal, der völlig entspannt zwischen seinen Freunden saß, und so kamen Nicholas die Worte Solons in den Sinn, und er rezitierte sie.

»Nennt keinen glücklich, bevor er nicht sicher in seinem Grabe ruht.«

Er nahm wieder Platz. Alle starrten ihn an. Vom anderen Ende der Tafel erhob sich zorniges Protestgemurmel.

»Schlechtes Benehmen! Sehr schlechte Manieren!«

»Werft ihn hinaus!«

Die Stimmen schwirrten durcheinander, doch Nicholas kümmerte sich nicht darum, sondern wünschte nur, gehen zu können. Mit einer Handbewegung brachte der Kardinal das Gemurmel zum Schweigen.

»Nein, er hat recht, und ich rechne es ihm hoch an, daß er ehrlich gewesen ist. Armer Nicholas, Eure Karriere wird bald beendet sein. Diplomaten dürfen nie die Wahrheit sagen.«

Dann erhob er die Stimme und rief durch den großen, halbleeren Saal: »Ich bin bereit!«

Die Seitentüren wurden geöffnet. Vier oder fünf mit Degen bewaffnete Männer marschierten herein. Ihre langen Röcke waren mit dem Stier der Borgias bestickt. Sie traten um die Tafel herum und nahmen neben Kardinal Orsini Aufstellung.

»Meine Freunde«, sagte der Kardinal, »ich sage euch Lebewohl. Seine Heiligkeit befehlen, daß ich mich in ihren Gewahrsam begebe – wegen meines Anteils an dem Aufstand gegen Herzog Cesare Borgia. Ich wünschte, mein Schicksal gereichte euch allen zur Erleuchtung.«

Mit diesen Worten ließ er sich von den Soldaten abführen. Wie vom Donner gerührt saßen die Gäste vor ihren Tellern. Kein einziger wandte sich seinem Nachbarn zu oder tauschte auch nur einen Blick mit ihm. Nicholas ging, so schnell es möglich war.

Die Verhaftung von Kardinal Orsini fand im Januar statt. Es sollten mehrere Wochen vergehen, ehe die Römer von seinem Tod erfuhren.

*

Irgend jemand hatte auf einer halbverfallenen Mauer in der Nähe der Trajanssäule eine Kreidezeichnung hinterlassen. Der stetig fallende Regen hatte das meiste abgewaschen, nur nicht die verschmierten Umrisse eines grotesk mit einer Tiara geschmückten Stiers, der etwas nicht Erkennbares erbrach. Nicholas zog den Hut in die Stirn, um die Augen vor dem Regen zu schützen, und bog in die schmale, von Bäumen beschattete Gasse ein, die zu seinem Haus führte.

Vor ihm, in der regengepeitschten Dunkelheit unter den Bäumen, schrie jemand, und er blieb stehen. Die Schreie wurden lauter. Weiter hinten kämpften Menschen miteinander, und als Nicholas sich umdrehte, um zurückzukehren, ertönten ein Entsetzensschrei und ein Triumphgeheul, und eine Rotte Menschen kam die Gasse herunter auf ihn zugerannt. Er brachte sich hinter einem Baum in Sicherheit.

Die mit Knüppeln bewaffneten Männer bewegten sich schwerfällig und blickten sich immer wieder um. Als sie an Nicholas vorüberkamen, warfen sie ihre Waffen zu Boden, um schneller laufen zu können. Nicholas preßte die Hände an die Rinde des Baumes, hinter dem er Schutz gesucht hatte. Durch die Rufe und das Rauschen des Regens vernahm er das Stampfen sich nähernder Pferdehufe, dann preschten etliche

Reiter an ihm vorbei. Er hielt kurz die Luft an. Die Berittenen holten die zu Fuß Fliehenden ein, lehnten sich in den Sätteln vor und stachen und schlugen mit ihren Degen zu. Nicholas hielt den Atem an. Die Fliehenden schrien in Todesängsten. Sie hatten die Piazza erreicht. Die Pferde trampelten sie zu Boden, andere stoben auf dem freien Raum auseinander.

Nicholas stieß die Luft aus. Säuerliches sammelte sich in seiner Kehle, so übel war ihm. Nur wenige Schritt von ihm entfernt lagen Männer in der Gasse. Er verweilte hinter dem Baum, hatte Angst, sich zu zeigen. Auf der Piazza schien der Kampfeslärm zu verstummen. Endlich trat er aus seinem Versteck hervor und ging neben der nächstgelegenen Leiche in die Hocke.

Dem Mann hatte man den Schädel eingeschlagen. Nicholas drehte sich der Magen um. Den Blick abgewandt, kniete er geraume Zeit im regennassen Gras, ehe er es fertigbrachte aufzustehen. Noch zwei oder drei andere lagen dort reglos. Er eilte von einem zu anderen, um sicherzugehen, daß er wirklich nicht helfen konnte; erst danach gestattete er sich heimzugehen.

Als er am Kolosseum vorbeikam, stieß er auf einen Mann, der etwas auf eine Ziegelmauer schrieb. Dreist wie eine Hure, gab der Kerl überhaupt nicht acht auf ihn, nicht einmal, als Nicholas den Schritt verlangsamte, um zu lesen, was der andere schrieb:

ORSINIS, BLEIBT DRAUßEN! – TOD ALLEN ORSINIS!

Was die Dreistigkeit des Mannes erklärte.

Nicholas setzte seinen Weg fort.

*

Als Nicholas eines Tages zufällig am Pantheon vorüberkam, trat er ein. Es war ein klarer Tag, das kalte Sonnenlicht schien durch das trübe Innere und malte Bogen auf den feuchten Boden. Obwohl die Mittagsstunde bereits vorüber war, schliefen an der Wand drei oder vier Bettler. Dunkle gezackte Streifen durchzogen den antiken Mauermarmor hinter ihnen. Es roch nach Urin. Nicholas machte kehrt und ging wieder hinaus auf die Straße.

*

Später am selben Tag traf er bei einem Empfang für den spanischen Gesandten, de Rojas, seinen Dienstherrn Bruni. Nachdem sie sich den Spaniern vorgestellt und die distanzierten üblichen Begrüßungsworte gewechselt hatten, wie Verbündete Frankreichs sie erwarten durften, scheuchte Bruni Nicholas fort, um sich anderswo im Palazzo ein Gemälde anzusehen. Normalerweise interessierte Bruni sich nicht sonderlich für Kunst, und so überlegte Nicholas, worüber er wohl reden wollte. In der Tat konnte Bruni es gar nicht abwarten und begann aufgeregt zu sprechen, als sie außer Hörweite der Spanier waren.

»Nun, habt Ihr das mit Machiavelli gehört? Ich habe Euch doch gesagt, daß das passieren würde.«

»Was?« fragte Nicholas. Sie befanden sich in der Eingangshalle, zu weit von anderen entfernt, als daß diese das Gespräch hätten mithören können.

»Nun«, antwortete Bruni mit flammend gerötetem Gesicht, »etwas Handfestes, es gewissermaßen bei einer Bank einzulösen, gibt es nicht, doch Gerüchten zufolge soll er angeklagt werden, für die Borgias Spitzeldienste geleistet zu haben.«

Nicholas glaubte seinen Ohren nicht trauen zu können. »Wer? Machiavelli? Guter Gott!«

»Vergeßt nicht – amtlich ist das noch nicht.«

»Selbstverständlich nicht.«

Quer durch die Eingangshalle gingen drei junge Männer in der Livree des Papstes auf den Empfangsraum des spanischen Gesandten zu. Nicholas beobachtete sie. »Ich bin überzeugt, es stimmt nicht«, sagte er.

»Ach, Unsinn!« ereiferte sich Bruni und senkte dann die Stimme. »Natürlich stimmt es. Ihr wißt doch, was alle behauptet haben.«

»Wollt Ihr mir wirklich dieses erbärmliche Gemälde zeigen, Exzellenz? Es wird keine Stunde mehr dauern, und die Sonne geht unter. Ich habe einen langen Heimweg vor mir.«

Bruni schob sich in Richtung Ausgang vor, um zu gehen. Nicholas blieb an seiner Seite.

»Natürlich ist er schuldig«, sagte Bruni. »Ihr kennt diesen Borgia ja – der bekommt jeden, den er haben will, so oder so, um ihn gefügig zu machen oder ihn loszuwerden, je nachdem, was vorteilhaft für ihn ist.«

Das kam Nicholas' Erfahrungen so nahe, daß es ihn verwunderte. Er mußte an sich halten, um nicht mit irgend etwas herauszuplatzen, das ihn Bruni gegenüber verriet. Das zu tun, wäre Narretei gewesen. Vielleicht bedeutete das Ganze nichts. Bruni redete so viel, daß früher oder später immer etwas Wahres dabeisein mußte.

Sie gelangten an das Hoftor, wo neben dem Torhüter ein anderer Mann wartete.

»Signori«, sagte der Torhüter, »ich kenne Euch beide, und dieser Galantuomo hier auch. Er ist Venezianer. Ob Ihr ihn wohl mitnehmen würdet, damit er nicht allein weiter muß, wo es auf den Straßen doch so gefährlich ist?«

»Ja, kommt nur«, sagte Bruni. »Wohin wollt Ihr?«

Der Venezianer nannte eine Adresse, die etwa auf halbem Weg zur Florentiner Gesandtschaft lag. Sie erklärten sich bereit, ihn hinzubringen. Entschuldigend sagte Bruni: »Ihr müßt uns für Barbaren halten, für schlimmer als die Franzosen, daß auf unseren Straßen eine solche Unsicherheit herrscht.«

Sie eilten die Straße hinunter, wobei Nicholas sich seitlich hinter den beiden anderen Männern hielt. Es wehte ein kalter Wind. Sie waren als einzige unterwegs. Für gewöhnlich spielte sich das Leben der Römer auf der Straße ab, doch diesmal waren sie in den Häusern.

Der Venezianer sagte: »Man munkelt, die Männer des Papstes hackten jedem Orsini den Kopf ab, dessen sie habhaft würden, sogar den Babies. Er führt sich auf wie ein zweiter Herodes. Was haltet Ihr von diesem französischen König, bringt der noch mal eine Armee hinunter nach Neapel?«

»Es wird ihm nichts anderes übrigbleiben«, antwortete Bruni. »Gonsalvo hat jede Stadt südlich von Gaeta erobert und wird auch bald Neapel in der Hand haben.«

Die Straße vor ihnen verengte sich, und sie blieben stehen. Bruni sah sich suchend um und zeigte auf eine Seitengasse.

»Hier kommen wir schneller voran, nur ist es dort außerordentlich eng und dunkel.«

»Und außerdem ein verrufenes Viertel, Exzellenz«, bemerkte Nicholas. »Wenn ich das sagen darf: Sicherer wäre es für uns, wenn wir geradeaus weitergingen.«

»Also gut«, meinte der Venezianer und setzte sich wieder in Bewegung, während Nicholas und Bruni ihm folgten. Treuherzig lächelte der Venezianer, als er sich über die Schulter nach ihnen umsah.

»Der Papst ist Spanier, nicht wahr? Ein Mann voller Leidenschaft. Man kann wohl davon ausgehen, daß die Orsinis ihm allen Grund gegeben haben, sie zu hassen. Ich habe das nicht getan, da bin ich mir ganz sicher.«

»Ich auch nicht«, sagte Bruni.

Nicholas behielt sie, obwohl er den Kopf beim Gehen gesenkt hatte, weiter im Auge, tat jedoch so, als beachtete er sie nicht. Sie gelangten an das Ende der gepflasterten Straße und suchten sich einen Weg durch den Schlamm, der von Pfützen und Hufspuren übersät war. Der Regen rann an den Hauswänden herunter und schien den hellen Travertin in ein dunkles, glanzloses Gold zu verwandeln.

Der Venezianer sagte: »Vor einiger Zeit habe ich zufällig ein paar sehr schöne Stühle erstanden, geeignet für die feinsten Räume eines jeden Galantuomo. Früher schmückten sie das Innere des Orsini-Palastes. Sie sind wunderschön. Zwar würde ich sie gern behalten, doch bin ich etwas in der Klemme. Ich wäre bereit, sie für tausend Dukaten zu verkaufen.«

Dem folgte ein langes Schweigen. Sie überquerten eine brunnengeschmückte Piazza. Drei oder vier Frauen füllten am Becken die Krüge, während ein Mann mit einer Keule auf der Schulter daneben stand, um sie zu beschützen. Bruni, Nicholas und den Venezianer verfolgten sie eine ganze Weile mit Blicken.

Plötzlich sagte Bruni: »Ich werde so tun, als hättet Ihr uns das Angebot nicht gemacht. Ich will nicht gehört haben, was Ihr uns gerade erzählt habt. – Nicholas, ist das hier nicht die Straße, die er uns genannt hat?«

Sie war es. Nicholas erklärte dem Venezianer, wie er das gesuchte Haus finden konnte. Der Mann wurde wütend, überhäufte Bruni mit Schimpfworten, nannte ihn einen Heuchler und stapfte empört durch die Pfützen davon. Nicholas und Bruni setzten sich wieder in Bewegung.

Kurz darauf fragte Bruni: »Ich bin kein Heuchler, nicht wahr, Nicholas?«

»Exzellenz, Ihr wart ein Freund des Kardinals Orsini.«

»Ihr meint also, ich hätte mich korrekt verhalten?«

»Untadelig, Exzellenz.«

Bruni schien sich damit zufriedenzugeben. Er drückte den Rücken durch, reckte das Knie vor und lächelte. Sie gingen über den Corso und gelangten wieder auf eine gepflasterte Straße.

»Nun«, sagte Bruni, »wenn die Franzosen wirklich kommen, werden sie mit Gonsalvo kurzen Prozeß machen.«

Nicholas schwieg.

»Ihr seid anderer Meinung?«

»Exzellenz, die Spanier werden die Franzosen vernichtend schlagen.«

»Ihr seid ja verrückt. Die Franzosen haben die größten Kämpfer in der ganzen christlichen Welt, die besten militärischen Köpfe unseres Jahrhunderts – und das meiste Geld.«

Wieder schwieg Nicholas, woraufhin Bruni ihn besorgt ansah.

»Ihr glaubt mir nicht?«

Nicholas antwortete: »Das ist ein trauriger Tag für Rom, an dem nichts wichtiger ist als die Frage, ob die Franzosen die Spanier besiegen können.«

»Der Papst ist der Verbündete des französischen Königs. Die Borgias verlieren nie, solche Fehler machen sie nicht.«

Sie hatten den Eingang der Gesandtschaft erreicht. Bruni bewohnte Räume in einem anderen Teil des weitläufigen Gebäudes. Er klingelte nach dem Torhüter und wandte sich dann Nicholas zu, um weiter mit ihm zu diskutieren.

»Ich vergaß, daß Ihr Beziehungen zu Spanien habt.«

»Exzellenz«, erwiderte Nicholas, »Ihr habt mich nach meiner Meinung gefragt.«

»Ach, lassen wir das.« Bruni legte Nicholas eine Hand auf den Arm. »Vergeßt es. Aber hört mich an, Nicholas. Über das, worüber wir vorhin gesprochen haben, über Machiavelli ...« Er beendete den Satz nicht, sondern klopfte Nicholas nur ein paarmal auf den Arm – und das mit einem gewissen Nachdruck – und musterte ihn dabei vielsagend. Der Torhüter ließ Bruni eintreten und schloß wieder ab.

Nicholas blieb zurück.

Worüber sie zuvor gesprochen hatten, als von Machiavelli die Rede gewesen war . . . Nicholas fiel siedendheiß ein, daß Bruni irgendwie über seine Beziehung zu den Borgias Bescheid wußte. Hatte davon gewußt und ihm verziehen. War das, was er gerade gesagt hatte, als Warnung zu verstehen? Nicholas ertappte sich dabei, wie er die verschlossene Tür vor sich anstarrte. Dann machte er sich auf den Heimweg.

Bruni wußte also Bescheid. Doch an der Sache änderte das nichts. Valentino besaß immer noch die Macht über Nicholas, die ihn ursprünglich in den Dienst des Prinzen gezwungen hatte. Nicholas blieb nichts anderes übrig, als dessen Anordnungen zu befolgen.

Er kam sich vor wie ein Homunculus ohne eigenes Herz oder eigenen Willen.

Ein Gast in dem Kloster, in dem er aufgewachsen war, hatte einen besessen, und Bruder Leo hatte ihn – Nicholas – mitgenommen, um ihm den Homunculus zu zeigen – heimlich, weil der Abt derlei Dinge für Ketzerei hielt. Was Nicholas erwartet hatte, war ein normal in Beinkleider und Wams gekleidetes winziges Männchen gewesen. Beim Anblick der Flasche war ihm ein heftiger Schreck in die Glieder gefahren. Die schmierig aussehende, trübe Flüssigkeit, mit der sie gefüllt war, und das verschrumpelte Baby, das darin schwamm, hatten Übelkeit in Nicholas hervorgerufen, so daß er den Raum schnellstens hatte verlassen müssen. Bruder Leo war ihm in den Hof gefolgt. Danach hatten sie nie wieder von dem Homunculus gesprochen.

Nicholas hatte das Ding nur für einen Moment gesehen, und lange her war es auch schon; gleichwohl war ihm die Erinnerung daran deutlich geblieben – die Lider wie geschlossene Muscheln über den Augen, die noch nicht richtig ausgebildeten Finger und Zähne: ein unfertiges Wesen, das nicht lebensfähig war. Genau so kam er sich jetzt vor: machtlos, es sei denn, Valentino gab ihm diese Macht.

Handeln war die Tugend des Borgia-Prinzen. Er wartete niemals so lange, daß sich zufällig eine Gelegenheit ergab. Wer erst lange abwartete, geriet ins Hintertreffen. Doch das wollte Nicholas nicht. Wenn

Bruni von seinem Verrat wußte, war seine Stellung bei den Florentinern bestenfalls unsicher. Seine einzige Hoffnung lag in den Hoffnungen und Träumen Cesare Borgias.

*

VON SEINEM ERGEBENEN DIENER, NICHOLAS DAWSON, AN DEN ALLERDURCHLAUCHTIGSTEN HERZOG VALENTINO

Mein Gebieter, ich habe, woran wohl kein Zweifel herrschen kann, gehört, daß der französische König beabsichtigt, eine Armee zu schicken, um jene Befestigungsanlagen in Neapel zu entsetzen, welche von der spanischen Armee belagert werden. Die Franzosen behaupten, es werde die größte Armee sein, die jemals über die Alpen nach Italien gekommen ist, und sie erwarten, daß ihnen die Unterstützung sämtlicher Verbündeten zuteil wird, zu denen jetzt ja auch Ihr gehört.

All das sei dahingestellt, doch im Interesse Eurer Durchlaucht bitte ich ergebenst, Eure Durchlaucht darauf hinweisen zu dürfen, daß die Spanier sehr wohl als Sieger aus dieser Auseinandersetzung hervorgehen könnten. Mein Urteil beruht auf meiner Kenntnis des spanischen Kommandeurs Gonsalvo. Es ist, kurz gesagt, allgemein bekannt, daß Gonsalvo die spanischen Armeen nach seinen eigenen Vorstellungen aufgebaut hat und deshalb seine Instrumente besser in der Gewalt hat als der französische Kommandeur, der, wiewohl ich seinen Namen noch nicht kenne, ohne Zweifel seines Adelstitels wegen ausgewählt werden wird und nicht, weil er besonders viel von Armee oder Kriegführung verstünde.

Auf jeden Fall werdet Ihr im Falle eines französischen Sie-

ges weniger verlieren, wenn Ihr ein Verbündeter Spaniens seid, als Ihr verlieren dürftet, wenn ein spanischer Sieg Euch in den Armeen Frankreichs fände. Die Spanier kämpfen für Gott und betrachten ihre Gegner als Teufel. Haben sie die einmal geschlagen, wünschen sie nichts mehr, als sie auszurotten, nicht aber, sie sich zu Verbündeten zu machen. Was die Franzosen betrifft, so haben sie seit Jahren in Italien gekämpft und sind von unseren mehr aufs Praktische gerichteten italienischen Traditionen angekränkelt.

Euer Durchlaucht, Ihr seid Herr über das Herz Italiens, auf welches jedweder vertrauen muß, der von einer italienischen Krone träumt. Macht das den ausländischen Kronen jetzt unzweideutig klar.

Ich schicke Euch diesen Brief, Durchlaucht, obwohl das meinen Untergang bedeutete, sollten die Florentiner ihn zu Gesicht bekommen. Aus diesem Grund gestattet Eurem Diener die Bitte, ihn nach der Lektüre den Flammen zu überantworten.

*

Wenige Tage, nachdem er den Brief an Valentino geschickt hatte, hielt Nicholas sich im Audienzsaal des Papstes auf und wurde Zeuge, wie eine Abordnung von Römern das Oberhaupt der Kirche bat, seine Fehde mit den Orsinis zu beenden. Zuerst war der Papst bei dem Ersuchen wütend, doch am Ende, als der Sprecher erwähnte, die Kämpfe könnten dazu angetan sein, den Karneval empfindlich zu stören, an dem die römischen Ladeninhaber am meisten verdienten, wurde er krebsrot im Gesicht und begann zu keuchen.

»Krämerseelen!« schimpfte der Papst voller Abscheu. »Ihr denkt nur ans Geld!«

Ein anderer Römer trat dem Sprecher zur Seite und sagte: »Eure Heiligkeit, wir verlassen uns darauf, daß Ihr Frieden in unserer Stadt haltet. Wenn es Eure Leute sind, die morden ...«

»Hinaus!« erboste sich der Papst und hievte seine Leibesfülle aus dem Sessel. Überall im überfüllten Raum erstarrten die Zuschauer gleichsam in Habacht-Stellung und verfolgten das Ganze, als wären sie Soldaten. Nicholas warf einen Blick in die Runde und registrierte nur besorgte Mienen. In einer solchen Stimmung konnte der Papst unbesonnen sein wie ein unreifer Junge.

Plötzlich stieß er mit großer Heftigkeit eine Hand hoch.

»Mord, sagt Ihr! Habe ich nicht Mord von der Hand der Orsinis erdulden müssen? Habe ich nicht jahrelang auf meine Rache gewartet? Nein! Das einzige, was ich bedaure, ist, daß mein Sohn Cesare lieber auf die Jagd geht, Trinkgelage abhält und am Spieltisch sitzt, statt seine heilige Pflicht zu erfüllen, den Bruder zu rächen!«

In der Grabesstille, die seinen Worten folgte, schnappte jemand nach Luft. Nicholas strich sich immer wieder über die Finger. Der Papst umkreiste seinen Sessel. Wie die zeremoniellen Gewänder dabei hin und her schwangen, das unterstrich nur seine Leibesfülle.

»Will jemand fragen, was ich meine?«

Niemand meldete sich. Die dröhnende Stimme hallte von den Wänden und der Decke wider. Nicholas dachte: Er wird uns nicht gehen lassen, solange wir uns sagen können, wir wüßten nicht Bescheid.

»Von mehr als zehn Jahren«, rief Alexander, »haben

die Orsinis meinen ältesten Sohn Juan abgeschlachtet und seinen Leichnam in den Tiber geworfen. Jetzt nehme ich mir das Recht, das jedem Vater zusteht – seinen Kummer in Blut zu ertränken und den Sohn zu rächen.«

Er schlug mit der Faust auf die Sessellehne, daß es dumpf krachte. Zu seiner Verwunderung sah Nicholas Tränen auf den von dicken Adern durchzogenen Wangen des alten Mannes. »Mein Sohn!« rief er. Dann packte er den Sessel und ließ sich darauf niedersinken. »Mein Sohn!«

Er schlug die Hände vors Gesicht und weinte in Gegenwart all der Menschen. Nicholas hob eine Hand vor die Augen. Es war schmerzlich, das mit anzusehen, mitzuerleben, was eigentlich nur in den Privatgemächern des Papstes geschehen durfte.

Alexander faßte sich wieder. Kopf und Schultern vorgebeugt, so daß sie über die Knie hinausragten, hob er das Gesicht. Mit den Fingern wischte er sich die Tränenspur von den Wangen und betupfte sie. Und was man dann sah, war die feierliche und würdevolle Miene eines Mannes der Öffentlichkeit. Er drückte das Kreuz durch, lehnte den Rücken gegen die Sessellehne und reckte das Kinn.

»Ihr seid entlassen. Verschwindet aus meinen Augen!« fauchte er die römischen Bittsteller an. »Ich will nie wieder davon hören. Wenn der Karneval dadurch verdorben wird, dann sei es so. Geht!«

Die Römer schlichen davon. Nicholas nahm die Hände herunter und verschränkte sie auf dem Rükken. Der Papst sah sich nach den nächsten Bittstellern um. Ein Page trat vor und nannte ihre Namen.

Als Nicholas die leoninische Stadt verließ, um nach

Hause zurückzukehren, erkannte er, daß er nicht mehr auf dem direkten Weg dorthin gelangen konnte. Der Kampf zwischen den Borgia- und den Orsini-Anhängern tobte inzwischen auch auf den Straßen. Er schlug einen Bogen, ging endlos Straßen hinauf und wieder herunter auf der Suche nach einem Ausweg, doch gab es keinen. Schließlich zog er sich in die Gesandtschaft zurück und verbrachte die Nacht dort.

*

Spätnachts riß der Klang der Türglocke Nicholas aus tiefstem Schlaf. Auf der Straße fand er Miguelito und ein Dutzend anderer maskierter Berittener.

»Haben wir Euch geweckt?« fragte Miguelito höhnisch. »Die Sonne ist kaum untergegangen.« Dann sprach er lauter, um die Männer hinter ihm zu erreichen: »Da steht er im Nachthemd – wie ein echter Schreiberling!«

Unter den hinter ihm Stehenden befanden sich Valentino und Stefano.

»Ihr sucht hoffentlich keinen Platz zum Kartenspielen«, entgegnete Nicholas ungehalten. Die Nacht war naßkalt, so daß er in seinem Hausmantel fror. Er vermied es, Stefano anzusehen. »Und Wein habe ich auch nicht mehr viel.«

Miguelito beugte sich aus dem Sattel zu Nicholas hinunter und flüsterte ihm ins Ohr: »Wir sind nur hergekommen, um Euch zu sagen, daß mein Gebieter heute in einer Woche hier mit Gonsalvo zusammentreffen wird. Ihr werdet das mit Gonsalvo klären. Und jetzt geht wieder zu Bett.«

»In einer Woche? Vielleicht kann er dann nicht.«

»Sorgt dafür, daß er kann.« Miguelito riß sein Pferd herum. Die anderen folgten seinem Beispiel, wobei ihre Umhänge flatterten. Stefano saß zu Nicholas' Erstaunen gut im Sattel. Er hatte ihn bisher nie reiten gesehen.

Valentino ertappte ihn dabei, wie er Stefano anstarrte. Da streckte Valentino eine Hand aus und klopfte Stefano vertraulich auf die Schulter. »Schaut, wie er sich nach Euch verzehrt. Geht hin und gebt ihm einen Kuß!«

Der Prinz war in der Laune, andere aufzuziehen. Nicholas wandte sich rasch zum Tor.

»Laßt mich!« brummelte Stefano.

»Gebt ihm einen Kuß!«

Die anderen Männer lachten. Stefanos Pferd machte einen Satz. Hart zerrte die Hand seines Reiters am Trensengebiß. »Beim Schwanz, laßt mich!« schrie Stefano.

»Pah!« Valentino gab seinem Pferd die Sporen, woraufhin es einen Satz zur Seite machte. Den Arm dabei zurückreißend, stieß Valentino Stefano aus dem Sattel. Der Prinz galoppierte die Straße hinunter, sein Gefolge sprengte hinterdrein. Mit den vom Wind geblähten Umhängen sahen sie aus wie ein Schwarm Fledermäuse.

Stefano hatte sich im Fallen am Zügel festgehalten. Sein Pferd stürzte und kämpfte damit, den anderen zu folgen. Stefano hatte alle Hände voll zu tun, es zum Stehen zu bringen, und nachdem das gelungen war, war er mit einem Satz wieder im Sattel.

»Zum Teufel mit dir!« schrie er Nicholas zu und trieb sein Pferd an, um dem Pulk zu folgen.

*

Nicholas trank seinen Wein aus und stellte das Glas ab. Der hinter ihm stehende Juan hielt ihm die Leinenserviette so hin, daß er sich den Mund abwischen konnte.

»Du solltest heute nacht nicht hiersein«, sagte Nicholas und ließ die zerknüllte Serviette neben den Brotresten auf den Tisch fallen. »Hast du jemanden, bei dem du unterkommen kannst?«

»Wann seid Ihr wieder hier?« fragte Juan zurück.

»Morgen früh. Ich werde dir etwas Geld geben, falls du etwas brauchst.«

»Nein, ich kann in der Kirche übernachten«, sagte Juan und schickte sich an, Teller und Silberbesteck abzuräumen.

»Komm, laß dir Geld geben. Du könntest in ein Gasthaus gehen.« Er malte sich aus, wie Juan zu Füßen eines Heiligenbildes auf dem kalten Steinfußboden einer Kirche schlief.

Der alte Mann schüttelte den Kopf. Da er ohnehin schon einen krummen Rücken hatte, ließ er zwangsläufig die Schultern hängen. »Ich bleibe lieber in einer Kirche als in einem dreckigen Gemeinschaftsbett zusammen mit vielen anderen. Was werdet Ihr tun, bleibt Ihr hier?«

»Ja.« Nicholas verlagerte sein Gewicht auf die linke Seite, zog den am Leibriemen befestigten Geldbeutel hervor und zählte hundert Carlini auf den Tisch. »Da, du kannst dir wenigstens einen Wein leisten.«

»Es geht hier um etwas von den ›anderen‹«, sagte Juan.

Nicholas ging nicht darauf ein. Dem wie ein Kind

abergläubischen Juan wollte der Name Valentino einfach nicht über die Lippen.

»Dann solltet besser auch Ihr nicht hiersein«, meinte Juan und entfernte sich mit dem Geschirr.

Nicholas schnalzte rüde mit der Zunge. »Du hörst dich an wie Bruni. Fehlt nur noch, daß du mir sagst, die Sterne verhießen Unglück.« Er stieß gegen den Tisch, dessen Beine über den Boden kratzten, was die Antwort des alten Mannes übertönte. »Nimm endlich das Geld und mach, daß du hier rauskommst. Ich erwarte dich so zurück, daß du mir morgen ein kaltes Frühstück vorsetzen kannst.« Dann erhob er sich und ging zu seiner Schlafkammer hinüber. Als er nach wenigen Minuten mit seinem Festtagsrock wieder herauskam, war Juan samt dem Geld verschwunden. Also zog Nicholas sich den Rock selber an.

Allein im Haus, verfiel er in Ungeduld. Zweimal umrundete er den großen Raum, verrückte hier einen Sessel eine Handbreit und fuhr in dem Bemühen, einen Fehler zu verbergen, mit der Hand über die gesprungene Vorderseite des Schranks. Dann ging er in die Küche, um Wein in einen Krug zu gießen, stellte fest, daß Juan nicht nur das bereits getan, sondern auch noch etliche Gläser auf dem Bufett bereitgestellt hatte. Da er ganz in seiner Phantasie lebte, hatte der alte Mann sich in letzter Zeit angewöhnt, entsprechend dem zu handeln, was er sich einbildete – so als wäre dies ganz und gar wirklich, was Nicholas nervös machte. Gerade als er aus der Küche kommend wieder den Hauptraum betrat, ging die Glocke am Gartentor.

Er trat hinaus ins Zwielicht und öffnete zwei in Umhang und Kapuze gekleideten Männern. Die beiden waren zu Fuß. Als er den Pfad durch die Bäume bis zur Hälfte zurückgelegt hatte, schob Valentino seine Kapuze zurück und blieb stehen.

»Er ist nicht gekommen?«

Nicholas antwortete: »Bis jetzt noch nicht, Illustrissimo. Er hat mir ausrichten lassen, er käme bis Sonnenuntergang. Er verlangte einen Führer durch die Stadt, deshalb habe ich Des Troches hingeschickt.«

Valentino hustete und spuckte dann weißlichen Schleim in das Dunkel unter den Bäumen. »Warum den spanischen Höfling?«

»Weil der mir in letzter Zeit dauernd in den Ohren gelegen hat, mir ab und zu einen Gefallen tun zu wollen.«

»Ihr hättet selber hingehen sollen. Des Troches schafft es, daß er sich trotzdem verläuft.« Valentinos Miene bekundete Ungeduld. »Doch gleichviel, es läuft ganz zu meinen Gunsten. Sobald er kommt, geht ihm entgegen, laßt ihn Platz nehmen, gebt ihm zu trinken und verwickelt ihn in ein Gespräch. Gibt es in Eurem Haus einen Platz, von wo aus ich heimlich zuhören kann?«

»Die Schlafkammer«, erklärte Nicholas.

»Die Küche wäre besser«, meinte Miguelito.

Sie hatten Italienisch gesprochen, doch benutzte Miguelito jetzt das Spanische, woraufhin sie sich fortan dieser Sprache bedienten.

Er fuhr fort: »Von der Küche aus gelangt man ins Freie. Solltet Ihr den Generalkapitän sprechen wollen, brauchtet Ihr nur um das Haus herum- und durch die Haustür hineinzugehen.«

Valentino ging bereits weiter auf das Haus zu. »Ausgezeichnet«, sagte er.

Nicholas trat hinter ihm ein, und als Valentino zögerte, zeigte er ihm die Küchentür. Schwarz wie ein Kobold in seinem schwarzen Umhang, folgte Miguelito seinem Herrn. Wieder ging die Glocke an der Gartenpforte.

Auf der Steinschwelle zur Küche sagte Valentino: »Des Troches wird bei ihm sein. Ihr könnt darauf zählen, daß Des Troches hilft, ihn auszuhorchen.«

Die Tür schloß sich. Die Achseln schweißnaß, ging Nicholas zum Tor hinaus.

Wieder erwarteten ihn zwei in Umhänge gehüllte Männer. Die jedoch zogen ihre Pferde am Zaumzeug hinter sich her. Nicholas trat beiseite, um sie passieren zu lassen, und fragte sich, was wohl die Nachbarn von diesem Treffen denken mochten. Eine Orgie vielleicht. Er ging ihren Pferden aus dem Weg und sprach Spanisch.

»Exzellenz, ich bin Euch dankbar, daß Ihr mir die Ehre erweist, Euch ein zweites Mal beherbergen zu dürfen.« Mit diesen Worten verneigte er sich vor dem stämmigen Mann zu seiner Linken. »Leider habe ich keinen Stallknecht, der Euch die Pferde abnehmen könnte, doch wenn Ihr sie unter den Bäumen anbinden wollt . . .«

»Gewährt mir das Vorrecht, das zu tun«, unterbrach ihn der schlanke Mann, nahm die Zügel beider Pferde und führte sie in den Schatten.

Der Schwergewichtige vor Nicholas zog die Kapuze zurück und machte seinen Umhang auf. Lächelnd sagte er: »Das Vergnügen ist ganz auf meiner Seite, Señor Dawson, und die Freude darauf, mich neuerlich mit Euch zu unterhalten, desgleichen.«

Steif entgegnete Nicholas: »Stets zu Euer Exzellenz Diensten«, verneigte sich und wies auf das Haus.

Gonsalvo da Cordoba lachte verhalten. »Nun, wir werden nicht davon sprechen.« Er ging auf die Tür zu. »Ist mein junger Freund bereits eingetroffen?«

Nicholas, der ihm dichtauf folgte, konnte sich des Eindrucks nicht erwehren, daß der spanische Generalkapitän sich im klaren darüber war, daß Valentino irgendwo im Haus auf der Lauer lag. Nicholas hielt ihm die Tür offen. Den Umhang über dem Arm, stapfte Des Troches durch das hohe Gras auf sie zu.

»Nein«, sagte Nicholas zu Gonsalvo. »Er ist noch nicht da.«

Gonsalvo nickte einmal und trat ein. Drei Schritt hinter der Tür blieb er stehen und rief: »Ihr habt Eure Berge überstreichen lassen!«

Nicholas sagte: »Sie haben mich gelangweilt, Exzellenz!«

Gonsalvo bewegte sich wie ein Tänzer auf den Fußballen, schob die buschigen Augenbrauen in die Höhe, sah Dawson an und fragte: »Ihr fandet sie langweiliger als weißgetünchte Wände?«

»Sie geben der Phantasie keinen Raum«, antwortete Nicholas. »Auf weißen Wänden hingegen kann ich sehen, was mir gefällt.« Auge in Auge mit Gonsalvo, der genauso groß war wie er, stand er da. In seiner Erinnerung war der Generalkapitän wesentlich größer gewesen. »Im übrigen bin ich dabei, genug Geld auf die hohe Kante zu legen, um sie wieder ausmalen zu lassen.«

»Womit?«

Des Troches war eingetreten. Nicholas blickte zu ihm hinüber. »Wein steht in der Küche dort drüben«, sagte er und zeigte auf die Tür.

Des Troches ließ sie allein.

»Ich weiß noch nicht, womit ich die Wände bemalen

lassen werde.« Mit einer Handbewegung bot Nicholas dem spanischen General einen Sessel an. Beide setzten sich fast gleichzeitig und sahen einander dabei von der Seite an. Nicholas schlug die Beine übereinander. »Vielleicht Szenen aus Euren Siegen bei Neapel?«

Gonsalvo streckte die Beine in den Stiefeln von sich. »Nicht von italienischen Künstlern.«

»Dazu bedarf es mindestens des Talents eines Perugino.«

»Die Italiener hassen mich. Sie hassen alle Spanier, sogar ...« Er hielt inne, um Des Troches, der aus der Küche wieder zum Vorschein gekommen war, ein Glas abzunehmen. »Sogar unseren göttlichen Cesare. Ist es nicht so?«

Des Troches erwiderte mit einem überstürzten Wortschwall: »Nein, so ist es nicht. Ganz Italien ist erfüllt von Lobeshymnen auf die Tugend und das Glück meines Gebieters.«

»Außerdem«, bemerkte Nicholas, »ist mein Herr und Gebieter Valentino Halbitaliener.«

Ohne davon gekostet zu haben, setzte Gonsalvo das Glas ab. »Wie dem auch sei, jedenfalls hört man erbittert auf ihn schimpfen – von manchen Leuten jedenfalls.«

Des Troches ließ die Küchentür halboffen. Nicholas nahm den Kelch seines Glases mit den Fingerspitzen. Gonsalvo sagte nichts von dem, was Valentino hören wollte.

Des Troches kam wieder auf das Gespräch zurück. »Diejenigen, die er vernichtet hat, mögen gegen ihn sprechen, doch sehr viele mehr, denen er das Leben wiedergegeben hat, singen sein Lob.«

Nicholas ließ das Glas sinken. »Guidobaldo da Urbino war äußerst beliebt. Doch wie viele von seinen Leuten haben sich erhoben, um ihn zu verteidigen? Ihr seht, wie die Meute über ganz Italien hinter ihm her ist. Ihr selbst, Signore – Euer Bild in klein – hängt nur über sehr wenigen italienischen Feuerstätten.«

»Ich suche die Macht hier nicht für mich selbst«, erwiderte Gonsalvo.

»Was Ihr nicht sucht, mögt Ihr erhalten. Ihr seid der Statthalterstellvertreter des Königs in Neapel. Ihr habt die Franzosen hinausgeworfen, und jetzt …«

»Noch halten sie Gaeta. Das hier ist ein feiner Tropfen, Señor Dawson, doch mir fällt wieder ein, Ihr habt ja eine feine Zunge.«

Für einen Moment hielt Nicholas dem eindringlich auf ihn gerichteten Blick aus hellblauen Augen stand. Unter Gonsalvos grauem Lippenbart zeigten sich die Zähne. Worauf er hinauswollte, war klar: Wenn Nicholas es zu weit trieb, würde er dessen Besuch bei ihm erwähnen, etwas, das man Valentino nur sehr schwer würde erklären können.

Des Troches sagte: »Gaeta! Wer zweifelt denn daran, daß der spanische Wimpel noch vor Sommerbeginn über der Stadt flattern wird?«

»Ich glaube erst daran, wenn ich es sehe«, sagte Gonsalvo.

Das glatte Gesicht ganz ernst, lehnte Des Troches sich vor. *»Illustrissimo dei Capitani,* Eure Vorsicht gereicht Eurem Ruf zur Zierde. Und doch wartet Ihr gewiß nur auf den richtigen Moment, den Franzosen eine letzte Demütigung zuzufügen.«

»Ich wünschte nur, ich könnte mich Eurer Meinung anschließen, Señor.«

Da konnte Nicholas nicht länger an sich halten. Er

spürte Gonsalvos Drohung wie eine Herausforderung und sagte daher: »Und doch seid Ihr Eurer Herrschaft über Neapel sicher genug, um Eure Armee verlassen zu haben und nach Spanien zurückgekehrt zu sein – vor einem Monat, wenn ich recht unterrichtet bin, und für geraume Zeit.«

Gonsalvos Augen verengten sich zu Schlitzen. »Wenn mein König mich ruft, gehe ich.« Er griff nach seinem Glas, das neben einem Stiefel auf dem Boden stand.

»Und selbstverständlich wissen die Verteidiger von Gaeta, daß der König von Frankreich eine Armee herführt, sie zu entsetzen«, bemerkte Nicholas. »Was doch wohl Rückschlüsse auf ihre Entschlossenheit zuläßt.«

Des Troches räusperte sich. »Die Franzosen können den schlachterprobten und kampfgehärteten Veteranen Spaniens nicht das Wasser reichen.«

Eindringlich fixierte Nicholas den General. »Die französische Armee«, sagte er, »wird seit den Horden des Attila die größte sein, die jemals in Italien eingefallen ist.« Sollte Gonsalvo doch merken, daß Nicholas weder ihn noch Valentino fürchtete.

»Auch Attila ist gescheitert«, sagte Gonsalvo nachsichtig. »Ihr seid gut informiert, mein lieber Dawson.«

»Meine Stellung in Florentiner Diensten verschafft mir Zugang zu vielen französischen Informationen.«

»So wie Eure Stellung im Dienst meines Gebieters Cesare Euch Zugang zu Informationen der anderen Seite verschafft?« Gonsalvo wirkte nicht verärgert. Die Fältchen um seine Augen vertieften sich, denn er unterdrückte ein Lächeln.

»Man tut, was man kann.« Nicholas zuckte mit den Schultern.

Diese geschwollene Rede brachte Gonsalvo zum Lachen. Ironisch ihm zuprostend, erhob er das Glas und sagte: »Das glaube ich gern.«

Nicholas hatte das Gefühl, daß Gonsalvo sich über ihn lustig machte. Wie ein einfältiger Esel hatte er sich von dem spanischen *Capitán* verleiten lassen, ihm überdeutlich klarzumachen, wie ernst er seine eigene Rolle in dieser ganzen Angelegenheit nahm. Die Ohren brannten ihm vor Scham, als er sich klarmachte, daß Valentino zuhörte. Wiederum sprang Des Troches in die Bresche und durchbrach das sich ausbreitende Schweigen:

»König Louis ist nach wie vor in Frankreich. Wer weiß, ob er überhaupt nach Italien kommt? Welchen Sinn hätte weiteres französisches Blutvergießen, bloß um einem Hirngespinst nachzujagen?«

Es klopfte an die Tür, und Des Troches fuhr kerzengerade von seinem Stuhl hoch. Nicholas entspannte sich. Er lehnte sich über die Sessellehne und stellte seinen Wein auf den Fußboden.

»Laßt sie eintreten«, sagte er zu Des Troches.

Der eilte quer durch den Raum. Nicholas lehnte sich zurück – und merkte, daß Gonsalvo ihm in die Augen sah.

»Señor Dawson, das war ein Unentschieden, meine ich.«

Nicholas wußte darauf nichts zu entgegnen. Die Tür knarrte. Miguelito zur Seite und Des Troches hinter ihm, trat Valentino ein.

Eine ganze Weile sagte keiner der beiden großen Männer ein Wort, dann begannen sie, Komplimente auszutauschen. Nicholas, Des Troches und Miguelito standen reglos um sie herum. Nicholas war wie fasziniert von den Unterschieden der beiden Männer – Valentino war einen Kopf größer und schön wie die Sonne in ihrer Herrlichkeit. Gonsalvo hingegen war stämmig, kleiner, und seine Züge waren wettergegerbt. Den Kopf zurückgeworfen, stand Valentino da.

Dann setzten sie sich. Nicholas und Des Troches gingen, ihnen Wein zu holen.

»Was haltet Ihr von unserem spanischen *Capitán?«* fragte Des Troches ihn in der Küche.

Nicholas schenkte Rotwein in ein Glas. »Er liebt den Wettstreit.«

»Pah! Er ist ein Soldat von echtem Schrot und Korn.«

Da war Nicholas anderer Meinung. Die Soldaten, die er kennengelernt hatte, wollten vor allem gewinnen und haßten es, auf die Probe gestellt zu werden. Er stellte hochstielige venezianische Gläser auf das Tablett und trug es hinüber. Des Troches ging voran, um ihm die Tür offenzuhalten.

Valentino, der auf einem Sessel neben dem Feuer saß, redete über irgendeinen Waffengang. Gonsalvo neigte sich zur Seite und lauschte, das Kinn in die Hand gestützt. Nicholas setzte das Tablett zwischen ihnen ab. Valentino nahm ein Glas, trank und erzählte weiter von seiner großen Tat, während Gonsalvos Blick umherwanderte und seine Hand den Wein ins Licht hielt.

»Ausgezeichnet!« sagte er, als Valentino mit seiner Geschichte zu Ende war. »Wirklich ausgezeichnet. Im übrigen beweisen Eure Erfolge, wie gut Ihr Euer Handwerk versteht. Was mich betrifft, so wäre ich stolz darauf, so viel Glück zu haben, wie es Euch beschieden ist.«

»Glück?« Valentino schüttelte den Kopf. »Ich habe mein Schicksal mit eigener Hand gestaltet, *Señor el Ca-*

pitán. Was immer aus mir werden wird, nie werde ich es dem Glück danken oder verargen.«

Nicholas ging zum Kamin hinüber. Es war feucht und kalt im Raum, deshalb hockte er sich auf die Fersen, hob ein Scheit auf die Kaminumrandung und stopfte Zunder darunter. Gonsalvo hinter ihm stellte Fragen nach dem Land nördlich von Rom, auf welchem Weg die französische Armee würde nach Süden marschieren müssen. Während Nicholas den Feuerstein über den Stahl in seiner Zunderbüchse kratzen ließ, kniete Miguelito neben ihm.

»Hier. Mir geht das auf die Nerven.« Er nahm die Zunderbüchse und ließ einen Funkenregen in das leicht entzündbare Werg fliegen. Während er über dem Feuer kniete, sagte er: »Ihr scheint Euch zu kennen – Ihr und Gonsalvo.«

»Hm?« machte Nicholas.

»Nun, Ihr legt Euch ihm gegenüber so ins Zeug. Das ist mir an Euch aufgefallen, Nicholas: Bei einer ersten Begegnung seid Ihr zahm wie eine Maus, erst später zeigt Ihr Zähne.«

»Mein Herr hat mir aufgetragen ...«

»Ich habe es gehört.« Miguelito stand auf und lehnte sich, das Gesicht abgewandt, an die Wand. Das Feuer glomm im Reisig. Nicholas beugte sich nieder und blies darauf.

Nach einer Weile nahm er die leeren Gläser und schenkte in der Küche nach. Zwischen den beiden Männern am Kamin ging die Rede hin und her. Am meisten sprach Valentino, während Gonsalvo ihn mit Fragen reizte.

»Was wißt Ihr über die Kommandeure der französischen Armee?« fragte er zum Schluß.

»Weniger als von Euren«, antwortete Valentino lächelnd. Plötzlich legte er die Hände, mit denen er bisher geschäftig gestikuliert hatte, ruhig auf die Knie. »Zu denen ich mich selbst zählen würde, falls wir uns über die Vertragsbedingungen einigen können.«

Nicholas horchte auf. Im Falle Gonsalvos nützte es Valentino gar nichts, wenn er zu feilschen versuchte. Reglos saß der Spanier für einen Moment da, ließ den Blick auf Valentino ruhen und setzte oberhalb des ohnehin für Maskenhaftigkeit sorgenden Bartes eine Miene auf, die bar jeden Ausdrucks war. Schließlich hielt er Nicholas das leere Glas hin.

»Die italienische *condotta* ist mir fremd. Ich verstehe sie weder im Prinzip noch in der Praxis. Welche Bedingungen sind für Euch erforderlich?«

Widerstrebend ging Nicholas hin, das Glas zu füllen. Er spitzte dabei die Ohren, um mitzubekommen, was sie sagten. Valentino gab sich locker, fast unbekümmert. »Ich muß meine Territorien beschützen. Schließlich liegen meine Herrschaftsgebiete zwischen denen des französischen Königs und Euren. Folglich begebe ich mich in tödliche Gefahr. Die Situation ist heikel. Könnte sogar sein, daß die Sicherheit meines Vaters auf dem Spiel steht.«

»Das wären Eure Bedingungen?«

Nicholas erreichte die Küchentür und mußte hineingehen, um an den Wein zu kommen. Folglich hörte er nichts mehr. Die Tür fiel hinter ihm zu. Eine der Kerzen war erloschen, und so war es dämmerig in dem schmalen Raum. Nicholas stellte fest, daß der Weinkrug leer war, und ging damit in die Speisekammer, um ihn aufzufüllen. Valentino kannte Gonsalvo wohl kaum, daß er einen Preis, den anderen in seine Dienste zu nehmen, so niedrig ansetzte. Nicholas goß den Wein in das Glas und ging zurück in den Hauptraum, wo Valentino gerade sagte: »… Florenz, natürlich.«

»Meine Oberen sind den Medici recht gewogen.«

Reglos wie ein ägyptischer König saß Valentino auf seinem Sessel. »Ich habe gesagt, meine Bedingungen wären hoch.«

Er wollte also die Toskana haben. Nicholas drückte Gonsalvo das Glas in die Hand, die rauh war wie altes Holz.

»Und dann wäre auch noch Venedig zu bedenken«, meinte Valentino.

Gonsalvo nippte am Wein. Mit der Zungenspitze fuhr er sich über die Lippen und strich dann den feuchten grauen Schnurrbart zurück. Er sagte: »Unter den Umständen, mein junger Freund, brauchen wir über die Toskana nicht weiter zu reden.«

»So?«

»Ich bin nicht bereit, den Vertrag mit Euch zu schließen.«

Valentinos Gesicht nahm unversehens eine dunkle Röte an. Seine Augen funkelten. »Ihr habt mir nicht zugehört.«

»Doch, habe ich.«

»Ich werde keine Handbreit weniger akzeptieren, als ich verlangt habe.«

»Ich biete Euch nichts an«, entgegnete Gonsalvo.

Valentino sprang ruckartig auf, stürmte mit großen Schritten in den Raum hinein und zog die Aufmerksamkeit der anderen Männer ganz auf sich. Als er den Raum bis zur Hälfte durchmessen hatte, wirbelte er herum, und seine löwenhafte Schönheit kam im Zorn erst richtig zur Geltung.

»Ihr wollt mich König Louis in die Arme treiben.«

Gonsalvo war sitzen geblieben und trank bedächtig den Wein. Seine Miene drückte Gleichgültigkeit aus.

»Ihr macht mich zu Eurem Feind«, stieß Valentino mit vibrierender Stimme hervor. »Dann werdet Ihr vielleicht lernen, Achtung zu haben vor dem, was ich bin.«

Er stapfte zur Tür hinaus. Miguelito folgte ihm langsamer und ließ die Tür offen. Der so entstehende Luftzug brachte die Kerzen zum Flackern und trieb Rauch vom Kamin in den Raum. Des Troches, das Gesicht kummergefurcht wie das eines alten Mannes, eilte hin, die Tür zuzumachen. In dem Dämmerlicht, bevor die Kerzen wieder ruhiger brannten, sah Nicholas auf Gonsalvo hinunter und erkannte, daß der alte Haudegen lächelte.

Besorgt dreinschauend, kam Des Troches zurück. Er bedachte Nicholas mit einem kurzen Blick, als gälte es, seine Zustimmung zu suchen, und sagte dann zu Gonsalvo: »Signore, ich werde Euch wieder aus Rom hinausbringen.«

Gonsalvo nickte, stand auf, nahm seinen Umhang, hüllte sich darin ein und ging mit Des Troches in den Garten. Nach wenigen Minuten hörte Nicholas sie die Pferde durch das dichte Dorngestrüpp zum Tor führen.

Nicholas schenkte sich noch ein Glas ein und nahm vor dem Feuer Platz. Was er gerade miterlebt hatte, zerrte noch an seinen Nerven. Nicht nur, daß Valentino seine Rolle falsch gespielt hatte; das ließ sich notfalls korrigieren. Bei dem ganzen Streitgespräch war etwas Grundlegendes deutlich geworden, etwas Unversöhnliches zwischen den beiden Männern. In Italien erteilte kein Mensch einem anderen eine glatte Absage. Die Fürsten lächelten, schlossen ihre Verträge und brachen sie später, wenn sie dadurch irgendeinen Vorteil erringen konnten. Jeder wußte das und richtete sich danach. Jeder erwartete, hier etwas zu verlieren, um dort etwas zu gewinnen.

Gonsalvo hatte gesagt, die *condotta* – das italienische Benehmen oder Verhalten – sei ihm fremd. Das gleiche hätte er in bezug auf die gesamte italienische Praxis der Kriegführung sagen können, die auf Papier ausgefochten und mit Versprechungen bezahlt wurde, die gleichsam der Kredit der Diplomatie waren. Gonsalvo hingegen erkaufte sich seine Siege mit Blut.

Zum erstenmal bezweifelte Valentino, daß man Gonsalvo damit in Schach halten konnte.

Es war noch keine zehn Uhr. Nicholas überlegte, ob er in die Stadt hinuntergehen und sich ein Abendessen und einen Jungen leisten sollte. Doch dann fiel ihm Juan ein, der auf dem harten Fußboden der Kirche schlief. Der Weg bis zu den Tavernen war weit und die Zeit vorangeschritten. Nicholas trat auf die Straße hinaus, winkte einen Passanten heran, drückte ihm zehn Carlini in die Hand und bat ihn, dafür zur Kirche zu gehen und Juan heimzuschicken.

Nicholas stand auf der Gartenseite und wartete im Schutz des breiten Torpfeilers. Hier konnte ihn der eisige Wind nicht erreichen. Die Zeit zog sich in die Länge. Er überlegt, ob der Bote nicht einfach die zehn Carlini genommen und auf dem kürzesten Weg die nächste Weinschenke aufgesucht hatte. Dann endlich sah er am Ende der Straße im abendlichen Dämmerlicht eine Gestalt auf sich zukommen. Nicholas trat vor das Tor und winkte. Der alte Mann hob eine Hand und winkte zurück.

Nicholas ging den Pfad zu seinem Haus hinauf.

*

Valentino verließ Rom wieder, um in der Campagna auf die Jagd zu gehen. Nicholas Dawson hörte nichts von ihm und begriff voller Unbehagen, daß er für die Demütigung verantwortlich gemacht wurde, die der Borgia-Prinz in seinem Haus erlitten hatte. Nicholas dachte daran, nochmals einen Brief an Valentino zu schreiben und den Vorschlag zu machen, erneut an Gonsalvo heranzutreten, doch verwarf er diesen Gedanken sogleich wieder. Er befürchtete, die Aufmerksamkeit des Cesare Borgia auf sich zu lenken. Die Franzosen stellten eine Armee zur Alpenüberquerung zusammen. Wer wußte, ob nicht dann, wenn auf allen Straßen nach Süden in Italien das Lilienbanner flatterte, Gonsalvo es sich noch einmal überlegte und von sich aus neue Verhandlungen suchte?

Im Mai traf aus Florenz eine Depesche in der römischen Gesandtschaft ein, in der fast wörtlich wiederholt wurde, was Valentino und Gonsalvo da Cordoba in Dawsons Haus besprochen hatten.

Die Florentiner führten ihr Wissen bezüglich des Geheimtreffens auf eine französische Depesche zurück. Nicholas standen beim Lesen die Haare zu Berge; Panikgefühle beschlichen ihn. Er stand in Brunis Kabinett, las die Depesche unter Brunis Augen und kämpfte damit, sich seine Angst nicht anmerken zu lassen. Er selber wurde in dem Bericht nicht erwähnt, es hieß nur, die beiden *Capitani* hätten sich in einem Privathaus in Rom getroffen.

Nicholas legte das Schreiben auf Brunis Schreibtisch.

»Valentino hat einen Fehler gemacht«, bemerkte Nicholas.

Brunis Miene drückte Skepsis aus. »Gonsalvo nicht? Oder meint Ihr, die Unterstützung durch Valentino könnte den Spaniern nicht helfen?«

»Ich meine nur, daß ein Mann an Valentinos Stelle mehr davon profitieren würde, eine Nachricht wie dieses Geheimnis so lange wie möglich zu bewahren.« Nicholas tippte auf das dicke Papier vor Bruni: »Mich würde interessieren, woher die Franzosen ihr Wissen haben.«

»Die verfügen selbstverständlich über Informationsquellen. Das müssen sie doch.«

»In der Tat.« Nicholas konnte den Blick nicht von der Depesche lösen. Alles in ihm drängte danach, sie mitzunehmen und an seinem Schreibtisch eine Abschrift anzufertigen. Er konnte sich Umstände denken, unter denen er auf jeden Beweis für das, was darin stand, angewiesen sein würde.

»Was hat diese Bemerkung zu bedeuten?« Bruni betrachtete ihn mit gerunzelter Stirn. »Bei der Heiligen Mutter Gottes, Nicholas, Ihr werdet immer rätselhafter.«

»Ich meine«, erwiderte Nicholas und sah Bruni dabei an, »daß es den Interessen der Franzosen weit mehr dient als denen von irgendwem sonst, daß wir jetzt von diesem Zerwürfnis zwischen Valentino und Spanien erfahren.«

Bruni riß die Augen auf. Oberhalb der rasierten Ränder seines Bartes zeigte er eingefallene Wangen. »Wollt Ihr damit behaupten, sie hätten dies gefälscht, daß es gar nicht stimmt?«

Nicholas zuckte mit den Schultern. »Es ist heutzutage töricht, irgend etwas für das zu nehmen, was es vorgibt zu sein.«

»Bei Gott!« Bruni ließ beide Handflächen auf den Schreibtisch niederfallen. »Gut möglich, daß Ihr recht habt.«

Nicholas fiel kein Vorwand ein, die Depesche für eine Weile zu behalten, schließlich hatte er sie schon gelesen. So verweilte er einen Moment und versuchte, sich eine glaubwürdige Geschichte auszudenken, doch plötzlich stand Bruni auf und nahm die Depesche zur Hand.

»Ich kümmere mich darum.« Er faltete den Bogen und steckte ihn in die Brieftasche. »Guten Morgen, Nicholas.«

Da blieb Nicholas gar nichts anderes übrig, als sich von dem Gesandten zurückzuziehen. Bruni rief nach seinem Diener. Er hatte vor, irgendwohin zu gehen und die Depesche mitzunehmen – vielleicht zu einem der Astrologen, die er so gern aufsuchte.

Nicholas kehrte zurück in sein Arbeitskabinett.

Mittags ging er frühzeitig, eine Viertelstunde, bevor die beiden Glocken läuteten, und marschierte über die von Menschen wimmelnden Montagsmärkte in Richtung der Brücken, die in die leoninische Stadt hinüberführten. Es herrschte Hochbetrieb, und die Römerinnen feilschten um Salat, frische Erdbeeren und Eier. Zertretene Gemüseblätter verunreinigten die Straße; es roch nach Knoblauch, Öl und Brathähnchen.

Nicholas hielt eine Hand auf der Brieftasche und ging den vielen Straßenbettlern und Kindern möglichst aus dem Weg. Selbst die Balkone und Fenster der heruntergekommenen Häuser den Fluß entlang waren voll von Marktbesuchern. An Stricken ließ man Körbe zu den Verkäufern hinunter, die ihre Karren voller Spargel, Orangen, Mandeln und Käse über den aufgeweichten Sand des Tiberufers schoben.

An die massige Standfläche eines der Pfeiler des Ponte Elio hatte jemand gekritzelt:

NIEDER MIT DEM PAPST!
ORSINI! ORSINI!

Nicholas überquerte den Fluß und ging die schmale Straße entlang, die vom Castel Sant' Angelo zum Vatikan führte. Hier gab es keine Märkte, sondern nur offene Tavernen, wo man im Freien sitzen konnte und in denen es von Fremden und Kirchenleuten wimmelte, während auf der Straße die Händler überwogen, die Orangen, Nüsse, Phiolen mit Blut von Heiligen und Fingerknöcheln derselben ebenso feilboten wie kleine Kreuze mit dem Namen »Rom« darauf. Im Gänsemarsch strebten barfüßige Franziskaner auf die Basilika zu.

Der Wachtposten am Vatikan kannte Nicholas und winkte ihn an den gaffenden Fremden vorbei, die sich vor dem Tor drängten. Nicholas hörte, wie sie ihre Kommentare dazu abgaben, so als wäre er einer der Großen dieser Welt. Er ließ das Tor und das ehrfurchtsvolle Gemurmel rasch hinter sich. Der Palazzo vor ihm präsentierte seine breit hingelagerte Fassade mit den vielen Fenstern darin. Im Gegensatz zu dem Stein waren in den Gärten zu beiden Seiten des Pfades und am Fuße des Palastes sanft Beete angelegt, in denen die ersten Frühlingsblumen wie Primeln und Maiglöckchen blühten.

Die Borgias würden schon rechtzeitig erfahren, daß jemand sie bei dem Geheimtreffen verraten hatte. Nicholas mußte dadurch, daß er diesmal ehrlich war, den Anschein erwecken, auch damals auf jeden Fall ehrlich gewesen zu sein. Dieser Gedanke trieb ihn an. Er ging, so schnell ihn seine Füße trugen. Jenseits einer Fläche voller Gänseblümchen sah er im Schatten eines Baumes drei oder vier Pagen des Papstes stehen. Ganz in der Nähe stand das kleine, efeubewachsene Gartenhaus. Nicholas bahnte sich durch die Blumenrabatten einen Weg und strebte darauf zu.

Ehe er das Gartenhaus erreichte, das erhöht auf einem rings von weißen Marmorstufen besteigbaren Sockel lag, war ein Page hineingegangen, um ihn zu melden. Die Hände auf dem Rücken, wartete Nicholas. Die Pagen musterten ihn, sagten jedoch nichts. Einer knabberte Marzipan. Der Mandelduft drang bis zu Nicholas herüber. Der andere Page kam wieder zum Vorschein.

»Messer Dawson, Ihre Heiligkeit wünscht, daß Ihr wieder geht. Die Zeit ist unpassend.«

»Bitte den erhabenen Stellvertreter Christi, mir in einer Angelegenheit, die wichtig ist für Herzog Cesare, einen Moment Gehör zu schenken.«

Der Page verschwand wieder im Gartenhaus. Nicholas betrachtete die Blumen und den häßlichen dunklen Klotz des Palastes dahinter.

Diesmal wurde er beim Papst vorgelassen. Er kniete nieder, küßte das juwelenbesetzte Kreuz auf Alexanders Schuh und verneigte sich knapp vor Giulia Farnese, die zur Rechten des Papstes saß. Der Tisch vor ihnen war gedeckt, allerdings noch ohne Speisen.

»Was gibt es, Nicholas?« fragte Alexander. «Könnt Ihr Euch mit dieser Sache nicht direkt an meinen Sohn wenden?«

»Verzeihung, Heiligkeit, aber meine Möglichkeiten sind beschränkt.«

»Wessen sind das nicht, wenn ich fragen darf?« Alexander machte einen Schmollmund und rutschte auf dem Sessel hin und her. Wegen seiner Fettleibigkeit fiel es ihm schwer, eine bequeme Sitzhaltung zu finden. »Worum geht es denn, Nicholas?«

»Wir erhielten heute vormittag aus Florenz eine Depesche, in der sämtliche Einzelheiten des Treffens von Herzog Valentino und dem spanischen *Capitán* Gonsalvo aufgeführt sind. Inbesondere ist die Rede von dem Streit, daß Gonsalvo ihm seine Bitte abgeschlagen hat und mein Gebieter Cesare im Zorn gegangen sei.«

Der Papst hatte das riesige Stierhaupt erhoben. In seinen schwarzen Augen blitzte es.

»Aus Florenz, sagt Ihr? Ist in der Depesche irgendeine Quelle angegeben?«

»Als Quelle wird eine französische Depesche genannt.«

»Sieh mal einer an«, meinte der Papst. »Wie tückisch die Welt doch ist. Man hat uns also wieder verraten.«

Ein Page trat ein. »Eure Heiligkeit, die Schüsseln aus der Küche ...«

»Wartet draußen!« Mit einer Handbewegung schickte Alexander ihn hinaus. Dann wandte er sich Nicholas zu. »Wer war bei diesem Treffen dabei?«

»Valentino, Gonsalvo, Miguelito da Corella, Des Troches d'Avila und ich.«

»Ihr habt einen Diener?«

»Der war nicht da, ich hatte ihn fortgeschickt.«

»Somit einer von euch. Miguelito ist für mich über jeden Verdacht erhaben. Ihr oder Des Troches also.«

»Oder Gonsalvo«, warf Nicholas ein.

»Ihr traut Gonsalvo nicht?«

»Es liegt nicht außerhalb aller Möglichkeiten, daß er vielleicht einen Vorteil darin sieht, uns zu verraten.«

Nicholas verlagerte sein Gewicht. Er wußte, daß Gonsalvo nicht seine Ehre besudelte, indem er sich die Geheimnisse eines anderen zunutze machte.

»Uns«, bemerkte der Papst mit vielsagender Betonung dieses einen Wortes. »Wie steht es denn mit Euch, Messer Dawson? Ihr seid mir weit verdächtiger als ein Ritter wie Gonsalvo.«

Nicholas antwortete: »Ob ich unschuldig bin oder nicht, ich bleibe bei meiner Behauptung. Es scheint vergebliche Liebesmüh, das Problem breitzutreten.«

Alexander zeigte ein strahlendes Lächeln. »Und doch seid Ihr gerissen genug, es zu tun und dann herzukommen und es persönlich anzuzeigen. Nun, ich werde meinem Kind bei seinem Spiel eine Nachricht zukommen lassen. Ihr könnt gehen.«

Wieder kniete Nicholas nieder und küßte Alexander den Schuh. »Ich danke Euch, Heiligkeit.«

*

Nicht lange danach schickte Valentino Des Troches in diplomatischer Mission nach Siena. Noch während er unterwegs war, erging Befehl, ihn festzunehmen und unter Anklage zu stellen, Rom ohne Valentinos Erlaubnis verlassen zu haben. Der Spanier floh. Valentinos Häscher verfolgten ihn von Siena bis nach Genua und von dort bis nach Korsika, wo er dingfest gemacht und an Bord einer Galeere in Ketten nach Rom zurückgebracht wurde.

Als Nicholas eines Abends auf dem Heimweg am

Kapitol vorüberkam, trat aus den Schatten zu Füßen des Hügels Miguelito auf ihn zu. »Kommt mit!« flüsterte er, ohne ihn auch nur eines Grußes zu würdigen. »Herzog Valentino will Euch sehen.«

Nicholas straffte sich. »Warum? Was will er von mir?«

»Kommt nur erst mit«, gab Miguelito zurück und setzte ein dünnes Lächeln auf, was nicht gerade häufig vorkam. »Nur keine Sorge. Wir bringen Euch noch heute abend wieder nach Hause, so daß Ihr dort Euer Abendessen einnehmen könnt. Der alte Mann wird es solange warm stellen. Habe ich nicht recht?«

In der einfallenden Dämmerung gingen sie hinter dem kapitolinischen Hügel am Mamertine vorüber, dem berüchtigten Kerker der alten Römer, und über die Moräste hinweg auf den Tiber zu. Schwärme von Moskitos erhoben sich von dem schlammigen Grund und hüllten sie ein. Um Marmorstücke herum – Säulenkapitelle und antike Mauerreste – wucherte Gestrüpp. Weiter flußabwärts ließen das Flackern eines Feuers sowie Stimmengemurmel erkennen, daß hier ein Kalkofen betrieben wurde. Da er Angst hatte zu fallen, tastete Nicholas den Pfad vorsichtig mit dem Fuß ab. Eine Katze miaute, kreischte dann auf und lief davon.

Sie gelangten an das Flußufer. Im Tiber war ein kleines, mit einem Verdeck versehenes Boot verankert.

Vom Ufer aus legte Miguelito eine Planke hinüber, und sie bestiegen das Schiff, das unter Dawsons Füßen schwankte. Um das Gleichgewicht zu finden, streckte er die Arme aus. Der Mann vor ihm klappte eine Luke auf und stieg in eine Kabine hinunter. Der Schein einer Laterne ergoß sich übers Deck. Miguelito ließ die

Luke in den Angeln kreischen und auf die Planken fallen, die das Dach der Kabine bildeten.

»Nur weiter!«

Nicholas stieg drei Stufen hinab und zog den Kopf unter der niedrigen Decke ein. Sie war gerade hoch genug, daß ein Mann neben der Laterne sitzen konnte. Dieser Mann war Des Troches. Als er Nicholas sah, wollte er sich auf ihn stürzen, doch war er an Händen und Füßen gefesselt und konnte sich nur wenige Zentimeter bewegen. Sein Gesicht war aschfarben, als wäre er bereits tot.

Miguelito kam in die Kabine. Nicholas stand linkisch zwischen ihnen. Am ganzen Körper brach ihm der Schweiß aus. Es roch nach fauligem Fisch, und der Qualm der Laterne brannte ihm in den Augen. Nicholas drückte die Hände an die Oberschenkel. Er wußte, warum sie ihn hierher gebracht hatten und was gleich geschehen würde. Einmal ließ er den Blick durch die Kabine schweifen.

Plötzlich geiferte Des Troches: »Woher wollt Ihr wissen, daß er es nicht war? Er hat es getan.«

In beide Längsseiten der Kabine waren genau oberhalb des Schiffrumpfes jeweils zwei schmale Fenster eingelassen. Drei davon warfen blinkend das Lampenlicht zurück, doch das vierte war dunkel. Die Ölhaut davor hatte man abgenommen. Nicholas senkte den Blick.

Dort draußen war Valentino.

Des Troches zeterte und schrie und beschuldigte jeden einzelnen. Den Rücken der Bordwand zugekehrt, schob Miguelito sich an Nicholas vorbei auf das schwarze Fenster zu. Sein Gesicht erinnerte an das eines Heiligen. In den Händen hielt er die Schlinge seiner Garotte. Er trat hinter den tobenden Des Troches und ließ die Schlinge über den wie rasend hin und her ruckenden Kopf rutschen. Nicholas stockte der Atem. Er meinte, daß Des Troches immer noch schrie, doch das war unmöglich, denn Miguelito hatte die Schlinge fest zugezogen. Die Wangen des Spaniers verfärbten sich. Die Augen traten ihm aus den Höhlen. In Miguelitos Gesicht zuckte es in schrecklicher Weise. Es schien Stunden zu dauern.

Miguelito hob die Hände, und Des Troches sackte nach vorn. Nicholas stieß unhörbar einen Seufzer aus.

Er war entschlossen, sich nichts anmerken zu lassen; nicht einmal Interesse sollten sie an ihm erkennen. Der Rücken schmerzte ihm, zu einer so unnatürlichen Haltung zwang die niedrige Kabinendecke ihn. Jetzt, da Des Troches tot war, wirkte die Kabine gar nicht mehr so klein. Mit den Fingerspitzen polkte Miguelito die Schlinge aus der Kerbe im Hals des Toten und zog sie über dessen Kopf.

»Darf ich jetzt gehen?« fragte Nicholas. »Mein Essen wird kalt.«

Miguelito verstaute die Garotte in seinem Rock. Seine Augen hatten etwas Träumerisches, sein Mund wirkte schlaff. Der Kopf neigte sich in Richtung auf das dunkle Fenster. Als es ihm wieder einfiel, sah er Nicholas an und nickte.

»Nun, so geht!«

»Ich danke Euch. Euch beiden.« Nicholas stieß die Luke auf und stieg aufs Deck.

Das Boot schaukelte, und er ging mit weit gespreizten Beinen voran. Die Planke war ins Wasser gefallen. Sich aufs Schandeck kniend, beugte Nicholas sich hinunter, bekam das schlüpfrige Brett zu fassen, zog es herauf und legte es wieder an die alte Stelle. Er wußte, daß sie ihn beobachteten, arbeitete ganz mechanisch, so als sähe er sich selbst zu. Dann balancierte er über die Planke an Land und betrat den Pfad.

Er ging weder langsam noch schnell und sah sich kein einziges Mal um. Schon früher hatte er Menschen sterben sehen – an einer Krankheit, vor Altersschwäche, unter Gewalteinwirkung, niemals aber so, wie Des Troches enden mußte. Nicholas konnte keinen klaren Gedanken fassen. Er patschte über den sumpfigen Pfad jenes Morastes, auf dem – damals noch eine weite trockene Fläche – die alten Römer ihre Wagenrennen abgehalten hatten. Nicholas sah noch Miguelitos Gesicht vor sich, fein gemeißelt und gestrafft, und fragte sich, was den Spanier dazu getrieben hatte, diesen hautnahen Kontakt mit dem letzten Absoluten zu suchen.

Nicholas sehnte sich danach, diesen Moment noch einmal zu durchleben, ja, *in* diesem Augenblick zu leben, jenseits des Rahmens, den die Wörter bildeten.

*

Bruni ließ ihn rufen, wollte ihm jedoch nicht in die Augen sehen.

»Ich habe die unangenehme Aufgabe, Euch zu eröffnen, daß die Signoria Eurer Dienste nicht länger bedarf.«

Unwillkürlich hielt Nicholas die Luft an, um sie dann vernehmlich wieder entweichen zu lassen. »Dürfte ich nach dem Grund fragen?«

Der Gesandte drehte ruckartig ein Stück Papier herum und schob es ihm hin. »Es sieht ganz so aus, als wäret Ihr es gewesen, der uns verraten hat, und nicht Machiavelli.«

Nicholas brauchte den Bogen nicht erst hochzunehmen. Er sah sofort, worum es sich handelte. Das Papier war mit seiner Handschrift bedeckt, wunderbar leserlich – Schönschreiben war das einzige Handwerk, das er beherrschte. Es handelte sich um seinen Brief an Valentino, in dem er ihm die Vorteile eines Bündnisses mit Spanien darlegte.

»Ich hatte Euch gewarnt«, sagte Bruni. »Ihr könnt nicht behaupten, ich hätte es nicht getan.«

Der Florentiner Gesandte rang die Hände und vermied es, auch nur zu Nicholas hinüberzusehen, sprach aber vom dunklen Ende des Raums her.

»Man schuldet mir immer noch eine erkleckliche Summe«, wandte Nicholas ein. »Fast vier Jahresgehälter.«

»Die Signoria hat mir eine auf die Pazzi-Bank ausgestellte Tratte über sechshundert Dukaten zukommen lassen. Bis Ihr den Rest bekommt, müßt Ihr schon warten, denn die Kasse der Republik muß sich dann erst wieder füllen.«

Bruni zog die Schublade auf und entnahm ihr einen länglichen gelben Zettel. Den hielt er Nicholas hin, der ihn entgegennahm. Ein letztes Mal begegneten sich Brunis und Dawsons Blicke.

Er fragte: »Wie habt Ihr das nur tun können? Es wird mich ruinieren, meine Familie – jeden.«

Nicholas faltete die Zahlungsanweisung zusammen und steckte sie in die Brieftasche. »Man hat mich gezwungen, Exzellenz.«

»Gezwungen, Valentino zu dienen, vielleicht – aber sich erwischen zu lassen … Ah …«

Brunis Blick wandte sich ab, richtete sich auf das Dunkel am Ende des Raums. Er strich sich mit der

Hand über das zerfurchte Gesicht. »Den Rest des Vormittags könnt Ihr benutzen, um Eure persönlichen Sachen auszuräumen und die Räumlichkeiten zu säubern.«

»Guten Tag, Exzellenz.«

Bruni stieß einen Grunzlaut aus.

Nicholas trat auf den Korridor hinaus. Es gab hier nichts, das ihm gehörte, und er sah es auch nicht als seine Pflicht an, sein Arbeitskabinett zu reinigen. Er ging zur Kanzlei hinunter, wo die Schreiber gerade erst dabei waren, sich an die Arbeit zu machen, nahm Rock und Kopfbedeckung vom Kleiderständer und verließ das Gebäude.

*

Die brütende Sommerhitze verlangsamte den allgemeinen Gang des Lebens. Die französische Armee hielt sich am Fuß der Alpen längere Zeit in der riesigen Ebene um Mailand herum auf. Die Orsinis hatten sich in ihre uneinnehmbaren Festungen in der Campagna zurückgezogen, und die Söldner des Borgia-Papstes stolzierten nicht mehr wie aufgeblasene Gockel auf den Straßen herum.

Valentino hielt glanzvollen Einzug in die Stadt.

Nicholas ging, sich das Spektakel anzusehen, und stellte sich mit Hunderten anderer gegenüber vom Kolosseum auf den grasbewachsenen Hang des Gianicolo. Sie mußten fast eine Stunde warten, ehe sie in der Ferne die blechernen Hörner hörten, die sein Kommen ankündigten. Die Töne wurden immer lauter, bis die ersten Trompeter auf der vom Lateran herunterführenden Straße auftauchten. Alle Zuschauer stießen

Freudenrufe aus. Sie waren froh, daß die Warterei ein Ende hatte.

Nach den Trompetern kamen die Herolde, die – angetan mit kostbaren Kleidern – laut aus Schriftrollen lesend einherschritten. Es wurden ganz allgemein die überragenden Leistungen Valentinos gelobt. Nicholas bekam nur wenig von dem Text mit. Die Sonne stand hoch am Himmel, und er fragte sich, warum er eigentlich hergekommen war und zusammen mit anderen Leuten zum höheren Ruhme von Herzog Valentino schwitzte.

Valentinos Mannen marschierten in gold-schwarzer Livree vorüber, manche zu Fuß, andere hoch zu Roß. In ihrer Mitte ritt Valentino. Er saß auf einem Rappen, war ganz in Schwarz gekleidet und wirkte gelangweilt.

Beim Anblick des Papstsohns stießen die Neugierigen um Nicholas herum Hochrufe und bewundernde Pfiffe aus und schwenkten die Mützen, taten also genau das, was von ihnen erwartet wurde. Die Höflinge im Gefolge des Prinzen warfen Münzen und Naschwerk in die Menge. Nicholas hatte die Hände auf dem Rücken verschränkt und verfolgte alles schweigend. Valentino ritt in Richtung Konstantinsbogen weiter. Ein Regen von Münzen und kandierten Früchten ging auf die Gaffer nieder. »Carlini!« murmelte ein Mann hinter ihm verächtlich. »Die Borgias sind wieder arm. Folglich dürften bald ein paar neue Kardinäle ernannt werden.«

In einer Gruppe junger Männer, die hinter Valentino herritten, war Stefano.

Nicholas reckte den Kopf, um Stefano über die Menge hinweg beobachten zu können. Die Spitze des Zuges hatte inzwischen den antiken Triumphbogen erreicht. Dort sollten ein Greis, eine Nonne und zwei

Kinder Valentino Blumen und andere Geschenke überreichen, um Treue und Ergebenheit der Stadt zum Ausdruck zu bringen.

Stefano zog am Zügel. Ein Reiter vor ihm verdeckte sein Gesicht. Baglione saß lässig im Sattel. Das Pferd tänzelte zur Seite, so daß Stefanos Rücken Nicholas zugewandt war. Das Sonnenlicht ließ einen metallenen Orden blinken, der auf dem Ärmel seines schwarz-goldenen Rocks festgesteckt war.

»Señor Dawson«, sagte jemand hinter Nicholas.

Er drehte sich um. Auf dem Haupt eine dunkle Kopfbedeckung, lächelte Gonsalvo ihn an.

»Ich habe bei Eurem Haus gehalten. Euer Diener sagte mir, daß Ihr hier wäret.«

Nicholas warf noch einen letzten Blick auf Stefano und schob sich dann seitlich durch die Menge. Gonsalvo folgte ihm. Alle anderen gingen ohnehin, manche hinunter, um sich die Reden anzuhören, die am Konstantinsbogen gehalten wurden, andere zu ihren Arbeitsstellen.

»Wenn Ihr gekommen seid, um mit Valentino zu handeln«, sagte Nicholas, »müßt Ihr Euch einen anderen Boten suchen. Er hat mich rausgeworfen.«

»Das hat man mir gesagt.«

»Und hat mich bei den Florentinern auffliegen lassen, so daß auch die mich rausgeworfen haben.«

»Auch das ist mir bekannt«, erklärte Gonsalvo seelenruhig.

In der nächsten Straße gab es eine Schenke. Nicholas erstand einen Krug Wein und trug ihn über die Straße zu einer Bank in der Sonne. Gonsalvo setzte sich nicht neben ihn, sondern stellte sich, den Rücken der Straße zugekehrt, vor ihn hin. Nicholas bot ihm den Krug an, woraufhin Gonsalvo ihn nahm und trank.

»Im Grunde brauche ich Valentino nicht«, sagte Gonsalvo. »Er paßt ohnehin nicht in die Pläne meines Königs – sagen wir es einmal so. Habt Ihr schon eine andere Beschäftigung gefunden?«

»Ich besitze etwas Geld«, antwortete Nicholas, nahm den Krug wieder entgegen und trank daraus. Auf der Straße herrschte reges Treiben. In der Schenke, in der er den Wein gekauft hatte, waren zwei Mädchen dabei, Olivenöl in Kannen zu füllen. An der Ecke versammelten sich ein paar Katzen und warteten auf die alte Frau, die sie jeden Tag um diese Zeit fütterte. Nicholas legte den Kopf in den Nacken, um wieder mit Gonsalvo zu sprechen. »Für einen Sekretär, der eine schöne Hand schreibt, gibt es immer etwas zu tun.«

»Als Sekretär«, erwiderte Gonsalvo, »wären Eure Talente verschwendet.«

»Sobald Ihr Italien in Eurer Hand habt«, sagte Nicholas, »sind meine Talente unerheblich.«

»Da muß ich Euch aber widersprechen. Jedenfalls reicht es, Euch eine Stelle in meinen Diensten anzubieten.«

Das überraschte Nicholas, so daß er eine Hand hochnahm, sich die Nase rieb und sich vorzustellen versuchte, wie es wäre, wieder groß und zu überragender Bedeutung gelangt zu sein; vielleicht imstande, sich an Valentino zu rächen. Bei dem Gedanken an Valentino aber dachte er auch noch an etwas anderes. Er ließ die Hand sinken.

»Ich halte mich für vom Glück begünstigt, noch am Leben zu sein«, sagte er zu Gonsalvo, »und habe keine Lust, Valentino in Versuchung zu bringen.«

»Valentino ist bedeutungslos. Das Endziel all unserer Bemühungen ist der Kreuzzug, um die Welt für Christus zurückzugewinnen, so wie wir Spanien für Ihn zurückgewonnen haben. Nichts ist wichtiger als das, wir selber sind nichts.«

Mit großer Heftigkeit stellte Nicholas den Krug hin, sprang auf und starrte Gonsalvo an. »Seid Ihr des Wahnsinns? Genau das war doch Valentinos vorgebliches Ziel – wißt Ihr das nicht?, Italien zu retten.«

Gonsalvos Miene entspannte sich, sein Lächeln verschwand hinter dem grau gesprenkelten Bart. Leise sagte er: »Ich bin nicht Valentino.«

»Das ist nur ein gradueller Unterschied«, bemerkte Nicholas.

Gonsalvos Gesicht überzog sich mit einer tiefen Röte; seine Augen blitzten und verengten sich, und er stand kerzengerade da wie eine Schildwache. Ruhig sagte er: »Wie ich sehe, habe ich mir etwas vorgemacht. Ich bitte um Verzeihung. Guten Tag.« Er machte auf dem Absatz kehrt und ging steifbeinig die Straße hinunter.

Nicholas kam sich erschöpft vor und kehrte nach Hause zurück.

*

Nicholas brütete über dem, was er zu Gonsalvo gesagt hatte. Ihm stand es wahrhaftig nicht an, sich ein Urteil über Gonsalvo da Cordoba anzumaßen, einen der größten Männer der Christenheit. Vielleicht hätte er sich durch Reden in eine Stellung bringen können, um die selbst Valentino ihn beneidet hätte. Jetzt sah er sich genötigt, einen Teil seiner Möbel zum Verkauf feilzubieten, um Brot für sich und seinen Diener kaufen zu können.

Ein paar Tage nach seinem Disput mit Gonsalvo wäre er in der Straße nahe dem Kolosseum ums Haar von Miguelito da Corella über den Haufen geritten worden. Nicholas brachte sich gerade noch rechtzeitig vor dem Pferd in Sicherheit, woraufhin Miguelito es sofort herumriß.

»Wenn Ihr Euren hübschen Jungen vorm Kerker bewahren wollt«, rief Miguelito, »geht zur Torre Nona!«

Im Galopp sprengte er über die Weide auf den Weg zu, der unten am Palatin entlangführte. Nicholas rieb sich die Hände an den Oberschenkeln und fragte sich erregt, was Miguelito wohl gemeint hatte. Dann vergewisserte er sich, seine Brieftasche dabeizuhaben, und machte sich auf den Weg ans andere Ende der Stadt.

Die Torre Nona erhob sich in einem Viertel elender Hütten und Ruinen. Nicholas mußte über eine Stunde gehen, ehe er dort ankam. Als er den Hof betrat, drängten sich dort bereits viele Menschen, die auf die Hinrichtungen warteten. An der Esse in der Hofmitte trat der Gehilfe des Scharfrichters in die Blasebälge, während sein Herr auf einer Turmstufe saß und sich das Essen schmecken ließ. Das Stadtgefängnis nahm das Erdgeschoß und die Kellerräume eines aus dem 10. Jahrhundert stammenden verfallenden Turms ein. Die oberen Stockwerke wurden nicht benutzt. Es war gefährlich, die modernden Holzfußböden zu betreten.

Nicholas ging zu dem Scharfrichter, der grade Zwiebeln verspeiste. Als er sich umdrehte, wich Nicholas instinktiv zurück, so stark roch der Mann aus dem Mund.

»Habt Ihr einen Mann namens Stefano Baglione unter Euren Gefangenen?« fragte Nicholas.

»Vielleicht.« Der Scharfrichter griff nach einem Stück Käse, das neben ihm auf der Stufe lag. Er war ein schlaksiger Typ, etwa halb so alt wie Nicholas, und hatte hellblaue Augen.

Nicholas schaute zum Turm hinauf. Die Borgias kannten ihn, Nicholas, wirklich gut. Sie schickten einen Boten, der nur ein paar Worte zu sagen brauchte, und schon eilte er mit heraushängender Zunge zu diesem menschlichen Sumpf.

Er wollte Stefano nur leiden und im Elend sehen, sich an Stefano rächen, der ihn verflucht und leiden gemacht hatte. Nicholas setzte den Fuß auf die Stufe, die zur Tür hinaufführte.

Der Scharfrichter packte ihn am Rockschoß. »Wohin wollt Ihr?«

»Nur nachsehen, ob er da ist.«

»Wer dort drin ist, sage ich Euch! Da geht keiner rein außer mir.« Die harte geschwärzte, aber offene Hand des Mannes streckte sich ihm entgegen. »Zwanzig Carlini.«

Nicholas nahm einen Golddukaten aus der Börse und hielt ihn hoch ins Sonnenlicht. »Ist er da?«

Zustimmend knurrte der Mann.

»Und wenn er da drin ist – was soll mit ihm geschehen?«

»Er soll gebrandmarkt werden – im Gesicht. Er ist ein Dieb. Der Magistrat hat ihn gestern abend abgeurteilt. Man hat ihn in flagranti ertappt.« Vom Gold angezogen, erhob der Scharfrichter sich. Aus den Falten seines Lederschurzes rieselten Essenskrumen in den Schmutz. Er griff nach der Münze.

Nicholas gab sie ihm und wurde sich bewußt, warum Valentino ihn hergeschickt hatte – um ihn dieser Folter zu unterziehen. Er konnte weggehen und brauchte nie wieder daran zu denken. Brauchte sich selbst nie wieder zu gestatten, an Stefano zu denken. Das Atmen fiel ihm schwer. Er nahm noch einen Dukaten aus der Tasche. Das war viel Geld, fast alles, was er noch besaß, und er überlegte. Dann erinnerte er sich daran, wie Stefano ihn während ihres letzten Gesprächs verflucht, aber auch daran, wie Stefano ihn einmal vor Gonsalvo zu retten versucht hatte.

Nicholas zeigte dem Scharfrichter die Münze. Wieder stieß der einen Grunzlaut aus.

»Wofür?«

»Daß Ihr ihm nicht das Brandmal aufdrückt.«

»Zwei Dukaten.«

»Tut mir leid«, sagte Nicholas. »Mehr habe ich nicht. Ich bin kein reicher Mann. Dies oder gar nichts.«

Für einen Moment überlegte der Mann, hielt die Augen stier auf die Münze gerichtet. Sein stinkender Atem machte Nicholas zu schaffen. Schließlich griff der Mann nach dem Goldstück.

Nicholas hielt sich am Rand des Hofes auf, wo die Menge nicht dicht an dicht stand. Sechs Gefangene wurden herausgeführt und sollten ihre Strafe erhalten, doch Stefano war es, der sofort das Interesse der Menge erregte. Vielleicht kannten sie ihn. Sie brachen in Wehklagen aus und riefen ihn an. Eine Frau ganz in Nicholas' Nähe schlug die Hände zusammen, schüttelte den Kopf und sagte immer wieder: »Ach, so ein schönes Mannsbild, so ein schönes Mannsbild – und diese Schönheit durch ein Brandmal zu entstellen …«

Nicholas' Hände wurden schweißnaß. Er beobachtete, wie der Scharfrichter die Brandeisen ins Feuer legte und sie umdrehte.

Zuerst wurde ein anderer Dieb gebrandmarkt. Der Ärmste schrie so gotterbärmlich, daß die Gaffer die

Luft anhielten. Nicholas bekam eine trockene Kehle und wünschte, nicht hierhergekommen zu sein. Dann war Stefano Baglione an der Reihe. Der Scharfrichter zwang ihn, sich hinzuknien, nahm das Eisen und drückte es Stefano ins Gesicht.

Es kam kein Schrei, und die Menge seufzte enttäuscht auf. Jemand rief: »Das muß Betrug sein.« Stefano erhob sich und hielt die gefesselten Hände hoch, daß man sie ihm losband. Auf seiner Wange prangte ein großes schwarzes *L* für *Ladro,* Dieb. Nicholas knirschte mit den Zähnen und drängte nach vorn, um den Scharfrichter zu beschuldigen, sein Geld genommen zu haben, doch als er näher an Stefano herankam, erkannte er, daß es sich bei dem Brandzeichen nur um verschmierten Ruß handelte. Der Scharfrichter hatte ein kaltes Eisen benutzt.

Stefano sah ihn. Sein Gesicht nahm vor Zorn einen grimmigen Ausdruck an.

Nicholas ging zum Tor. Auch Stefano mußte dort hinaus, und so trafen sie aufeinander.

»Was ist passiert?« fragte Nicholas. »Wie hat das geschehen können?«

Stefano wollte ihn nicht ansehen, sondern blickte wütend zu Boden. »Valentino hat mich geschickt, in ein bestimmtes Haus einzubrechen.«

»Wessen Haus?«

»Kardinal Cornetos Palazzo.«

»Corneto?« wiederholte Nicholas. »Warum?«

»Ist doch egal«, brummte Stefano. »Wie hast du herausgefunden, wo ich war?«

»Miguelito.«

Sie gingen die Straße zur Piazza hiunter, wo eine Anzahl von Bauern aus der Campagna ihre Feldfrüchte vom Wagen herunter verkauften. Stefano verlangsamte den Schritt. Ehe sie den belebten Platz erreichten, blieb er stehen und sah Nicholas an.

»Warum haben sie dich hergeschickt?«

Nicholas wich dem Blick des jüngeren Mannes aus. »Sie werden wohl ihre Gründe haben, nehme ich an.«

»Um mich zu demütigen. Und um dich zu demütigen.«

Nicholas stieß einen kehligen Laut aus.

»Das konnte er sich wohl nicht entgehen lassen – gleich zwei auf einmal, das muß ihn gereizt haben. Er ist ein Teufel. Warum tun wir das? Weshalb lassen wir das mit uns geschehen?« fragte Stefano mit wildem Blick.

»Um vorwärtszukommen«, antwortete Nicholas.

»Nun, ich bin vorwärtsgekommen – mich hat es in die Torre Nona gebracht. Ich lasse das nicht noch einmal mit mir machen.«

»Ich bezweifle, daß er uns beiden Gelegenheit geben wird, uns zu widersetzen.«

»Hilf mir!«

Nicholas sah Stefano wieder in das vom kalten Brandeisen noch schwarz verschmierte Gesicht. »Sei kein Narr! Was willst du unternehmen?«

»Wir beide wissen, was er alles verbrochen hat, wir werden ihn anschwärzen.«

»Verdammt noch mal, Stefano! Du hast es mit Valentino zu tun. Jeder weiß, was er auf dem Kerbholz hat. Das Problem ist doch, daß kein Mensch ihn deswegen der Gerechtigkeit überantworten kann.«

»Der Papst kann das«, erwiderte Stefano ruhig. Seine Miene drückte Entschlossenheit aus. In seinen Augen blitzte es, seine Wangen röteten sich. »Ich kann an Alexander rankommen und ihm unwiderlegbare Beweise für alles liefern. Zum Beispiel dafür, was Valentino Corneto hat antun wollen.«

Corneto war ein enger Freund des Papstes.

»Er wollte dem Kardinal Schaden zufügen?«

»Komm mit mir! Wir vernichten ihn.«

«Er bringt dich um«, warnte Nicholas.

»Pah!« Stefano entfernte sich mit weit ausgreifenden Schritten. »Dann mache ich's eben allein.«

»Stefano!«

Der sah sich kein einziges Mal um, sondern ging unbeirrt mitten hinein in die belebte Piazza. Ein Schimmelgespann schob sich zwischen sie, und als der Wagen vorüber war, konnte Nicholas Stefano unter den vielen Menschen nicht mehr erkennen. Nicholas zitterten die Hände. Er rieb sie sich und fragte sich, was er tun könne. Doch er konnte nichts tun. Valentinos Leute würden Stefano, wenn sie ihn erkannten, aus dem Vatikan hinauswerfen. Doch kannte er Stefanos halsstarrige Entschlossenheit zu gut, um zu hoffen, daß diese ihn rettete. Gleichzeitig sagte er sich, daß er mit Stefano hätte gehen sollen. Nun war es zu spät, Stefano war bereits auf dem Weg dorthin.

Zu spät? Nicholas wußte, daß es nicht zu spät war, denn schließlich konnte er immer noch zum Vatikan laufen und ihn dort suchen. Doch im Vatikan würde er auch auf Valentino treffen, und so lenkte er die Schritte statt dessen nach Hause.

*

»Jawohl«, sagte Nicholas, »ich kenne ihn.« Die Ruhe, mit der er das sagte, erstaunte ihn.

»Wie hat er geheißen?« fragte der Wächter.

Nicholas griff mit einer Hand in das geringelte rötliche Haar, in dem sich gelber Tiberschlamm festgesetzt hatte. »Stefano Baglione.«

Der Nachtwächter lachte unterdrückt. Nicholas ignorierte es. Stefanos Haar ringelte sich ihm um die Finger. Die Garotte hatte die Haut an Stefanos Hals aufgerissen; an den Händen trug er Hautabschürfungen. Also hatte er sich gegen sie gewehrt, anders als Des Troches.

»Soll ich die Baglionis benachrichtigen, daß sie den Leichnam abholen?« fragte der Wachmann mit feiner Ironie in der Stimme.

Nicholas zog Stefano das zerrissene Tuch über den Kopf. »Begrabt ihn bei den Bettlern. Ihm ist das egal.«

Die eisige Ruhe, die ihn beherrschte, geriet ins Schwinden, und ehe sie ganz verging, eilte Nicholas davon, verließ den Verschlag und trat hinaus aufs Tiberufer, den Friedhof Roms.

*

Als Nicholas Dawson sein Haus erreichte, traf er Juan nicht an. Vermutlich war er auf dem Markt. Nicholas setzte sich auf einen Sessel neben dem Kamin. Der Morgen hatte ihn erschöpft. Sein Geist verharrte an der Oberfläche des Augenblicks. Die weißgetünchten Wände schrien ihn förmlich an. Er hatte immer vorgehabt, sie wieder ausmalen zu lassen, jetzt fehlte es ihm jedoch am nötigen Geld. Er hätte sie mit Menschen ausmalen lassen sollen, mit Gesichtern, Händen, Augen, Mündern, ihm jetzt Gesellschaft zu leisten, wo er ein ruinierter Mann war. Er versuchte, den Schmerz nicht an sich herankommen zu lassen.

Juan kam mit einem Eimer Milch herein. »Ihr seid zurück?« fragte er. »Ihr wart den ganzen Vormittag über fort. Was ist passiert?«

Nicholas wandte sich ihm zu. »Stefano ist tot. Seine Leiche ist heute morgen ans Tiber-Ufer gespült worden.«

»Tot«, murmelte der alte Diener und bekreuzigte sich.

»Ich hätte ihn nicht allein gehen lassen dürfen.«

Juan setzte den Milcheimer ab und ging auf Nicholas zu, trat an dessen Seite, kniete sich hin und umklammerte seinen Arm mit der Kraft eines Jüngeren. »Sie haben das getan, nicht wahr – diese anderen?«

Nicholas drehte den von Juan gepackten Arm, ohne sich davon zu befreien. »Ich hätte ihn nicht allein gehen lassen dürfen.« Sein ganzes Leben lang hatte er sich gedrückt und betrogen; und als jetzt das einzige Wichtige, das er hätte tun können, auf ihn zukam, hatte er auch da versagt.

Die Vernunft sprach jedoch dagegen. Es hätte nichts genutzt, wäre er mitgegangen. Dann wäre auch er gestorben. Stefano hatte gegen sie gekämpft, sie vielleicht sogar verletzt, während Nicholas in einem leeren Haus saß.

»Rächt ihn!« schrie Juan. »Es ist Eure Pflicht.«

»Ah.« Nicholas schob den alten Mann von sich und stand auf.

Eine Lache verschütteter weißer Milch hatte sich auf dem Fußboden gebildet. Der alte Juan kniete neben dem Sessel und betete. Nicholas wankte, seine Knie waren weich wie die eines Neugeborenen. Ihm fiel ein, was Stefano von Kardinal Corneto gesagt hatte.

In Nicholas reifte die Entschlossenheit, etwas zu unternehmen. Er wandte sich wieder Juan zu und sagte:

»Ich gehe, und vielleicht komme ich nie wieder zurück. Wenn nicht, gehört das Haus dir. Du kannst es für einen guten Preis verkaufen. Vielleicht an Amadeo. Von dem Erlös könntest du leben. Kehr nach Spanien zurück.«

»Wo wollt Ihr hin?« fragte Juan.

»Zu Kardinal Corneto«, antwortete Nicholas. Er nahm seine Kopfbedeckung vom dem Schemel und verließ das Haus.

Juan hinter ihm stieß einen langgezogenen, klagenden Laut aus und versank wieder im Gebet.

*

»Ihr lügt!« sagte Corneto, ruckte auf dem Sessel herum, so daß seine Knie nicht mehr auf Nicholas gerichtet waren, und schlug die Beine übereinander. »Rodrigo Borgia und ich sind seit den achtziger Jahren Freunde. Was redet Ihr da – er würde mit ansehen, wie mir etwas zustößt?«

»Nicht Alexander«, erwiderte Nicholas, »sondern Valentino. Er braucht Geld. Ihr seid Kardinal. Sterbt Ihr, kann er Euren Reichtum für die Kirche einziehen.«

»Warum erzählt Ihr mir das? Um meinetwillen oder aus Rache? Ich weiß, daß die Borgias Euch rausgeworfen haben.«

»Ich wüßte nicht, warum das Motiv eine Rolle spielen sollte. Das Ziel bleibt dasselbe.«

Cornetos breites Gesicht war mit Runzeln übersät, und sein schlohweißes Haar bildete über der Stirn ein steil in die Höhe stehendes Büschel. Seine Augen verschwanden fast unter den buschigen Brauen. Das Gesicht war unbewegt und gänzlich undurchschaubar. Unvermittel verschränkte er die Arme vor der Brust.

»Valentino tut nichts ohne Alexanders Einverständnis. Ich sage, Ihr lügt. Es ist unmöglich, daß sie mir Böses wollen.«

Offenbar glaubte Corneto ihm. Hätte er ihm nicht geglaubt, er hätte Nicholas längst hinausgeworfen. Es galt, ihm weitere Beweise zu liefern.

»Vor ein oder zwei Nächten wurde in Euer Haus eingebrochen«, sagte Nicholas.

»Ja.«

»Es war Stefano Baglione. Und Ihr kennt auch den Grund?«

Corneto funkelte ihn an. »Der Papst hat ihn weggeschickt. Er hat ihn beim Schummeln erwischt. Und da hat er gedacht, so könnte er sich dafür rächen.«

»Stefano hat mir gesagt, Valentino hätte vorgehabt, Euch etwas anzutun.«

»Dann bringt Stefano her, damit er einsteht für das, was er sagt!«

»Stefano ist heute morgen aus dem Tiber gezogen worden.«

Für einen Moment saß Corneto mit glasigen Augen da, während es in ihm zu kochen begann. Plötzlich schoß er aus dem Sessel hoch und schlug nach Nicholas. Der sah den Schlag kommen und duckte sich, so daß Cornetos Faust ihm nur an der Wange entlangschrammte. Gleichwohl wankte Nicholas und fiel zu Boden.

Corneto über ihm wetterte: »Bei Gott, eine üblere Lüge gibt es nicht! Jede Frage beantwortet, ja? Bei Gott, ich glaube Euch nicht.«

Nicholas setzte sich auf. Die Wange schmerzte. Corneto ging um ihn herum und fauchte:

»Wißt Ihr denn nicht, daß man das schon früher versucht hat? Wie oft sind Leute wie Ihr – Intriganten, verlogener Abschaum – hierhergekommen, haben mir haarsträubende Dinge erzählt und versucht, einen Keil zwischen mich und meinen alten Freund zu treiben. Nein, ich will das nicht glauben. Ihr werdet heute mit mir aufs Land hinausgehen und Alexander all dies offen ins Gesicht sagen.«

Das hatte etwas für sich. Damit zufrieden, betastete Nicholas seine Wange. Cornetos Diener kamen, um ihn hinauszuführen.

*

Zusammen mit Cornetos anderen Leuten verließ Nicholas Rom. Er folgte der Sänfte des Kardinals zu Fuß durch ein schlingpflanzenüberwuchertes Tor. Die Straße führte über einen kleinen Hügel hinweg und zog sich dann am Rand des von Moskitos summenden Sumpfes entlang. Unmittelbar hinter Nicholas ging der Mann, der den Auftrag hatte, ihn zu bewachen. Ein großer Kerl mit einem Kopf, der kaum breiter schien als sein Hals. Ab und zu stieß er Nicholas mit einem Wanderstock in den Rücken.

Cornetos Weinberg lag am Hang eines Hügels, der hoch genug war, daß man von dort aus das Meer sehen konnte. Ulmen wuchsen um den in den Berg gegrabenen Keller, in dem der Wein zwecks Reifung lagerte. Als der Kardinal – und in seinem Gefolge eben auch Nicholas – eintraf, waren ein paar von seinen Bediensteten bereits dabei, auf einer Wiese in der Nähe einen Tisch aufzustellen.

Nicholas wurde in den Keller mit den vielen Fässern

geführt und angewiesen, sich an die Wand zu setzen. Froh über die feuchte Kühle des Raumes nach dem Marsch durch die Augusthitze, folgte er dieser Aufforderung.

Emsig kamen junge Männer in Cornetos roter Livree in den Keller und brachten das Festessen, das der Kardinal in großen Körben aus Rom hatte herbeischaffen lassen. Im Keller stand ein großer Tisch, an dem Cornetos Koch die Körbe aufmachte, um die Speisen auf Platten anzuordnen und diese hinauszuschicken zu dem auf der Wiese aufgebauten Tisch.

Nicholas verfolgte das Treiben. Hunger plagte ihn, und ihm sank der Mut. Er hatte Angst davor, Valentino gegenüberzutreten. Schließlich stand Nicholas auf und ging zum Tisch hinüber.

Der Koch schabte Karotten und schnitt Radieschen, daß sie zu kleinen Blumen aufsprangen, um eine Platte mit kaltem Hühnchen damit zu garnieren. Als er Nicholas sah, hielt er lange genug inne, um das Messer an seiner Lederschürze zu wetzen.

»Was wollt Ihr?«

»Ich habe Hunger«, sagte Nicholas. Direkt vor ihm stand eine Terrine mit gelierter Suppe, die in einem Steinkrug voller Schnee gekühlt wurde. Letzterer wurde, wie er annahm, in riesigen Fässern oder Kisten von den Alpen heruntergebracht, so daß bei der Ankunft in Rom trotz der Augusthitze ein Teil immer noch nicht geschmolzen war. So groß war die Macht eines Papstes. Direkt neben dem Krug voller Schnee lag ein Weinfaß mit dem päpstlichen Siegel darauf.

Der Koch sagte: »Hier, nehmt!« und reichte ihm ein Stück Huhn.

»Vielen Dank.« Nicholas betrachtete interessiert das

Weinfaß und verschlang das Huhn, ohne etwas von dem Geschmack wahrzunehmen. »Der Papst hat seinen eigenen Wein mitgebracht? Ist das nicht ungewöhnlich?«

»Der stammt von Herzog Valentino«, erklärte der Koch. »Ein Geschenk an meinen Herrn, den Kardinal. Hm, weswegen seid Ihr hier?«

»Für die Unterhaltung«, anwortete Nicholas und starrte auf das Faß. Es war nicht Valentinos Siegel. Zwar gab es das Sprichwort von neuem Wein in alten Schläuchen, doch paßte das wohl kaum auf diese Situation. Dafür gab es ein anderes, griechisches, das da lautete: Eulen nach Athen tragen, das weit besser paßte. Nicholas würgte den Rest Hühnerfleisch hinunter.

»Vorzüglich!« lobte er. »Wirklich ganz vorzüglich!«

Der Koch zuckte mit den Schultern. »Ich habe es nicht gebraten.«

Wenig später kam der Mann mit dem breiten Hals und dem Wanderstock herein, um Nicholas zum Festbankett hinauszubringen. Zwar ging er bereitwillig mit, doch konnte der Mann der Versuchung nicht widerstehen, Nicholas zu stoßen und zu beschimpfen, als leistete er Widerstand. Draußen vor dem Keller war es heiß. Als Nicholas um den Hügel herum- und zur Wiese hinüberging, umfächelte der Wind vom Meer sein Gesicht und kühlte ihn.

Einer roten Klatschmohnblüte gleich, saß der Papst am Ende der Wiese hinter dem Tisch, neben ihm der ganz in Schwarz gekleidete Valentino und an der anderen Seite Corneto. Das Herz hämmerte Nicholas in der Brust, als er mit ausgreifenden Schritten auf sie zuhielt.

Die Hände über der Leibriemenschließe mit dem Gorgonenkopf darauf verschränkt, stand mit verschmutztem Rock und aufgeschrammtem Gesicht Miguelito hinter Valentino. Nicholas holte tief Luft, und sein Herz machte einen Satz bei dem Gedanken daran, wie zerschunden Stefanos Hände gewesen waren.

Alexander schrie: »Was fällt Euch ein, Messer Dawson, mich auf so unangenehme Weise bei meinem Abendessen zu stören?«

Nicholas leckte sich die Lippen. Den Kopf auf die Seite gelegt, rekelte sich Valentino auf seinem Stuhl. Die von der See herüberwehende Brise zauste sein Haar. Nicholas fragte: »Eure Heiligkeit, erinnert Ihr Euch an Stefano, mit dem Ihr Karten zu spielen pflegtet?«

»Was soll das?« fauchte Corneto mit einer gewissen Schärfe in der Stimme. »Kommt zu Euren Beschuldigungen, Messer Lügner!«

»Was für Beschuldigungen?« wollte der Papst wissen.

»Herzog Valentino«, erklärte Nicholas laut, »hat Stefano Baglione ohne jeden Grund ermordet.«

Der Papst stieß einen Grunzlaut aus. Er sah seinen Sohn an und fragte: »Was hast du dazu zu sagen?«

Valentino legte den Kopf auf die andere Seite. »Mein Vater, mein Gebieter, ich habe nie etwas getan, das ich hinterher bereut hätte. Was ich tue, muß ich tun, um mein Ziel zu erreichen. Laßt dieses Ziel als Rechtfertigung für mein Handeln gelten. Ich habe nichts Geringeres vor, als ganz Italien unter einem König zu vereinen und durch dieses ehrgeizige Werk der Christenheit wieder einen Kopf zu geben. Doch was diesen Kerl hier betrifft«, er zeigte mit dem Finger auf den vor ihm stehenden Nicholas, »was ist der anderes als der ärmste Wicht unter den Menschen? Welches Recht hat er, mir irgend etwas vorzuwerfen? Er ist ein Querkopf, ein Abschaum, einer, der außerhalb des Gesetzes steht wie irgendein Jude oder Mohr. Ich diene der heiligen Ordnung, wohingegen ihn das Entsetzen davor packt, was soweit geht, daß er selbst das sanfte Liebesspiel in stinkende Sünde verkehrt. Was er mit Stefano Baglione getrieben hat, ist das Verbrechen, für welches er die Strafe erleiden sollte, die das Gesetz dafür vorsieht.«

Miguelito fügte hinzu: »Außerdem hat er mit Gonsalvo unter einer Decke gesteckt.«

Die Hände über dem mächtigen Magen gefaltet, lehnte der Papst sich zurück und schob die Unterlippe vor. »Wir haben Euch aufgenommen, und so habt Ihr es uns vergolten. Ihr seid ein böser Mensch!«

»Eure Heiligkeit!« rief Nicholas beschwörend. »Laßt mich für mich selbst sprechen. Ich weiß, was ich bin. Ich erheische kein Verzeihen für das, was ich bin, ganz unten und ruiniert.«

Miguelito kam um den Tisch herum auf ihn zu, um ihn zu packen. Die drei Männer an der Tafel saßen reglos da.

Nicholas holte tief Luft.

Er sagte: »Aber was ist Valentino? Das wissen wir, oder etwa nicht? Alle wissen wir es. Und da ich ihn kenne, fordere ich ihn auf, von dem Wein zu trinken, den er heute Kardinal Corneto mitgebracht hat.«

Mit einem Satz war Miguelito bei ihm und packte ihn beim Arm. Mit einem Ruck befreite Nicholas sich. Er sah wieder Valentino an und erkannte, daß der Prinz bleich geworden war.

Nach einem kurzen Schweigen befahl Corneto: »Bringt den Wein her!«

Der Papst sprang von seinem Stuhl hoch. »Nein! Das dulde ich nicht. Ihr, mein Freund, wagt es, dieser Verleumdung Glauben zu schenken?«

»Soll die Lüge den Lügner entlarven«, bemerkte Corneto.

»Papa«, sagte Valentino und erhob sich neben seinem Vater. Corneto starrte sie beide an. Sein faltenübersätes Gesicht verzog sich. Ein Diener kam mit dem Fäßchen Wein. Nicholas schluckte, so erregt war er. Miguelito neben ihm machte keinerlei Anstalten, ihn nochmals zu packen, sondern stand nur abwartend da.

»Bringt mir den Becher, bei Gott!« rief der Papst laut. »Ich werde diesen Lügnern und Unruhestiftern beweisen, daß nichts meiner Vaterliebe etwas anhaben kann.«

»Papa«, sagte Valentino diesmal lauter und legte dem Vater beschwörend eine Hand auf den Arm. Ein Diener stach das Fäßchen an, und Corneto trat vor, um den Wein einzuschenken.

Valentino zerrte am Arm seines Vaters, woraufhin Alexander herumfuhr und ihn wegstieß.

»Ich trinke.«

Der Papst ergriff den Becher und nahm einen tiefen Schluck daraus. Alle anderen waren wie erstarrt. Alexander ließ den Becher sinken und seufzte.

»Ein edler Tropfen. Stammt er von deinem Weinberg, Cesare?«

Ungerührt stand Valentino da. Nur das bleiche Gesicht verriet ihn. Er antwortete: »Ja, so ist es, Herr. Mögt Ihr ihn?«

»Er ist kräftig und herb und geht nicht runter wie

Öl«, sagte der Papst, »aber ich lasse mich nicht leicht abschrecken.« Er hielt seinem Sohn den Becher hin. »Willst du nicht mit mir trinken?«

Die Augen halb geschlossen, zuckte Valentino zurück. Weigerte er sich, sprach er sich selbst schuldig. Fassungslos sah Nicholas ihn lächeln.

Cesare nahm den Becher und trank, was sein Vater übriggelassen hatte.

»Und jetzt«, sagte der Papst, »wenden wir uns wieder diesem Verräter zu.«

»Laß Miguelito das erledigen«, forderte Valentino.

Die weniger Hochstehenden verlangten Nicholas' Tod. Corneto erhob sich von seinem Platz.

»Nicht hier. Ich hoffe immer noch, daß wir uns jetzt unserem verspäteten Essen widmen können.«

»Überlaßt ihn mir!« sagte Miguelito.

Nicholas reckte den Kopf. Der Papst und Valentino sahen von der Höhe ihrer Stühle auf ihn herab. Er hatte sich geirrt; es war kein Gift im Wein, oder aber es war nicht stark genug für einen Borgia.

»Hier«, schrie jemand, »soll er hier dafür büßen, was er getan hat!«

Stirnrunzelnd sah Corneto ihn an und fingerte am Spitzenbesatz seines Kragens herum. »Bringen wir es jedenfalls hinter uns.«

Der Papst erhob sich.

»Schnapp ihn dir!« sagte Valentino zu Miguelito.

Der Soldat aus Navarra beugte sich über Nicholas, der sah, wie die Garotte einer Schlange gleich aus Miguelitos Rock glitt. Erschrocken hielt er die Luft an und spürte das Gewicht der vielen auf ihn gerichteten Blicke.

Da stieß der Papst einen gurgelnden Laut aus und fiel über den Tisch.

Ein gellender Aufschrei entrang sich den Bediensteten. Der Papst versuchte, sich aufzurichten, sackte jedoch wieder über dem Tisch zusammen. Seine Leute umringten und hielten ihn, während er mit den Armen fuchtelte, die Tischplatte verschob und die Vorderseite seiner roten Robe mit Essensresten vollspuckte.

»Es ist die Hitze!« japste Alexander. Die Augen drohten ihm aus den Höhlen zu quellen. »Die Hitze ...« Und wieder fiel er vorwärts und trotz der ausgestreckten Arme seiner Diener auf den Boden.

Corneto brüllte: »Rasch! Die Sänfte!«, woraufhin die Hälfte der Dienerschaft über die Wiese davonstob.

Mit ausdruckloser Miene saß Valentino immer noch an seinem Platz. Nicholas sah, daß er sich am Tisch festklammerte, während dem Borgia der Schweiß auf der Stirn ausbrach. Miguelito war wieder an seine Seite geeilt. Die Sänfte des Papstes kam mit flatternden Vorhängen über den grasbewachsenen Hang herunter. Miguelito beugte sich vor, um Valentino etwas zu sagen, schob ihm eine Hand unter den Arm und half ihm aufzustehen.

Die Diener des Papstes trugen ihn zur Sänfte. Alexander war noch bei Bewußtsein. Nicholas hörte, wie er noch einmal sagte: »Es – ist – die – Hitze.« Er war ganz grau im Gesicht, das schon vom Tod gezeichnet war. Sich auf Miguelito stützend, schleppte sich Valentino Schritt für Schritt auf die Sänfte zu. Sie würden sie teilen müssen, der Vater und sein Sohn. Valentino konnte auf keinen Fall mehr reiten.

Jemand versetzte Nicholas einen Tritt. »Und was ist mit dem hier?«

Den Mund verzerrt, saß Corneto noch am Tisch. Er schüttelte den Kopf.

»Laßt ihn laufen! Er hat nichts getan.«

Nicholas raffte sich auf. Der Papst und Valentino wurden in die Sänfte gelegt. Von der Dienerschaft umringt, bewegte sich der kleine Kasten über den Hang zum Tor hinunter. Jemand durchschnitt Nicholas' Fesseln. Er streckte die Hände vor sich aus. Nachdenklich betrachtete der Kardinal ihn.

»Ihr habt das nicht getan, um mich zu retten«, sagte er zu Nicholas. »Ich sehe keinen Anlaß, Euch zu belohnen.«

Nicholas erwiderte: »Wenn Ihr mir einen Gefallen tätet, würde ich mich überreich belohnt fühlen.«

Corneto hob den Kopf. Scharf blickten seine Augen unter der blassen Stirn.

»Empfehlt mich den Medici. Die Florentiner Signoria hat mich entlassen. Ich brauche eine Anstellung. Die Medici werden in mir einen nützlichen Diener finden.«

»Das werde ich mit Freuden tun.« Corneto nickte.

Nicholas vergaß, sich zu verbeugen, vergaß, darum zu bitten, gehen zu dürfen. Er fühlte sich leicht, wie von neuem Leben erfüllt. Er wollte lachen, und doch konnte er es hier nicht. Mit großen Schritten ließ er das Ulmengehölz hinter sich und ging zur Straße hinunter.

Als er sie erreichte, war die Sänfte ihm bereits ein großes Stück voraus und erklomm den Hügel auf ihrem Weg zurück nach Rom. Schwärme buntgekleideter Höflinge umringten sie und folgten ihr. Aus dieser Entfernung wirkten sie winzig, und ihr Wehklagen klang nicht lauter als das Zirpen der Grillen im Gras. Bald würden sie die Hügelkette erreicht haben und für ihn nicht mehr zu sehen sein.

Alexander hatte den Becher nur halb ausgetrunken, aber er war ein alter Mann, und das Gift reichte. Ohne die Macht seines Vaters und dessen Geldmittel war Valentino geschlagen, an seiner Gier zugrunde gegangen. Er hatte sich eingebildet, über der Natur zu stehen, doch letztlich hatte seine eigene Natur ihn gefällt – wie das Pendel, das zurückschlägt.

Nicholas lachte …